未來領袖養成

成長的藍圖，
納坦尼爾・克拉克・小福勒談

教育方法、職場初體驗、人格培養、社交技能……
青春期教育與自我探索歷程，仁者見仁的成功經驗談

納坦尼爾・克拉克・小福勒 著

THE BOY
How to Help Him Succeed

關明孚 譯，王少凱 校

學術成就 × 人格養成 × 社交技能 × 認識自我

39 個章節，從幼年到成年的各個階段
為父母和教育者提供指導，助他們培養成功的年輕人

一本總結並採訪 319 位當時公認的知名人士成功經驗的智慧集
一部全方位幫助青少年成長和走向成熟成功的作品

目錄

目錄

題記

　　本書是作者本人與眾多成功人士的經驗之談，若能對男孩的成長有所幫助，那將是我們莫大的榮幸。

　　做你自己 —— 完完全全的自己，不要妄自尊大，也不要妄自菲薄。

　　發揚你的優點，克服你的缺點。

　　找出自己的優勢，發揚它、利用它、依靠它，將它發揮到極致。

第一章　成功的關鍵因素

「讓我們敲開神祕之門，傾聽成功的心得」

成功可以說是一種心理狀態，看不見卻又實實在在地存在著，是努力之後的結果，時間有長有短。

辭書學家會認為成功就是努力的目標、最終奮鬥的結果。

不能把運氣和成功混為一談。有運氣是因為有機會；而成功則是主觀上努力的結果。

從心理上講，成功可能隱藏在生意往來、日常工作或體力勞動中。而從行為上講，成功是一種有目共睹的成就。

努力之後的成功及努力的過程都是一種體驗。

「別人能做到，我也能做到。」這樣的話語激勵人心。

一個人若是想把房子蓋好，必須先向建築師學習，研究他們的模型，觀看他們如何操作，思索他們的建築風格，參觀落成的建築。

喜歡與厭惡，方式與方法及人們成功的規律都是通往成功之路的經驗之談。

若把生活寫成一個數學公式，則應為：成功 = 能力 + 機遇

對成功與失敗的研究結果表明，成功與聰明才智有關，與人的長相無關；成功取決於後天的努力及周遭的環境，同時也受先天的才智影響。

任何事情都有規律可循 —— 自然有自然的規律，國家有國家的發展規律，健康有健康的規律，成功也有成功的規律。

大眾化的規律比特例安全得多，適用性更強。

事實證明，如果前提是人已經出生了，那麼遺傳的因素就顯的不是那麼重要了。這個例子聽起來雖然有些牽強，但事實確是如此。

即使全世界的動力都集中在一輛火車頭裡，沒有路基和路軌的輔

助，火車也開不起來。車得啟動起來，還得注意保持車速，這些輔助條件缺一不可。

有很多的男孩一事無成，部分原因是因為很多人起步就不對，選擇通往成功的途徑也不對。

在這個世界上，成功與失敗的案例比比皆是。有的人成功了，因為他既有能力又有機遇；而有的人失敗了，因為他要不是有機遇但能力不足，要不就是有能力但缺乏機遇。其實，兩人家境相同，生活條件相似，獲得機遇的可能性也相等。那麼兩者之間的差距到底是什麼呢？很顯然，兩人是完全平等的，兩人成功的機會似乎也均等。

合理地對男孩啟迪、教育不僅是家長的責任，也是老師、朋友的義務。

從男孩出生時起，就應該對他給予足夠的關注，以關愛的目光看著他牙牙學語、蹣跚學步，在點點滴滴之中，未來生活的成功的框架也逐漸形成。在男孩已學會如何照顧自己之後，面對生活中遇到的問題，他不再會驚慌失措了。

即使開端良好，接下來的事情若處理不當也無濟於事。但若開端就不對，接下來的工作就會事倍功半。

有潛力的男孩才具有培養價值。這種能夠勝任某種工作的潛力，很快就會在行為上展現出來，男孩會對這項工作產生強烈的興趣，進而精通於這項工作。

現在是一個講究「術業有專攻」的時代。遊走在各個不同領域中的「通才」其實一行也不精通。誰也不能同時精通於兩種事物。手藝最好的鞋匠比誇誇其談的傳教士強得多；精明的管家比了無生氣的作家對社會做出的貢獻更大。

對男孩子要仔細地研究，耐心地觀察，認真地分析他的一舉一動和喜好。別逼他做任何事，也別催促他，別替他選擇職業，幫助他找到適

合自己的工作。

社會上的行業五花八門，而他只精通其中一種。找出他所精通的那行，為他量身訂做、因人施教。這麼做對他本人、對整個社會都好。

別草率地把孩子推入某一行業，至少等個一年半載。雖說時間長了些，但總比硬要趕鴨子上架好得多。

邁出的第一步能決定今後的發展方向。錯了再想改正會費時、費力又費錢。事前先讓他試一試好過於逼他入錯行之後再重新來過。

有所成就進而獲得成功，要取決於他是否充分地了解到自身的能力。成功到底是什麼並不重要，只要它是正大光明的、是盡最大努力贏得的即可。

成功可以意味著財運亨通，也可以指政治上有雄才偉略、手握重權，廣結善緣或者成為高官顯貴。

最優秀的人要比最富有的人擁有更多的成功要素。

無論何事，只要做事的人已經充分運用了自己的才能，盡全力做到了最好，那麼這就是一種成功。

客觀審視自己，積極、充分、正確地運用自己的才能是實現真正成功的最高境界。這點很難做到，但當你的心靈靠近上帝的時候，就容易做到了。

盡最大的可能運用能力就是最大的成功。

第二章　啟蒙教育在男孩身上的作用

「良好的開端是成功的一半」

沒有開始就沒有結果。兩者是相互依存的。

從起步的那一刻起，我們就踏上了人生的征途。錯誤的開始會留下永久的陰影，人們會在接下來的過程中為此付出沉重的代價。

錯誤的開端會使成功之路障礙重重。

時過境遷，適合父輩的不一定也適合年輕的一代。新的理論正與舊的觀點進行交鋒，試圖制定出適合年輕一代的準則。

當務之急是「如何對待男孩？」進一步說就是「如何對男孩進行啟蒙教育？」

起步正確可以使人避免失敗，從而獲得成功。良好的開端是通往成功的捷徑。錯誤的開端，再加上發展過程中種種不利的條件，最終的結局往往就是失敗。

堅韌不拔很重要，能力也很重要；但二者要依賴於一些條件；而起始階段的條件要比其他任何時候的條件都重要。

環境與天賦同等重要，兩者的等同性遠遠超出了我們的想像。

從長遠眼光來看，起始階段的調整變化對未來的影響是最大的。

成功與失敗在相當程度上取決於男孩和他的父母。當男孩開始接受訓練和培養的時候，他就開始向男人轉變了。

父母越是了解孩子，孩子就會越了解自己和父母，為孩子規劃前景也就變得越容易。

無論父母是窮是富，教育程度是高是低，無論他們身居何處，都帶著熱切的渴望找尋著可以教導孩子的方法。男孩們現在可能很頑皮，但長大之後就會成為作風嚴謹的男人。

在各種理論氾濫的情況下，有實際應用價值的常識變得極其珍貴。孤立的個人觀點——自負，隨處可見，這是非常危險的。

　　我認為暫時放下情感，理性地把人性看作是物質性的也並不為過。

　　無論是生理上還是心智上，人類都是從哺乳動物的低階階段發展起來的。使他的存在具有重要性的，是他將來會成為什麼樣的人，而不是他現在是個什麼樣子。即使他有自己的特點也不會顯露出來；即使是在思考，他也意識不到自己在思考。因此絲毫也看不出來他的聰明才智。他的唯一特點，或者是唯一流露出的本能，就是一直在要吃的。給他吃的，他就吃，但卻不會主動去找吃的。如果無人照料他，沒人給他吃的東西，他就會餓死。吃東西就是他的全部鬥志的反映。在不吃東西或不想吃東西的時候，他要不就什麼也不做，要不就或哭、或笑、或睡。他的存在有價值並不是因為他現在這個樣子，而是因為他將來要成為什麼樣的人，或可能會成為什麼樣的人，或被希望成為什麼樣的人。他瘦瘦的、小小的、圓圓的，是那麼的無助，卻又被寄予了厚望。他的現狀是那麼的無助，那麼的依賴於別人，似乎是毫無價值可言。然而，一輩子未婚的姑姑和感情豐富的媽媽卻從這個新生兒身上看到了兩家人身上所具有的特質。

　　過了幾年之後，在男孩身上人們如願以償地看到了家族榮譽感和父母引以為傲的特質。

　　生理上的遺傳在孩子很小的時候就顯露出來；但心智才能在孩子六歲前幾乎看不出來。即使過了六歲，心智才能也不一定會顯露出來。

　　等男孩到了十歲或十二歲，父母不僅要繼續關注孩子的學業，更要開始關注孩子身體出現的明顯生理變化。

　　這個時期的男孩開始表現出個人喜好。儘管喜好不定，但關注他的人會情不自禁地關注他，進而發現某些明顯的特質開始在男孩身上顯露出來，某種特殊才能開始或多或少地流露出來。

　　經驗豐富的科學家和醫生一致認為遺傳的好壞在相當程度上受限於遺傳傾向。他們的研究顯示，除非男孩有機會繼承生理或心智上的明顯特質，否則他的將來會在相當程度上受到環境的影響。

　　千萬要意識到環境的好壞與先天遺傳對男孩的發展影響同等重要。

　　十歲男孩的心智已足夠成熟，能開始去體會周遭的環境並受其影響了。此時，男孩逐漸步入孩子期的最重要的階段，開始了真正的人生。十歲的男孩儘管對「男人」的概念還不能完全理解，但已能明辨是非，意識到成長為男子漢的必然性；已能知道如何去交友，去與家庭、父母及朋友交往。他可能會自負，但絕不會目空一切；他可能會比較任性，但他還未被定型，今後會變得比較隨和。

　　他將踏上人生的旅程：青春如綠草；快樂匯流如小溪；因沒有重任在身而倍感輕鬆。但他即將長大成人，面臨嚴峻的考驗。儘管前景尚未明確，但生活即將失去單純的快樂。他對此並不喜歡，但很少有家長會注意到這點，更不會意識到其嚴重的後果。父母也好、周圍的人也好、甚至連他的老師都僅把他當作一個孩子看待，似乎根本就沒意識到他已經開始長大成人。

　　我們現在的文明可以說是比較進步的，但社會的基石卻並不穩定，而上層建築正是建立在這個基石之上。

　　男孩接受的是最基礎的教育。他學習讀、寫、算等基礎課程。他做任何事都必須遵照教育中規定的原則，不管願不願意。規律即是如此，而規律往往是正確的。

　　如果男孩將升上大學，開始考慮一些傳統課程的學習並不算為時過早。可能短期內用不著，但早晚有一天會用上的，這樣他就可以很從容地走向大學。

　　在強迫之下學習的男孩既沒打算成功也不會成功。不顧男孩的反對，一意孤行地強迫他去學習傳統課程或是其他高等教育，並不是個好

主意，這樣做既不對，也不公平。男孩具有和父母同等的選擇權。如果已經超出了確保孩子安全、健康、合情合理及接受基礎教育的範圍，那麼父母這麼做就說不過去了。

如果有必要，可以強迫男孩接受基礎教育，但再進一步就沒必要了。學完基礎教育，孩子和父母具有一樣的權利去決定將來的發展方向。如果他是個有個性、明理的孩子，那麼對於將來教育問題的選擇將決定他將來如何謀生，這對孩子比對父母更重要。如果這個孩子是個可造之才，那就沒必要強迫他了。無論如何，家長都不該強迫孩子接受高等教育。

男孩的成功與他各方面的能力息息相關。這個男孩更適合朝什麼方向發展？他愛動腦筋嗎？他總是死記硬背還是喜歡自己分析？他總是重複別人的東西還是喜歡自己創新？

家長的責任是鼓勵孩子，為孩子指引方向，把孩子帶入正軌，讓他按照自己的選擇去發展，在孩子前進的途中幫他一把，甚至是為孩子做好善後工作。

那些笨拙、無知、不稱職的律師、醫生及政客們多數都是那些野心勃勃、驕傲自大的家長干涉下的產物。而整個社會為此付出了沉重的代價。

那個男孩在一個小地方當一名機工，要比當名最爛的律師強得多；當名木匠要比當個屠夫似的醫生更稱職；當個收穫頗豐的農民要好過於當名無知、誤事的議員。

多大的男孩都不能放任自流，他必須受到管束。不受管束的孩子就像沒有的舵的船一樣，會非常危險的；但是若管束不當，則比船沒有舵更危險。當男孩開始成熟的時候，應該擁有發展個性的自由，在決定自己將來的發展問題上應該具有發言權。明理的孩子應該被給予信任，他的喜好應該得到尊重。

　　人類法則和家長法則的運用不應過度張揚。如果這是一個有個性、已經懂事的孩子，就應該被給予權力去做出正確的積極的選擇。而他往往會尊重明智的家長提出的反對意見。

　　家長的確有權管束孩子，但前提是使用權力得當。如果這個男孩已經足夠成熟懂事，他就應該擁有自己的權力。其實孩子和父母的權力並不互相矛盾。

　　父母之愛，明智之愛已經名不符實，已經成為一種約束力，當然，它比強硬的家長作風要強得多。

　　我深知無論父母多麼優秀，在教導孩子這方面有時也會感到力不從心。但作為父母，他們必須竭盡全力。如有困惑可以向他人請教。無論怎樣，多數人的判斷總會比個人的片面之見明智些，而且很有可能就是真理。不受他人影響，片面武斷地做決定，決定的正確率只有百分之五十。若接受他人的建議，不斷修正自身的錯誤，做出的決定可能不是百分之百的正確，但至少不會鑄成大錯。

　　男孩在很早的時候就開始顯示出他適合什麼，或是可能會朝著某個方向發展的傾向。他開始審視自己，也開始被人審視；開始探索自己的想法，也開始引起別人的關注。對於他的性格特徵、喜好傾向及具有的優勢、劣勢，應予以仔細研究，以便為他找出一條發展道路，當然這只是條建議他走的路，決不帶任何強制性意味，可做適當的更改，但大體方向是不變的。

　　任何違背男孩天性的事都會造成心理或生理上的畸形。男孩做得很好的方面往往就是他的興趣所在。根據個人能力進行發展才是到達成功的捷徑。違背個人天性即意味著失敗。男孩的喜好可能與個人的能力並不相符。他可能也不了解自己，他的父母可能也不是十分了解。他的老師也可能會做出錯誤的判斷。沒有什麼事是絕對肯定的。任何可能性都可能存在。若男孩想做的事恰恰就是他應該做的事，那他成功的機率就

大大增加了。奮鬥的欲望加能力就能換來成功。一個人失敗要麼是因為他所做的事不是他自己想做的；要麼是因為他做的事是他不應該做的。幾乎所有男孩的成功都是由於他的喜好與能力能夠完美地結合在一起。兩者結合得越早，男孩成功得就越早。

家長應當協助老師進行教學，使之更加生動有趣、更具實用價值，也使授課的老師感到身心愉悅。但若是家長做得不當，則會適得其反，孩子反而會覺得沒有家長參與更好。

想幫助孩子進步，有的家長有這個能力，有的家長則沒有。如果有個男孩對機械有著濃厚的興趣，在家裡就應該盡量為他提供機械類的東西來擺弄，滿足他的興趣和喜好。為他提供的機械類的東西越多越好，當然前提是不影響正常的作息和健康。操弄機械、看著機器運轉、身臨其境到工廠現場，即使只是讓他參觀一下，也會對男孩將來的發展大有幫助。

如果男孩喜歡在農場工作，那麼待在戶外是最合適不過的了。待在農場能讓男孩深刻意識到作一名出色的農民而不是苦工的好處。在那裡應該讓他看看耕作土地和被土地累得半死的區別。

如果男孩喜歡做生意，就應該在適當的年齡讓他接觸正規買賣，遠離非法貿易；讓他看到貿易的光明的一面，而不是其陰暗面。

如果他願意做一名學生，喜歡鑽研學術，那就應該為他盡可能提供一切學習條件，讓他置身書海；讓他認知到簡單的記憶、背誦只是學習最基本的要求；書呆子好做，讀書人難當。學習絕對不能影響適度的戶外體能訓練。學習過度與放任自流同樣有害。學習若以失去健康和兒時的快樂為代價，則會變得得不償失。

如果男孩熱衷於某種職業，那就讓他全面徹底地了解它，無論是好的一面還是壞的一面。別讓他迴避事物的陰暗面。在全面了解的基礎上去適應這個職業，將來才不會失望。

無論男孩適合做什麼或是想去做什麼，只要它是有道理的，切合實

際的，不會影響他的日常生活，不會剝奪他的快樂，他就可以去做。即使只是個學生，他也清楚地知道自己將來要承擔的責任是什麼。毫無疑問，如果男孩能在很小的時候就想好自己將來的發展道路，有機會在適合的環境中得到鍛鍊，那麼對他來說找到自我，把持自我，輕鬆自然地為將來的工作做好準備會非常容易。

男孩就該有男孩的樣子，早熟是非常不正常且危險的。在成長的過程中男孩不必承擔作為一名男人應承擔的責任。他只是有意無意地選擇他喜歡的事業，逐漸朝那個方向發展。在父母和朋友一定程度的幫助下，男孩越早做出決定，取得成功的難度越小，時間也越早。他會自然而然地進行過渡，不必荒廢學業，也不必犧牲作為孩子應享有的快樂。

很多男孩並不知道自己到底想做什麼，也沒有得到中肯的建議。這樣的男孩當然會處於劣勢。不是成功沒有眷顧他，而是他沒有準備好，因為他在事前若能先想想自己將來的發展方向，也就不會這樣了。

如果遊客在一開始就做好各方面的準備，那麼他就不會錯過任何一道風景，也不會遺漏任何他應領會的東西。

應該讓大自然的美景得到充分的展現，因為大自然當中是沒有任何錯誤和虛假的。而男孩的「自然風景」就在於他的完整的一面。認識男孩最完整的一面，找到他身上的優點和長處；然後幫助他、鼓勵他、培養他，讓他順其自然地發展下去，使男孩的「自然風景」得到全面的展示。

第三章　青春期男孩的教育問題

「幼苗定型期」

從大體上來說，無論是否畢業於高等學府，所有男孩都接受過中等教育，大約有 85% 的男孩接受的是免費的義務教育。

很顯然沒接受過基礎教育的男孩很難有所作為。他不可能會成功，也不可能會出人頭地。無論他將來是否要接受高等教育，也無論他會成為體力勞動者還是律師，這種基礎教育都是非常必要的。除非男孩的智力極其低下，否則他必須掌握這些基礎知識，如有必要，採取強制性手段也不為過。

首先，應該教會孩子學習的方法；然後再培養孩子學習將來的謀生手段。

男孩的確會遺忘很多早期經歷。他可能已經記不起兒時的煩惱是如何解決的；也可能已經忘記自己曾考大學失敗。但無論他會忘記多少往事，他都已經獲得了經驗，並學會了如何去獲得它。不管他是否依然記得早期接受的教育，他已經透過它學會了如何更好地掌握機會。

一名普通的男孩只是群體中的一員，能力一般，社會地位也一般。一個班級中至少有 25 個學生，也可能是 50 個或更多。他只是班級中的普通一員。目前的教育體制還不能真正做到因材施教。男孩和他的同學們接受的是完全一模一樣的教育。無論老師是多麼敬業、多麼有才華，他都無法做到給予每個男孩更多的關注。

許多教育權威都理所當然地認為男孩是教育機制中的一部分，而不是個體，男孩需要有這樣一個完善自我的過程、吸收知識的機會。不過也有些教育專家批評現今的教育機制，認為它沒有為個人的興趣發展提供條件和指導，離教育理想相距甚遠。毫無疑問，在這兩種極端觀點之

間，肯定存在著最適合的教育方式，它能有效地發現學生的潛能並予以發展。但這只是在理論上成立，目前現狀就是如此。

　　然而毋庸置疑的是，接受了基礎教育的男孩，還需要有相關的個人關注與協助。倘若學校教育沒有提供或不能提供這些，那麼父母、監護人、親朋好友等則要承擔起這樣的責任，否則男孩就會處於孤立無援的境地。必須要有那麼一個學校之外的人去體驗男孩在學校的感受，設身處地地為他著想，扮演老師助手的角色。

　　很不幸的是多數學校教育，都傾向於培養孩子的記憶力，而不是他們的思考能力。普通學校的老師通常沒時間、可能也沒有能力去培養學生的思考能力。男孩可能只會鸚鵡學舌，而不會自己動腦分析。他可能從不出錯，總是拿一百分，但從長遠發展來看，作為班級中的佼佼者，若與班級中成績落後的同學相比，可能還不如他們。

　　除非男孩能很好地進行自我調控，否則學校教育除了提供基礎知識和基本的培養外，毫無其他價值可言。鸚鵡只會動嘴學舌，毫無自己的想法。許多男孩在班級中名列前茅，但都是憑缺乏理解的機械背誦來獲取高分的。

　　真正關心男孩成長的父母才是負責任的家長。他們會盡可能地去了解孩子在學校的學習情況；他們會讀孩子的課本，與孩子一起研究功課；他們會給予孩子必要的關注，而這種關注往往是老師無法給予的。父母若受過良好的教育，那當然是最好不過的；如果父母沒受過教育，那這就是與孩子一起學習、共同進步的良機。

　　父母不要把家庭作業弄得太難、太累，要寓教於樂。學習並不是份苦差事，在理解充分、得到指導的情況下學習應該是件令人高興的事。老師不能總是讓教學保持在輕鬆愉快的氛圍中，可能老師沒時間也沒機會去這麼做，甚至很多老師根本沒有這個能力去這麼做。但父母就能做到。他們能幫助孩子愛上學習，體驗到學習的價值所在。

每個家庭、每所學校都應該關注教育問題，這對年輕人的發展大有好處。

父母不能把所有的責任都推卸給學校；他們應與校方協力合作，為孩子的前途著想，為整個社會著想。這種合作並不是指誰應聽命於誰。合作能簡化教育過程，使之進一步發展壯大，並更加有效；合作還能激勵男孩積極地投身到學習當中去，對他們不僅要授之以魚還要授之以漁。

私立學校在教學方法上與公立學校相去不遠，只不過是給予學生以更多的關注。有些私立學校在各方面都比公立學校好；而有些學校則要差很多。私立學校具有一定的優勢，並能充分利用這一優勢。

所謂的「社會大學校」教授的都是課本以外的知識。值得慶幸的是大多數私立學校是真正的教育機構，其工作人員都是正直、有能力、適應性強的人。男孩在這樣的良好環境中會擁有很多發展機會，這才是幸運中的幸運。

父母的責任是關注孩子、協助孩子、鼓勵孩子並與老師協力合作，但他們不能取代學校的教育。教育體制中的確存在很多弊病；許多教育委員會成員不能提供各方面的建議；許多老師缺乏能力、方法不當。但是從整體上看，教育體制、委員會成員和老師在採取方法予以指導方面要比父母更勝一籌。家長必須承認這一點。

找別人的短處很容易；誰都可以對教學方法和老師個人提出反對意見。但是合作、協助和激發興趣要比找錯和背後批評有用得多。

家長應尊重老師的權力，應協助老師而不是去挑老師的毛病。他們應是老師的助手和朋友，因為即使是能力有限的老師，在家長的協助下取得的成果也要比優秀的老師靠自己一個人的努力得來的成果強上許多。

老師有老師的作用，家長千萬不能挑戰學校教育的權威性。

　　家長有家長的權力，老師也不能侵犯家長的權力。

　　男孩也有發展自己個性的權力。校方和家長都應該尊重「小男子漢」的決定。

　　家長、學者及老師應該立場一致，相互合作，不要視彼此為競爭對手。只有在各方對合作感興趣、有熱情、對待彼此態度友善的情況下，才能達到共同教育的目的。

第四章 「優秀學生」與「不佳學生」

「學習不做無用功」

成績優秀的學生往往更容易獲得成功。可是班級中很多名列前茅的學生後來一事無成，而很多在班級中屬後段生的孩子後來卻成為人中龍鳳。

小時候學業優秀不等於說長大後就一定能成功。腦子反應慢、能力差或不用功的孩子當然不會成功。但是許多學業不好的孩子後來都成功了，而許多學業好的孩子後來卻一事無成。正因為如此，是否獲得過獎學金或在班級中排名第幾並不能作為判斷學生前途的絕對標準。

事實證明，多數後來成功的人當年在班級中既不靠前也不落後，這也許是因為班級中處於中游的學生人數本來就最多。不過多數成功人士在校讀書時都是中上等生，而多數不得志的人都屬於班級中的中下等。

讀書時總是落後的學生長大後很難有所成就。僅僅是因為懶惰、沒有上進心或興趣在其他事情上而不能與其他同學齊頭並進的孩子將來很可能會飛黃騰達，當然前提是他已意識到過去的問題。對於班級中的佼佼者來說，想爭班級第一是短期的唯一奮鬥目標，所以他們成功的可能性要遠遠小於中等生。

有些男孩去上學只有一個目的，那就是學該學的東西。學習時靠的是理解而不是機械記憶（rote memory），他不是學舌的鸚鵡。考試中也不會照抄照搬。他學習知識只是因為這些知識有實用價值。他活學活用，學能理解的知識，對於不能理解的部分，他會採取放棄的態度。因此，他在班級中只能位居中游，無法與那些擅長死記硬背的孩子一較高下，但是這類的男孩成功的可能性往往更大。

許多男孩學習都很被動，知識被死記在腦中毫無用處。他對知識完

全不理解，能在班級中名列前茅完全是靠在考試中死記硬背。這樣的男孩成功的機會很渺茫，因為他不會活學活用。他的腦中堆砌著一串串抽象的數字、年代和大量的單字，因此作為一個知識倉庫，他是成功的；但作為一個個體，他是個徹底的失敗者，只能算是個知識的守財奴，一個有知識的機器人。然而他可能會以班級第一的成績畢業，因為對於現有的評分標準來說，背出來的標準答案和理解之後作出的答案是一樣的。有些教育專家認為只要用功背就好，並不在乎是否理解知識；只要男孩能用書中的話來回答問題，就會使他們感到滿意。

他們鼓勵學生把爭奪班級第一名作為自己最終的奮鬥目標，由此導致好多學生為了這個目標而變成了學習的機器人。

教學機構從不過度表揚佼佼者，也不過分貶低後進生。讓學生進行記憶並不是單純地只為了提高記憶力，而是為了讓學生更好地記住知識。學生只要盡全力去學就好，與其依靠機械記憶成為佼佼者還不如腳踏實地真正理解一些知識，哪怕不能全部吸收也好。

男生若能掌握課本以外的有用知識，無論目前在班級中能排在第幾名，將來遲早會成功。不過這種男孩多數不會排在末尾。

注重學習真知識而忽視名次的男孩成功的機率會更高。這樣的男孩學習目標明確，盡力去理解知識，所以考試的名次可能沒有死記硬背的孩子高。

男孩的學習名次如何並不重要，重要的是他是如何去學習的，或者換言之，在校受的教育到底對他有多大幫助。

學業上的競爭十分簡單。所有的競爭無論有無必要進行，都是不自然的。做生意需要有競爭，但現在的生意並不是高級文明社會所應有的，真正高級文明社會的生意並不是這樣的。在學習過程中根本不需要有競爭。老師也好、政府也好，都不該鼓勵這樣的競爭。真正學習好的人很少會成為這種競爭中的勝者。從廣義上講，競爭是指在戰勝對手的前提下獲得利

益，也就是說另一方在不情願的情況下放棄或沒能爭取勝利。

只要死記硬背或是進行疲勞戰術、用填鴨式方法來學習，學生就能獲得好名次，不過學生的記憶力方面的發展卻是畸形的。

記住的東西只有是有用的才能具有價值。記憶力是上帝賜予我們的無價之寶，是一筆財富。

記憶力得到了充分發展，就能很好地輸入和輸出資訊，無論對誰而言都是大有好處的。

很多男孩因為爭奪名次而抑制了自己的發展，甚至犧牲了自己的理解能力，因此智力發展受到阻礙，腦中除了對應試有用的文字、資料外，其他知識一無所有。

有些具有成材潛質的男孩清楚地意識到一味追逐虛榮，可能會喪失許多可貴的東西。學校教育對他們而言成了幫助他們成功的推進器。他取其精華，去其糟粕。他在理解的基礎上累積知識，從不死記硬背。換而言之，他是為了用知識而學習的，不是為了記住某知識。無論男孩的名次如何，他是最會學習的人。等他長大了，兒時的班級名次對他而言已變得毫無價值，只有腦海中的知識對他才有用，這是筆誰也搶不走的財富。

一心想爭第一、把別人比下去的男孩學到知識後根本不知如何使用。他很有可能會變成一個有文化的廢物，對社會毫無貢獻；自身的記憶力、才智發展都受到了束縛。

班級中的佼佼者可能是個失敗者；班級中的倒數第一名也不會成功。真正成材的人在多數情況下不會來自於這兩個極端。他們更看重對知識的理解而輕視名次。名次看似很重要實則不然。其實成材的男孩也不是對名次毫無知覺，如果哪天他被別人超越了，他會加倍努力；這樣做不是為了勝過別人，而是為了一種學業上的滿足感。他具有活學活用的本領，自然而然就成功了。

第五章　選擇大學的決定

「適合自己的才是最好的」

高等教育可以指接受完基礎教育後的繼續教育。它包括除了商業教育以外的諸如各類大學、科學研究所、技術學院等機構提供的各種教育。

幼兒園、小學、升學學校或高中等教育機構提供基礎教育。

無論男孩是否打算進入職場或繼續學習，都要接受基礎教育，否則將無法適應社會需求，也無法進一步掌握科學知識。

在男孩接受完基礎教育後很多家長自作主張為孩子選擇出路：要不賺錢謀生，要不升入高等學府。如果男孩學習成績不錯，而父母又有能力付學費，他們很可能會勸導孩子甚至逼著孩子去大學讀書。

家長經常誤把記憶力好當成學習能力強，只憑成績單做判斷，從而忽視了對孩子實際能力、對知識的運用能力的了解。

記憶力好的人考什麼試都可以輕鬆過關。不過孩子在考試中的優秀表現有時可能會誤導人們去做出錯誤的判斷。學業平平的孩子在生活中不太可能成為佼佼者，而成績優秀的男孩也不能單憑死記硬背得來的成績就被斷言說將來一定會成才。

學業優秀的男孩長大後可能會失去分析思考的能力。

記憶力的培養屬於教育中的一部分。教育良好的成功人士都有良好的記憶力，都有活學活用的本事。很多記憶力超群的男孩都只會學不會用，變得「食而不化」。

決定男孩將來是就業還是繼續深造主要根據孩子更適合什麼來做判斷，而不是孩子已經做過什麼或是看起來像是能成為是麼樣的人。

教育不是萬能的，但也絕不會把孩子教壞。如果是男孩的個人問

題，無論他是否接受教育，結果都是一樣的。如果他學壞了，也是在升入大學之前學壞的。教育對愚鈍的人無能為力。大學生在進行體育運動時可能比鑽研學問更積極一些。有個別大學生也的確承認自己不太出色。但這些並不能證明大學教育是失敗的。大學代表著正統，優秀，是文明發展中不可缺少的一部分。在全世界範圍內亦是如此。有些個別的男大學生可能做事不太妥當；有些可能經常做傻事。不過，這些男生若是沒上過大學，可能會做出更傻的事。

在工作中無所作為的男大學生若沒受過高等教育，恐怕會成為一個徹頭徹尾的失敗者。對自己的學業驕傲自滿，輕視勤奮的男孩才是一個道地的庸才。這樣的人可不是大學教育培養出的產物，而是低等血統的後代，或是優良血統中的異類。高等教育不會毀掉任何一個男孩，不過對於不喜歡鑽研學業的人來說倒是可能是在浪費時間。

男孩應當上學接受基礎教育，即使是使用強迫的手段也不為過。但是強迫男孩去上大學卻是不妥的。若是男孩堅決拒絕上大學且理由正當，那麼家長就不該再強迫他們了，否則相當於把孩子投入了教育的牢籠，這種行為相當於犯罪。家長可以提出正面的意見或建議，可以向孩子列舉出上大學的若干好處，也可以向孩子表達出自己對他的期望，但家長能做的僅此而已。男孩在接受完基礎教育之後，有權利決定自己的將來去向。

若男孩除了想就業外，對其餘的都不感興趣，那就讓他就業吧。就業四年後的他收穫頗豐，遠比在大學混四年強得多。在大學學習倒是能擴充他的知識，但要花費四年的時間似乎有點太浪費了。若他真是個一無所知的男孩，那麼即使上了大學也不見得會多知道多少。

大學課程並不能教男孩致富，但大學教育的確能拓寬他的視野、開闊他的思路，使他學會有深度的思考，提升他的精神境界。

男孩自己願意上大學才去大學讀書，他才會不畏艱難，不惜任何代

價去追求真知。

在這種情況下進行教育不會給男孩帶來任何麻煩。男孩能自動自發地去學習，且從中受益。男孩在意識到高等教育的價值後會決定去接受教育。他和他的父母會願意為此付出任何代價，即使他們尚未明確前途將如何。

技術學院及其他技術學校與我們的大學一樣，設定這樣的學校主要是為了滿足那些想學科學技術的人的需求，是正規大學教育的替代品或是補充。

自覺接受高等教育的人有可能既學了大學的正規課程，又學習了技術學院的課程，但相對而言，很少有人願意這樣做或有時間這樣做。有時有人認為花這麼多時間在這上面完全沒有必要。

男孩若想用技術賺錢，去技術學校學習是必要的一步。他可能起步較晚，但肯定會進步的。他在學校三、四年學到的知識技術要遠比在實踐中累積的經驗多的多。不過，能在貿易、機械、科學領域占有一席之地的人幾乎都是接受過高等教育的人。

很難下定論說，就讀傳統的正規大學對男孩就職是否真的有幫助。我個人堅信是有幫助的，我奉勸想做生意的男孩們先接受大學教育；而想用技術賺錢的男孩先去技術學校學習，哪怕只學一段時間也好。熱衷於學技術的男孩會全身心地投入到學習當中去。喜歡學習的男孩在完成基礎教育之前，就會表現出明顯的求知欲望。

總之，對於想上大學的男孩而言，上大學是件好事；但對於即使被勸說也不願上大學的男孩來說，上大學不見得就是件好事。

第六章　社交中的難題

「人的兩個天地 —— 家庭和外面的世界」

遺傳因素很關鍵。健康、聰明的父母的子女往往比身心條件較差的父母的子女擁有更好的先天條件。科學家們一直都相信血統的影響力，以往的經驗和現代的發現都或多或少證明了直接遺傳的影響力。目前，人們普遍認為除了在胎兒期形成的身心特徵外，孩子繼承的更多的是某種習性，而不是對父母的東西的照抄原搬。雖然孩子身上仍有父母的印記，但不會受到太多的影響。

研究人員發現，環境和血統同樣對後代的發展有影響。先天條件好但成長環境差的孩子，比先天條件差但成長環境好的孩子更有可能成為罪犯。很多事情都不是由個人意願決定，而是由生活來決定的。

後天環境更重要。

學生不可能總是被家長老師照顧，這也不失為一件好事。他遲早會離開家和學校到外面去打拚的，早點意識到自己的責任也算是件好事。這是個學會獨立的好機會。

世上存在著誘惑其實也是件好事。沒有邪惡的誘惑，哪裡來的與之相對的真善美？男孩面對現實的時候，若不會分辨是非就無法與邪惡相抗衡。正如知道火是熱的，才能不被燙傷。孩子沒必要為了了解邪惡而變得邪惡。他必須直接面對，防禦越強，越能戰勝誘惑。

在家庭與學校之間是外面的世界，它對孩子將來的發展影響很大，比家庭與學校更難處理。

許多家長認為在家和在學校管好孩子就行了，卻忘了家校之間的環境也會嚴重影響孩子的成長。顯然，無法使男孩完全避開與問題人物的接觸。男孩必須能看到事物的雙面性，但認識和與之為伍完全是兩碼

事。醜惡的事是做為反面典型給孩子看的。

　　無論男孩自己是否已意識到，與壞事打交道會使人身心受挫是個不爭的事實。

　　有時，父母有必要限制男孩的人際交往，告訴他可以交往誰，不可以交往誰。但應盡可能地避免強硬的命令方式，否則會引起孩子的反抗心理。

　　對於孩子建立社交圈的問題，家長應給予的是合理的建議而不是強硬的管制。如有必要，父母可以幫助男孩選擇夥伴，但若孩子不需要幫助，家長絕不能強加干涉。父母若能成為孩子的夥伴、摯友，則能輕鬆地幫他選擇社交對象，而且不會產生任何意見分歧；同時，父母也是男孩夥伴的摯友。由此一來，父母可毫不費力地就直接接觸到了孩子的社交界圈。

　　父母若不能成為兒子的夥伴、朋友或是對孩子的喜好也感興趣，就不能奢望可以成功地為孩子建立社交圈或者操縱孩子的生活。但父母千萬不能採取強硬手段，強迫不能使人成為知心朋友。

　　父母若不懂與孩子的相處之道，最好別強求。不過有志者事竟成，就看父母想不想努力，沒有哪個孩子不渴望與父母成為朋友的。

　　許多生活中的敗筆都是由不健康的交友導致的。學校、家庭若不盡力，則很難幫助男孩擺脫不良糾纏。學校對男孩的教育不僅僅侷限在校園之內，家庭對男孩的教育也不僅僅侷限在家門之內，雙方應多多關注孩子在學校之外、家庭之外的生活圈子，這樣才能保證，無論何時何地，男孩都能生活在一個良好的氛圍當中。

　　學校和家庭還應鼓勵孩子多多參加社團活動、交友。參加社團當然不是為了打發時光，而是為了多涉獵各個領域的知識。這種社團多多益善。

　　有益的社團活動可以使年輕人逐漸學到自尊與獨立。

　　男孩子與其悠悠逛逛或窩在家中無所事事，不如出去參加划船俱樂部或某個社團，使日子充實起來。

當然，首先要保證這些社團是合法的，因為有時可能有人利用某些俱樂部去犯罪。不過由社團來督促男孩遵規守紀相對更容易些。

對於男孩來說，社會活動與學業、家庭同樣重要。

男孩都喜歡有自己的社交圈，男孩比成年人更需要社會交往。

有人會說，年輕人的成長過程中有三個主要因素：家庭、學校和社會關係，三者缺一不可。任何一項出現問題都會影響男孩的發展。其中一項有欠缺，也許還不會有太大影響，但若是有兩項出現問題，那麼，男孩是肯定不會成功的了。只有三者都具備了，男孩才能夠獲得豐碩的成果。

遭受一定的困難、挫折對男孩的成長是有益的，但過度的打擊不利於男孩健康的成長。

良機在握的男孩比沒有機遇的男孩會表現得更加出色。

性格堅強有毅力的男孩更容易成功；如果阻礙不是很大，成果會更加顯著。

有益的幫助更能助男孩成功；偶然的挫折可能激勵人成功，但若困難太大就適得其反了；給予幫助太多也容易妨礙男孩的發展。適度的幫助和少量的挫折是男孩成功的有效推進器。

而男孩的社會關係、人際關係也會是成功的推進器之一。

男孩周遭的事物對他的發展都有影響力。

男孩的父母若能成為他的朋友，那就再好不過了，但只有父母沒有朋友在身邊，這是遠遠不夠的。

男孩的成長離不開身邊朋友的支持。若父母和學校能融入到他的社交圈幫助他明智擇友，無論對男孩還是對社會來說，這都是件好事。

讓男孩駕駛著友善之船駛向成功的彼岸，千萬不要把自己的意願強加給孩子束縛住他的手腳。

放開束縛，讓他在自由的大海裡任意地暢遊吧。

第七章　踏入職場的初體驗

「他們已經出發！讓我們跟隨他們的腳步一起前進吧！」

男孩初出校門，步入職場，多數都是從最低層做起。大學畢業生步入職場可以以新人身分做起，也可以從職場的第二、第三層做起；即使是從最低層做起，他也不會在那裡停留太久。從正規技術院校畢業的學生接受過正規培訓，基本上不用從最低層做起。

男孩初入職場，很少有人能養活自己；幾年之後，條件會有所改善。

男孩及其父母應該把工作的最初幾年視為學校教育的延伸部分，剛畢業的二、三年期間，在老闆眼中，他們缺乏經驗，毫無價值可言。但這二、三年的經驗對男孩而言是極其珍貴的。無論在校期間他學得多麼的好，理論和實踐之間總是有很大差距的。

男孩在工作最初的狀況絕對不能說明他的前途是怎麼樣的。剛開始工作時，一週只賺幾美元，但卻有很多發展機會，這要比賺得多、機會少強得多。

有些物質條件較好的父母，目光短淺，要求孩子只顧眼前利益而犧牲掉遠大前途。他們要求孩子把眼前利益放在第一位，寧願低職高薪，也不願低薪好前景。

我們需要再一次警告那些父母，不要違背孩子的意願去做事。既然男孩已大到可以進入職場工作了，那麼他也大到可以自己做主了。他擁有自主權，而且應該得到尊重。他正在為自己的前途打拚，為將來打基礎。也許他要學很久才會成功，但他不能輕言放棄，除非事實證明他當初的選擇是絕對錯誤的。

男孩最初的職業選擇好不好，決定了男孩的將來是否成功。如果男孩自己決定要成為雜貨店老闆、工程師或投身其他某種行業，並且能說

出選擇這個行業的理由，那麼他很可能真的適合這個行業。熱愛自己的職業，不等於說他一定會成功；但對職業的熱愛可以使他充滿雄心壯志，蔑視一切艱難險阻。

熱情加能力可以征服一切。沒有熱情只有能力也可以成功，沒有能力只有熱情也不一定會滿盤皆輸。但既有熱情又有能力就一定會成功。

對某事的喜好或嚮往，暗示著某人具有做此事的能力。某人想做的事很可能就是他最擅長做的事。對於他不想做的事，他可以學著去做；但對於他不想也不能做的事，或根本不想學著去做的事，他能做好的可能性不大。明確知道自己想要做什麼的男孩往往能給出選擇的理由，其中百分之九十九是正確的選擇。

理智的家長會在很長一段時間裡密切關注孩子，了解他的喜好，找到他的潛能。男孩即將長大成人，他已進入關鍵時刻，任何的錯誤選擇都會讓他付出慘痛的代價。此刻，家長應當給予更多的關注，和他談心、提供建議、協助他全面認清所選的職業。

只要男孩選定某種職業，就把它的最真實的一面呈現給他，他會欣然面對的。胸有成竹的他會謹慎地權衡利弊，在有把握和熱情的前提下做出決定。

值得注意的是，有的男孩總是朝令夕改、猶豫不決，這樣特別容易失敗。當然，隨著條件的改變也有可能會改變主意，不過多數成功機率大的男孩都會目的明確，除非他後來發現當初的選擇是錯誤的，否則不會輕言放棄。

男孩適合做什麼才是最重要的，而不是父母想讓他做什麼。

他有充分的自主權，在父母的幫助下，理智的男孩會利用這個權利。當然，前提是父母做法得當，不會越權，若父母強行限制男孩、從不考慮他的理想和能力，這麼做不僅是不正常的，而且可以說是一種犯罪。

　　我對那些粗俗無理的男孩一點好感也沒有，也從不認為這樣的孩子會為自己做主。他們必須遵循法律、尊敬師長，不然就應受到懲罰。不過決定他的前途的權利掌握在他自己的手中，別人是插不上手的。

　　稱職的父母考慮的是什麼是最適合孩子的，而不是什麼是最適合自己的。他們會尊重孩子的意願，不予強迫；幫助孩子做決定，並幫他證明他的選擇是正確的。

　　無論男孩從事什麼工作，他開始賺錢的第一年是最關鍵的一年，直接影響著他的將來，他將終生難忘。如果他的所作所為是對的，他離成功的距離就又近了一步，如果是錯的，必須從頭再來。

　　工作第一年很關鍵，這裡指的不是第一年能賺多少錢，而是剛進入職場的前幾年就像在學校實習一樣，是累積經驗的過程。在此期間不能指望能賺多少錢，當然前提是父母能在經濟上予以援助，否則男孩就會很辛苦，他既得為眼前打算，又得為將來著想。若父母有經濟實力能夠支持他，能賺多少就無關緊要了。在工作的前面幾年，最重要的是累積工作經驗。

　　無論孩子在唸書還是在工作，父母都應該給予關注。初入職場的男孩甚至比在上學時，更需要父母的陪伴和家庭的溫暖。

第八章　人生交叉路口的選擇

「深思熟慮，謹慎選擇」

廣義上來說，做生意是指買賣行為；而職業可以指買賣才智，交流賺錢的心得或經驗，也可以指不計酬勞地使他人受惠，促其發展。

若男孩只在乎錢，那他一定更適合在生意場上打拚。基本上所有有錢人都是生意人，或將生意和職業合而為一的人。多數在職場上打拚的有能力的人只能賺錢餬口，只有少數人能賺大錢。職場最底層的人為了溫飽而奮鬥，而職場高層的人則非常富有，豐衣足食。

對於多數指望依照常規努力、爬上職場高層的人而言，其難度不亞於眾人一起擠著走獨木橋。成千上萬的律師、官員、作家、教授及從事其他職業的人，沒有做生意的頭腦，缺少魄力、意志力和能力，因而一生碌碌無為。據說只要有招募者在鬧市一站，就會有求職者蜂擁而至，因此可以說有好多人都是「失業專家」，這樣說還是有一定道理的。

只有才華橫溢、不屈不撓的人才能透過層層考驗。

意志軟弱沒有能力的男孩不適合做律師。

職場上競爭激烈，有實力的人才能脫穎而出。普通男孩都選擇做生意或學手藝。勤勞的人能靠做生意謀生，但是光有勤勞、體力、堅忍和抱負還不夠，還需要有能力、學識並能適應社會。

教育本身並無價值，可是當知識在實踐中得到應用的時候，教育就變得有價值了。

成千上萬的虔誠的牧師一心一意侍奉上帝，但卻無法修成正果。還有些人野心勃勃，但因缺少能力而一事無成。他們既無技術，又無適應能力，根本無法參與職場競爭。有些不稱職的律師有可能更適合當個生意人。他們做不了律師是因為空有滿腹經綸，卻缺乏基本的操控能力。

成功的職場人生來就是做這行的，再加上後天接受的教育、培訓以及抓住的機遇，成功便是水到渠成的事了。弱者變得強大，乏味的人則變得有趣，愚鈍的人可以變得聰明，但職場上的成功，哪怕是一定程度上的成功，也要求人們必須具有先天的才能加後天的再造。

有抱負的男孩渴望出名，自然而然就會朝著職場努力。而他自負、愚蠢的父母卻沒有為他及時喊停。的確，商人很少成為出色的政客。而有些政客卻靠做生意起家。但必須記住一點，那就是渴望政治上成功卻不會交際的人，成功的機率不到萬分之一。有若干因素導致了商人無法在政界成功：首先，商人無法適應政治環境，倘若他能適應，那他就不會成為商人了；其次商人因已習慣於賺錢，而忘記了充分行使自己的公民權力。

文明的發展需要更多的商人來領導。高層次的生意人會意識到對高級人才的需求。當職業道德滲入到商業中，生意行為就提高了一個等級，從而更加接近文明的要求。

男大學生們埋頭讀書，卻沒有實際應用的能力，他們都認為既然自己有才能，就應該得到好職位，可是卻忘了問自己是否真能勝任此職，也忘記了求職的人往往是供過於求。

教育程度高低和在工作中的表現並不成正比。男孩自己想做什麼，是否等於他就應該做什麼？倘若他真能成功，還在接受基礎教育階段，男孩身上就會顯露出某種特質，讓身邊的師長、朋友相信他一定會在這方面成功的。

多數人在正式從事某職業之前就已顯露出在此方面的才華。有著天賦的他充滿信心和決心，小問題、小障礙根本難不倒他。

要想判斷出男孩到底適合做哪一行，的確很難。但等男孩滿 16 歲以後，決定他要進入職場還是做生意就很容易了。

幫助他做決定的最好辦法就是順其自然。不過這需要家長密切關注

男孩，否則很可能會因誤解而做出錯誤的判斷。

有時男孩對某事的渴望可能並不是出自天性的本身。不能強迫男孩進入職場或經商，應該讓他客觀清楚地看到兩者的利與弊；並要弄清楚，他下這樣的決定到底是經過深思熟慮，還是一時的衝動。

父母不能根據自己的意願進行判斷，即使有再豐富的閱歷，也不足以用來決定什麼是對男孩最有利的。

父母可以有選擇性地提供合理的建議。

不過大多數男孩卻不具有過人的能力，因此想成功非常困難。他們很可能不會從自己的角度考慮問題，而是採取隨波逐流的態度。

若男孩的一個朋友立志要當一名律師，那麼男孩就會認定法律是他的特長。若男孩最要好的朋友想從商，那麼他又會改變主意想當商人了。男孩的老師和父母肩負著重大的責任，因為他們在相當程度上影響著男孩對前途的抉擇。

對於男孩到底適合做什麼，父母需要謹慎考慮，不能把自己的理想強加給孩子。

若男孩的能力很強，那就讓他自己做決定；但若男孩並無特殊優勢或喜好，則要對他施與關注，為他提供中肯的指導和建議，就算不能幫他成功，但也不至於眼看著他失敗。

培養男孩時要考慮的問題不是父母想讓他做什麼，而是他將來可能有能力做什麼。

男孩最應該做的事，是對人對己都有利的事。

第九章　將雇主利益視為自身利益

「工作中展現自身價值」

成功的男孩也好，成功的男人也好，無論是受薪階級還是經理、老闆，他們都在為自己打拚。受薪階級如果不為自己打拚，將永無出頭之日。我們既屬於自己，也屬於他人，而對自己要負的責任是自己的首要責任之一。上帝創造了我們就是要我們為自己負責，為自己的所作所為負責。

一個人如果對自己都不負責，那他就更別指望別人對自己負責了。管理不好自己的事的人，也不會管理好別人的事。滿腦子只考慮自己、只對自己負責的人是自私的。真正有責任感的人必須善待自己，同時也善待他人。

只為自己利益考慮的人，個人價值不會很大。

為自己的利益而犧牲雇主利益的人，是不忠誠的人。

對雇主忠心的人會將雇主的利益與自己的利益聯繫起來，兩者是一種互惠合作的關係。

為他人工作等於在為自己工作；為自己工作的同時也是在為他人工作。這就是一種忠誠的展現。男孩按時上班並不是因為被要求如此，而是因為他就應該如此。

基於對人對己的責任，他在人前人後都是一樣的忠誠、老實。

成功的男孩無論薪水高低都會恪盡職守。無論何時何地他都會誠實地面對。自己對自己的雇主不講誠信的人，是不會對自己講誠信的。他在為雇主努力工作的同時，也是在為自己奮鬥。他有自尊，也珍惜自己的權利，但他絕不會吹毛求疵，也不會挑戰商務邏輯。因為是為自己而努力，所以男孩在不影響健康的情況下願意加班，努力向雇主證明自身

的存在價值。他清楚地意識到若是自己在雇主眼中是有價值的員工，那麼在自己眼中也是有價值的。

從來不為自己而奮鬥的男孩，在雇主眼中一無是處，毫無價值可言，這樣的男孩總是在挑剔、抱怨、從不負責任，做事避重就輕，其結果注定是一事無成。

人們做任何事情都應該兼顧到個人利益與他人利益，做生意是如此，做其他事情也是如此。慈善家出錢出力，在付出之後，他會得到更多的回報，其價值遠遠超出他所付出的。

第十章　為自我奮鬥

「我的事業我做主」

工作的人不是在為自己工作，就是效力於他人。成千上萬的為自己「效力」的人，賺的錢還不如普通受薪階級賺的錢多。反之亦然。不過，為自己效力的人的前景應該更加光明些。事實上，所有的富商都是在自己為自己工作。

靠薪水謀生的好處是不必太過焦慮，也不必承擔太大的責任。

賺薪水的人只要工作有保靠，健康不受影響，就會年復一年地做下去，且擁有安全感。

為自己工作的人，收入不穩定，賺的多少要視生意好壞而定，但前景光明，他每天都有很多工作要做，每天都感到很充實。

多數最開始「工作」的人都是先為別人「工作」，然後賺了錢再為自己而做。

為別人工作很容易，但為自己工作就不那麼悠閒了。如果沒有勇氣承擔責任，也不會處理問題，生來就是個拿薪水的人，那麼他最好一直做下去，別輕易轉行。這樣的人若為自己工作很可能會失敗，隨時面臨風險。

有的男孩能力強，精力旺盛，有抱負，積極進取，做事專注，鍥而不捨，當累積了經驗，機會來臨時，就應該有獨立面對的打算。這類男孩很難滿足於一份簡單的薪水，職位再高也不能令他滿意。他樂於發號施令，要不就成為經理，要不就成為老闆。

賺薪水的人能不能成為財政方面的專家是個未知數，但成功的獨立經營者必須是個出色的財政專家。沒有理財的能力就不具備獨立經營的條件。

自己獨立經營需要有一定的資金進行周轉，沒有資本就創業變得越來越難。

缺少資金與缺乏做生意的能力一樣是前進道路上的絆腳石。即使再有能力的人，若資金短缺，也會在競爭中敗下陣來。

想獨立經營必須等到時機成熟，累積了足夠的經驗和資金，或者有雄厚的財力做後盾。

拆借資金到底可不可取，這要因人而異。許多商人因受借貸所累而失敗；但也有許多人就是靠借貸起家。

借貸中存在著巨大風險。受客觀條件影響極大，且情況各異。如無把握，不要借貸。

有的年輕人有經驗、有能力、受過良好的訓練，且具生意頭腦，這樣的人面臨三個出路。一是他讓公司感到自己的重要性，公司願意給他提供一個領導者的職位或讓他從中獲利；二是結交某位富豪，讓其願意為他投資；三是傳統的做法：借錢滾錢。

如何借到錢與錢本身同樣重要。貸方至關重要，實際上就是生意搭檔。如果貸方是個吝嗇鬼，那他會是個難纏的角色；如果貸方實力不足，又很可能從借不到足夠的錢。

除非年輕人已確定自己不具備當老闆的才能，否則每個年輕人都應該有單飛的夢想。當時機來臨時，他要能向所有人證明自己已具有單飛的能力。

成千上萬的年輕人本可以獨自立業，但卻錯失良機。還有一些人失敗了，是因為在時機未成熟時過早地單飛。

聰明才智發揮到了極致就是成功。他若適合獨自立業，那就再好不過了；他若對自己不太確定，別人也對他的管理能力表示質疑，那他最好不要下此決定。

成功的巔峰並不擁擠，但通往巔峰的道路卻崎嶇不平、障礙重重，

　　路上遍布的不是被淘汰的人的屍骨，就是失重的野心和沒有得到的貪婪。

　　你做好準備了嗎？如果做好準備了，那就出發吧；如果準備尚未完成，那就再等一等，讓自己完全成長起來。

　　等待並不意味著無休止的耽擱。做好了準備，就出發吧！

第十一章　雇主與雇員之間

「能聽令於人，也能施令於人」

領導者的能力要較被領導者強。群龍無首就如同烏合之眾。古往今來，缺乏領導的軍隊一見到敵人就會潰不成軍。

做生意也需要有領導者。成功的領導者不是雜亂無章的驅使者，而是按章辦事的人，他的指令既不強硬也不粗魯。

在工作期間，若下級員工無視領導的權威性，那麼工作就會做得雜亂無章，毫無效益可言。在生意營運過程中，領導者把受雇者看作是大眾中的一分子是很必要的。

從商業上講，僱傭者應當優秀於受僱者，兩者地位不同。前者是操縱者，後者則是被操縱者。

優秀的雇員不會排斥章程的約束，也不會偏激地對待合理的要求。

不論在日常生活中，雇主與雇員的地位誰高誰低，在工作中，雇主是絕對的領導者，雇員必須尊重雇主的決定與安排。

從不聽命於人的人也無法讓別人聽命於他。領導者多是從普通的員工中脫穎而出的人。

不聽從指揮的年輕人無法指揮他人。受不了約束的人是無法有升職的機會的。總是對辦公室的規章制度指指點點、說三道四的人只能永遠留在原位。不願接受合理校規的男生，上班後可能也會反抗單位的規章制度的束縛，這樣的人若不意識到服從也是一種基本素養，是永遠也不能成功的。

在工作期間，雇員必須服從管理，否則就飯碗不保，只要雇主還在這個職位上，他就有權得到雇員的尊重。照常理講，雇主往往比雇員優秀，雇員要不就服從領導，要不就辭職不幹。

　　若雇員在工作中總是心不甘、情不願，與雇主磕磕絆絆，那麼他的工作表現是不會好的。不能正視自身身分的雇員，不會得到別人的尊重。

　　成功從不光顧散漫的人。無論是在家、在學校還是在工作單位，約束與服從是管理中的兩大要素，是男孩要學習的首要功課。

第十二章　成為父母

「長者的睿智＋朋友的關係＝成功的父母」

因為父母比孩子年長許多，也因為他們閱歷豐富，所以父母自然而然地被授以重任，負責教育培養自己的子女。

也許是出於對孩子的好意，人類發展規律賦予了父母可以隨意支配的特殊權利。除此之外，父母只服從政府法律和社會的規章制度。

可悲的是社會中的確有些父母 —— 其數量可能與猜想有所出入 —— 既不能管好自己也不能管好孩子，對管理什麼事都不在行。就目前的文明程度而言，我們對那些不負責的父母還無計可施，也不能阻止他們去行使自己的權利。

當然不能讓沒有自我約束力的父母去管理子女。

社會口碑不好的父母也不太可能受到子女的尊重，也無權受到尊重。

對於這樣的家長，孩子可能會服從他們的命令，但絕不會尊重他們。

父母與子女對對方都負有責任，但父母應負有更多的責任，因為他們年紀大，社會經驗多。

有的壞孩子出身於好的家庭，也有的好孩子是出身於壞的家庭的；但多數情況下，壞孩子都是出身於壞的家庭，好孩子出身於好的家庭。

孩子受家庭影響很深。家庭好則孩子好，反之亦然。

相對於子女對父母的責任而言，父母對子女負有更大的責任，這一規律是一成不變的。

明智的父母很少武斷地濫用權力，他們不想這樣做，也從不這麼做。他們給孩子建議和關愛，激發孩子的興趣，與孩子交朋友，這麼做

對雙方都有利。孩子在家裡與父母是平等的，他的權利得到了尊重；家教也得到了貫徹，但這是透過平等、友善的手段得以實現的。

管教男孩是透過關愛與合作得以實現的。

越是明智的父母越願意參考他人的意見，從不武斷地進行主觀臆斷，總是利用大家的經驗和聰明才智教導、培養孩子。

從不聽取他人的經驗教訓、不分青紅皂白、濫用權力的家長是愚蠢的，甚至可以說他們是在犯罪，有時會為天理所不容。獨斷專行的作風在家庭教育中是行不通的。

明智的家長是值得提倡的，他們在乎自己肩負的責任，既不自負也不頑固，在教育子女時會充分聽取他人的意見和建議。

人們認為是正確的東西沒有經過正確的論證就不是正確的；人們認為是錯誤的東西沒有經過明智的鑑別就不是錯誤的。孩子並不是父母的奴隸，而是他們的朋友。他們在外面見多識廣，回到家中可以對孩子進行適度的教育。這樣的父母是最稱職的 —— 他們有知識、有判斷力、有辨別力、還有經驗。這些父母幫助孩子提高素養，促進下一代的茁壯成長。

如果家長可以輔導孩子的功課，他們就可以成為男孩學習的夥伴，並且為孩子提供良好的家庭教育，這對於孩子來說是非常有益的。

學校再好也不是學生教育的全部；而無論多麼完美的家庭也都只是孩子教育的一部分。無論父母稱職與否，都只是孩子成長過程中的導師之一，但他們對孩子產生的影響卻是非常大的。父母必須深刻地意識到這種責任，除非萬不得已，否則不必動用法律賦予的父母權力，只需因材施教，關愛和關注孩子，對他們予以指導即可。

男孩們會誤入歧途嗎？

父母要善於發現問題以及問題的根源，且不斷地去發現問題。不能拘泥於片面，要全面捕捉到孩子身上的每一個細節。

家長培訓機構應該和音樂培訓機構或是一些其他機構一樣多。

有許多家長獲得的經驗教訓都是在教育孩子失敗後總結得來的。好多家長都是在孩子受到委屈後才明白該如何教育孩子。隨著文明的發展和進步，家長對這一過失應當予以彌補，並且應找機會了解自己的職責到底是什麼。

除了媽媽教室以外，還應設有爸爸教室。

在孩子出生之前以及之後，父母應當懂得孩子的培養之道。

一個人不懂得如何養育孩子，又不願意學習或是不打算學習如何去培養孩子的話，那麼這個人就不應該結婚或打算結婚。

不斷地有人提出新的教育方法。各種學校或教育機構也如雨後春筍般大量出現。這些學校教授的內容包羅萬象，教家長如何做個稱職的父母。

一個人想要學習別的什麼知識很容易就能做到，無論是否有這個必要；不過，現在迫在眉睫的是大規模推廣普及對父母的培訓。

如何去建構家庭並且維持這個家庭，比如何繪畫、歌唱、閱讀和書寫經典之作都更加重要。

在宣導大眾化、時尚化、文雅的消遣以及為我們輝煌的過去引以為傲的時候，我們的領導人都不可原諒地忘記了人性的重要性。

系統化、有經驗的家庭教育對於文明來說是很重要的。

只有最稱職的家長，才能培養出最優秀的男孩。

男孩的第一個學校就是他們的家庭，並且家庭學校像其他學校和教育機構一樣重要。

如果「國家強盛的基礎在於每個家庭」，那麼人們就應該學會如何照顧好自己的家庭；政府就應該認真地守護力量的源泉。

父母的無能、愚蠢、懶惰以及冷漠就是導致孩子失敗的罪魁禍首。

父母和孩子一樣需要培訓。

　　那些自己都沒有進步的人，無論他們是否貴為父母，都無權去教育別人。

　　為了孩子著想，父母在教育孩子之前先審視一下自己，在要求孩子該如何去做之前，自己應先做到。

　　在教導別人之前，先學會教人之道。

第十三章　選擇定居還是遷徙

「安土重遷更安全」

警世名言中有這麼一句：「留在原地，哪也不要去。」可是冒險能帶來改變。對待警世名言應有鑑別地去分析、判斷。

很多孩子遠走他鄉去發展事業，可能會非常成功；而還有些孩子就安土重遷，不去參與陌生的、殘酷的競爭，反而更加成功。

男孩應該安土重遷還是遠走他鄉呢？對於這個問題並沒有一個很確切的答案。男孩想要遠離家鄉開始自己的事業嗎？如果他們願意並能給出充分的理由，那麼他們在陌生的環境中成功的可能性就會更大。但是百分之九十想離開家鄉的男孩都沒有一個明確的目的。他們常常迷失在城市的燈紅酒綠中，並且認為業務繁忙的地方一定有很多機會。他們在認知不明的情況下就輕易做出了判斷，並沒有意識到業務繁忙的地方競爭也同樣很激烈，並且常常有更多的求職者在競爭那些職位，出現了供大於求的局面。

能力顯著的男孩需要在大一點的地方來發展自己。如果他的家鄉又小又落後，他必須離開家鄉進入到廣闊的天地裡施展拳腳。

如果頭腦靈活的孩子生活在規模較大且發展很好的鄉村地區，孩子在決定離開家鄉奔向大都市之前需要認真地考慮。

相比大都市而言，一個進步的鄉村小鎮會給男孩提供更好的發展機會。都市裡充溢著太多的求職者，所有的職位都有成群結隊的人在排隊等候應徵。除非那個工作的薪水實在是少得可憐，否則在城市中求職要比在農村求職難度高出兩倍到十二倍。

在大都市裡，金錢往往要比人本身的素養更加重要；在小地方，人的素養和金錢一樣重要。城市中最優秀的律師可能比鄉村裡最優秀的律

師更加出色，但是即使兩人能力相當，鄉村中最好的律師名聲會更大一些。在城市裡人們只看重實力或財富。鄉村中最優秀的人在離家最近的城鎮工作，往往比當地百分之九十九的居民都出名。

都市生活壓力很大，只有少數人可以承受住壓力並且能夠爬到社會最頂層。鄉村的優勢在於人能更加容易地實現自己的目標並能夠更加容易地維持下去。

如果在鄉村擁有相同的機會，孩子選擇在家鄉發展是很明智的，並且他們可以充分利用他們熟悉的資源，使他們的能力發揮到極致。有太多的孩子放棄了家鄉良好的前景而選擇遠離家鄉到陌生的環境中尋求更好的開始。相比都市裡的職位，鄉村裡的職位有更大的把握性和永續性。

家鄉的條件如何呢？在家鄉尋找機會，別急著放棄家鄉。如果家鄉實在不適合男孩的發展，那麼這個男孩必須要離開。但是如果所在的鄉村是進步的，並且還有進步的空間，在把條件逐一與城市進行對比之前，男孩最好不要離開。城市的確可以給予你更多，但是也會有更多的競爭對手。

一個人不應懼怕競爭，但是也不要追求競爭。對手常常使我們變得更加強大，但是當我們可以順利發展的時候，也沒有必要非得人為地製造困難激勵自己前進。生活是很艱難的，成功的獲得也是異常艱難的。這些艱難險阻足以構成促進人前進的動力了。

如果鄉村的孩子能夠在鄉下找到一些值得做的事情，他最好還是留在鄉下。城市只是一個人發揮自己能力或履行必要職責的地方。在鄉下獲得的成功比 99.9% 的在城市裡獲得的成功還要好，因為他擁有更多的朋友，這種成功更貼近自然，更容易得到認可，也更實際。

都市所能提供的鄉村所不具備的機會其實非常少，那麼鄉村所能提供給男孩的機會也就相對更多。

對於一個缺少鄉下生活經驗的都市男孩來說，他們是否應該放棄都市裡的機遇而來到鄉下開始自己的事業呢？如果他想且能說出理由，那就去吧。他們在都市裡積累下的經驗能被快速地應用到鄉村的生活中，這會使他們比在城市裡更快地取得成功。雖然成就不大，但他們的成功看起來更加長久和令人滿足。如果都市裡的男孩要去鄉下的想法非一時衝動，且能夠說出自己所選擇的原因，最好讓他們去。如果都市裡長大的孩子渴望生活在都市裡，並且一旦離開擁擠的街道就會很不自在，那麼他們待在鄉下將會非常難過。都市可能就是最適合他們工作的地方。

個性強、能力出眾的男孩在任何地方都會成功。在發達的鄉鎮可能更容易把自己的能力發揮到極致。

男孩們的喜好和本身的能力可以決定他們該在什麼地方開始自己的事業。

都市裡長大的孩子在鄉村可能有些發展機會，而鄉下的孩子如果離開鄉村到那些陌生的大都市去的話，可能會有更多的機會。

鄉下的孩子總是低估自己家鄉的機遇而高估城市的優勢，而都市裡的孩子很少注意到鄉下的優勢。

或許最好的建議是：

哪裡有公平的機會，就留在哪裡；如果哪裡缺少機會，就離開哪裡；要知道你渴望去什麼地方；人往往有好多方面連自己都意識不到。

無論是從鄉村到城市還是從城市到鄉村，都是一個極大的跳躍，都是進入到了陌生的環境中去。

一個人在一個地方居住久了，自然而然就會熟悉身邊的環境，如果有機會，最好是妥善加以利用。

天才往往在任何領域都可以成功。如果一個領域不適合他，那麼他會開拓出一片適合自己的領域。

普通的孩子大多則要受到環境的影響。

徹底的改變是有風險的。

如果一個人沒有十足的把握，最好不要離開自己的家鄉，留在原地，直到他找到一個更好的地方和一個更好的機會。適合別人的地方並不一定適合自己。

男孩必須適應環境，而不能讓環境適應男孩。

因為當一個孩子在陌生的環境中取得了成功，並不意味著別的孩子同樣可以成功。

讓孩子在家鄉盡最大可能去奮鬥，如果無法達到目標，那麼他就應該考慮換一個新的環境。

在沒有十足的把握的時候，他最好留在原地，不要輕易地改變自己的環境。

如果選擇離開是明智的，那就不應該有任何異議。時機成熟的時候，他的父母，朋友都會覺得他的離開是對的。

「我的家鄉是首選，其次才是其他的地方」是一句永恆的真理。男孩首先選擇家鄉，同時也給予了自己一個機會。如果有希望還是在家鄉尋找成功之道；等在家鄉小有成就了再到其他地方去發展。

第十四章　金錢在生活中的作用

「誰是誰的奴隸？」

很久很久以前，有一個人這樣解釋了《聖經》中的一段話：「你要盡力去賺錢。」這句話世世代代流傳下來，鼓勵人們去爭取頗受質疑的成功，也阻礙了道德的發展。

現在善於思考的、樂觀的人希望人們從過去一點點進化到不涉及金錢的文明狀態，到那時就不再是毫無感情的金錢交易了。

《聖經》中所提到的罪，除了亞當和其他幾個少數人的墮落外，都是直接或間接地由對金錢的狂熱引起的。法院可以提供有力的證據說明金錢是罪惡的驅使者，或者說金錢是現代犯罪最本質的根源。

為了金錢，人們不惜毀掉自己的健康或出賣自己的靈魂。因為金錢，父子反目成仇；因為金錢，人們變得庸俗不堪。有了金錢做靠山，有權勢的人成為了政府的領導人、生意場上的操縱者，甚至可以左右別人的死活。

只要有點頭腦的人就相信，在人類的進化軌跡上，真理永遠是勝利者。並且人類和上帝最終會建立起正義的、公平的、公正的以及仁愛的世界。只有等到真善美得到了伸張，邪惡完全滅絕，這一理想才能得以實現。金錢帶來的罪惡，必須受到上帝和人們的審判和懲罰。但是今天，或者在未來的好多年裡，無論錢是好是壞，都將是生活中一個必要的因素，因而被認為是生活和工作中的一部分。在文明得到進一步發展之前，一切還會依舊進行下去，金錢依是交換媒介。

很多人用金錢的多少來衡量成功。沒有人會否認，目前金錢仍是現代成功的一個重要組成部分。

事實上，幾乎沒有哪個成功人士是一貧如洗的，也幾乎沒有哪位偉

人是富可敵國的，因為真正的偉人並不會把大量時間都花費在斂財上，並且如果他真的很富有的話，他也會合理地加以利用，不會讓金錢成為自己的累贅。

當一個人擁有了各種能力的時候，大致來說這個人就擁有了足夠的賺錢能力，並使自己過上高品質的生活。幾乎每一個相當有成就的人都會獲得足夠的收入，沒有那個有能力的人會無法維持自己的溫飽的。

當財神回報那些精明能幹的人的時候，通常都是很慷慨大方的，即使不是可口的奶油，也會是最起碼的維持人生存的麵包。

不管採取何種手段發家，那些富得只剩下錢的人，都不能算是成功的。過於富有的人往往沒有真正的朋友。有人會效仿或奉承他，但卻不會愛他、尊敬他。他所謂的那些朋友都只不過是在巴結他、奉迎他，想借他的錢，騙他的錢；也有的只是生意上的合作者，他們隨時準備著在和他聯手掠奪他人財富的同時，也去掠奪他的財富。一旦這個富人死去，沒有人會為他傷心，報紙只會寥寥幾筆提及他的死亡，可能還沒來得及下葬，就已經被人們遺忘。他的黨羽對於他的死表示很難過，因為他們無法繼續利用他。他的合夥人也更加放心，因為他的死減少了對自己的威脅。親人的悲傷只不過是幾滴清淚罷了。這種人代表著一種級別較低的成功，得不到尊重，也不能長久立足於世上。

級別較高的成功人士，無論是賺錢還是在其他的事情上一定是些有所成就的人，他們關心的是自己和其他人共同的利益。這個人是富有的，不管他到底有多少張鈔票。他是富有的，無論他是一個鞋匠還是鐵路局長；他是富有的，無論他是一個專業人士還是一個傳教士；他是富有的，因為他正在透過自己的努力逐步將自己的能力發揮到極致。

除了錢什麼都沒有的人是金錢的奴隸。他只會賺錢、管錢、花錢、毫無個性。他是一個只會賺錢的機器，渾身散發著銅臭，是最低階的成功者。他在某種程度上是取得了成功，但只要稍微思考一下，就會為之

感到臉紅。除非賺錢是為了做某事或知道如何加以利用，否則累積金錢就像囤積土地而不加以利用一樣，是愚蠢的、不可取的。

任何事物的價值都在於如何被妥善利用。一本上了鎖的《聖經》像一個未經開採的鐵礦一樣，沒有任何價值可言。

一個人若在一定範圍內獲得金錢、持有金錢並且使用金錢，讓金錢始終為他一個人服務，這就是一種可恥的成功，是一種對社會的威脅，是高尚和公正面前的罪人。這樣的人費盡心機，只是為了滿足自己的私慾。他既不會受到別人的愛戴也不會受到別人的尊重；沒有人會喜歡他，但有人會憎恨他；他在這個世界裡沒有朋友，得不到別人的憐憫，他是失敗的。

成功的人，無論是否富有，都會努力地既為別人也為自己做很多事；他會盡可能地讓別人和自己更加幸福；他並不看重金錢；他所做的對人對己都有利。這個人無論是否富有，無論是律師還是鐵匠，無論是銀行家還是木匠，無論是千名工人的領導者還是一名普通工人，他都是成功的。這樣的人擁有許多朋友，他們愛他不是因為他的金錢；他們尊重他不是因為他銀行裡的存款；他的朋友們會在生活中與他同舟共濟，並且會在他的墳前留下傷心的眼淚。在他自己的領域內，他會盡自己的最大努力。世界將永遠不會遺忘他，並且當他離開的時候，他曾經停留的地方將會因他的離去而變得黯然失色。他是億萬成功者中的一個，由於他幫助了別人，別人也會幫助他。這個人不是失敗者，他注定是一個成功者。他活著的時候行善積德，在死後善行也不會大打折扣。他在世時所播種下的種子必定會獲得永恆的收穫。

第十五章　小事的重要性

「萬事皆重要」

因為有些偉人會忽略小事，並且似乎覺得小事不會對事情的結果產生任何影響，所以許多不願思考的人甚至很多會思考的人都拒絕承認小事的重要性，並不予理睬。

的確，當大多數偉大的發明家，科學家，發現者，學者以及天才，在一方面有所長，在另一方面必有所短。偉大的人只是在某一方面有所特長，多數的知名學者往往在某一領域裡是權威，而在其他領域裡知之甚少。

天才所犯的過錯和愚蠢的行為常常成為人們茶餘飯後的話題。新行星的發現者在數學領域很擅長，卻可能在暴風雪的天氣裡不戴帽子、不穿外套就出門；會說十幾種方言的語言學家可能會發現自己看不懂雜貨店裡的帳單。

偉大的人常常也是很愚蠢的人。偉大的人的愚蠢不會使他們很偉大，但是他的偉大可能使他們有時候很愚蠢。

商業和智力的標準是有限的。人可以擁有很多，甚至多於自己所能達到的程度。如果他對於一件事情知道得很多，那麼他必然對另一件事情知道得很少。同樣，偉大的人會在頭上戴著眼鏡而去尋找眼鏡，會忘記扣上自己的皮帶，會用雪橇鏟煤，用煤剷除雪，但是他們不會忽略工作上的每一個細節。他們的心思放在哪裡，他們的注意力就會集中在什麼地方，沒有什麼是小事，無論大小，每一件事情都是重要的。如果他是一個數學家，他會同等重視小數點左右兩邊的資料；如果他將最貴重的化學品和最廉價的化學品混合在一起，他對這兩種藥品會同樣小心。他可能會忘記在冬天穿外套，或者在夏天忘了把外套脫下來，但是他卻

能記得把適當型號的軟木塞放到合適的容器上來裝試驗用的混合物。他可能會在雨天帶拐杖而在晴天帶雨傘，但是他的望遠鏡卻絕不會被淋溼。他可能變成落湯雞而渾然不知，但卻會用身體去保護他的儀器。

掌握大事情就是掌握小事情。對於他來說，事情沒有大小之分，任何事情都是大事。他可能在某一個領域裡面很成功，只要是這個領域裡的東西，他都能記住；而在其他的領域裡，他在某種程度上來說和白痴沒有什麼區別。把他知道的東西放到天平的一端，而把他不知道的東西放在另一端。如果放知道的東西一端下沉，那麼他就是成功的；反之則說明他失敗了。

透過關注細節，對最小的項目進行仔細分析，對每個細節仔細審查，構成完全事業上的成功。一個粗心的男人或男孩是不會取得成功的。成功者從來不會忽略小事。要想成功，就要不斷地關注和留意小事。一個人可以去從事他不擅長的事情，只要他不會忽略他所從事的工作裡的小事，就算是一種成功。忽視小事會使我們的生活變得不那麼完整。

第十六章　成功需要持之以恆

「不要這山望著那山高」

沒有更好的理由就不要輕易離開，是一條通向成功的準則。朝三暮四的人永遠都不會成功，只會獲得短暫的利益。他們只能夠勉強餬口，居無定所，不受人尊敬，過著起伏不定的日子。

如果一個人的家鄉是落後的，那麼選擇留下來必然是不明智的。執意停留在一個沒有發展性的地方是不會成功的。有判斷力才能找到出路。多數人失敗都是因為朝三暮四，經常改變心意。

一個天才的失敗幾乎總是歸因於不能堅持到底。天才開始是正確的，並且會在工作中做短暫的堅持，但是他們常常不能堅持做到最後，因為工作有頭沒尾，所以毫無價值可言。

永恆是大自然的定律，也是成就事業的偉大定律。他適用於人類生活的每一個層面。

當然，通常來說，除了特殊的原因，一個男孩最好完成每個階段的教育，牢牢掌握所有的知識，然後再進入到一個更高學府或不同的院系去學習。教育上的變化就像搬家或換工作一樣，影響是深刻的，代價也是巨大的。有時候，一個聰明的男孩會跳過一個年級直接畢業或直接升兩個年級，但這並不是沒有完成學業。如果他可以比別的孩子花費更少的時間來完成學業，那很好，只要不會給他帶來任何身心上的傷害就行。

嘗試了一個又一個的學校，換了一種又一種的學習方式，那是在浪費時間、浪費精力也是在浪費自己的前途。如果男孩克服了他朝三暮四的缺點，他就不必付出如此昂貴的代價了。

這一原則也同樣適用於事業。男孩不斷地轉換自己的工作，將有可能永遠都無法取得成功。

如果男孩起步就錯了，且對此很肯定，那麼他必須要改變；只要有充分的證據能證明當前的職位不適合男孩的發展就行。如果男孩渴望跳槽只是一時的衝動，或者僅僅是因為暫時的不滿，那就不值得考慮了。

　　有些人，甚至有一半以上的男孩子在開始工作的時候都對工作不滿，覺得工作的性質或工作的環境不適合自己。對工作內容不熟悉，他們把責任歸咎於工作的種類和他們的職位，卻意識不到什麼工作都是一樣的難做，其他職位的工作也同樣不是很令人滿意的。

　　按常理來說，男孩在他工作起步的地方會有更多的機會取得成功。自身的價值會逐年遞增，在變動工作之前必須要經過三思。當他們逐漸成熟，變得經驗豐富的時候，他們可能會覺得憑自己的能力和經驗值得更好的工作和待遇，這才是平等的；儘管如此，還是不如留在原地，因為那裡的機會比其他的地方還要多。除非自己和自己能力很強的父母，及有判斷力的朋友一致認為應該變動工作，否則男孩最好留在原處，不要輕舉妄動。

第十七章　妙用零碎時間

「任何時候都能有所收穫」

成功的男孩和有潛力成功的男孩在相當程度上，或在某種程度上都會善用零散的時間。

很多人都是透過適當利用零散時間一步步走向成功的。

無論一個人在公司或學校多麼忙碌，都會有些許的零散時間。要不加以利用，要不就白白浪費掉。

沒有人會一直處於學習或工作狀態，或者一直處於玩樂狀態的。

在學業和事業上取得成功取決於合理分配工作、娛樂和休息的時間。

對於任何時間或東西都不應浪費。

成功的男孩常常忙於學習，忙於工作，忙於娛樂，忙於休息。他所有空閒的時間都是忙碌的。他享受著每時每刻。每一時刻都有著特殊的意義。他分秒必爭，不是在做某事，就是在為做某事做準備。

休息不等於虛度光陰，而娛樂與工作一樣重要。

每天都會有足夠的時間去完成每一項工作。一天對於一個成功的男人和守時的男孩來說已經足夠了，因為他們會充分利用24小時裡的每一分鐘。

當他們工作的時候，他們就工作；當他們玩的時候，他們就玩，當他們休息的時候，他們就休息。每一分零散的時間都會被加以有效地利用。

成功的人永遠都不會虛度光陰，他們不會浪費一分一秒。他們在做每一件事情的時候，無論是工作、娛樂或者是休息，都會全身心的投入進去。他們會利用所有的閒置時間去做點什麼，使空閒的時間像工作時間那樣過得有價值。

空閒的時間就是放鬆的時間，是行動完全自由的時間。它完全屬於一個人自己。它不受任何責任的束縛。在這期間，人們可以工作也可以娛樂，可以利用它做更多的事。

　　當受薪階級或學生在完成某些任務的時候，他們在工作時間並不是自己的主人；但是值得慶幸的是，閒散的時間是他們自己的，他們可以自由支配。如果他們發自內心地、適當地並且不斷地利用時間，而且從不浪費，他們一定會有所成就，而沒有適當地利用閒散時間的人是不可能做到的。

　　零散時間對於成功人士來說是收穫的時間。

第十八章　誠信 —— 成功的基礎

「誠信不會使人受到損失」

誠信是成功的第一準則。誠信對於永恆的成功而言是首要前提條件。誠信是建立和維護任何事業榮譽不可缺少的條件。

如果撒謊者沒有被戳穿，謊言就奏效了；但是謊言總是會被戳穿的。相比之下，很少會有精明的人或者偉大的人會用不誠實的方式取得成功，並且這些人往往是因為太有能力而不屑偷奸耍詐。

不誠實的人在事業上頻繁地獲得短暫的利益，但是他們卻很少能夠長久發展，也不會獲得最終的成功。的確有好多公司在成立初期採用了一些不誠信的做法，並且這一明顯的成功現象也更加使人相信誠信不是取得成功的必然的因素；但是從任何負責任的立場來說，不以誠實為基礎的事業根本不能算作是成功。

金錢是可以透過虛假的手段而獲得的。嚴格的誠信和正直常常都不是財富累積的必然因素；但是只獲得金錢不能算是成功，並且透過虛假的手段去獲取金錢的男人既不尊重自己，也不會受到別人的尊重。他的生活很奢華；他以名譽和靈魂為代價換來了眼前的物質享受，但這不是真正的享受。

誠信是成功的一個基本因素。任何有辱誠信的人都會受到誠信的懲罰。回到 25 年以前，記錄下來生意興隆的店的招牌。再回到今天，再一次觀察商店招牌。那些招搖撞騙的不法店鋪的招牌幾乎都不見了，那些不法商販靠這些手段快速起家，但最後是蒙羞辭世。誠信的店鋪依然屹立不倒。看看那些不講誠信的公司，看看他們是如何一個接一個地沒落下去。靠不法手段可能獲利更快，但靠誠信賺來的錢要遠遠多於前者。

誠信或許不是斂財的最好方法，斂財者不憑良心辦事；但同時也獲

得不了成功，撈到了大把的鈔票。他把自己看得太過廉價。為了得到自己花不完的金錢，他拋棄了一個做好人的重要因素——名譽，他覺得自己是在享受生活，實際上他並不快樂。他是一個失敗者，一個可憐的失敗者。他沒有朋友，沒有家庭溫情，找不到自身的價值，且令人厭惡。

男孩們，如果你們想像他一樣，那麼你們將犧牲真善美以及無量的前途，然後誠信會從你的字典被刪去，用了無生氣的金錢去取代你所擁有的有價值的東西；如果你們這樣做了，在今生今世，或者在來生來世，你將會受到嚴厲的懲罰：你將永遠不會幸福；良知逐漸消失；一輩子都裝腔作勢地活著；永遠都不會由衷地感到滿意；你將孑然一身孤單地死去，無親無故。

純粹的賺錢和誠信是矛盾的。取得金錢上的成功不需要誠信，但是虛假的作為，永遠也不會取得永恆的成功。小偷可以偷到金錢，但他不是成功的；賭徒可以獲得營利，但他也不是成功的，即使那錢是他自己贏來的也不行。真正的成功是講誠信的。

男人的性格是在他孩童時期產生，在青年時期形成的。一個重名譽的男孩長大後就成了一個重名譽的男人。一個在學校作弊並且對自己的夥伴說謊的男孩很可能會成為一個不誠實的男人，而最終成為一個失敗者，這與他是否富有無關。

兒童身上的小毛病會在他長大以後成為嚴重的惡習。相較於成年人，要讓一個孩子改掉不誠實的習慣更加容易。

學校和家庭僅用一點點的時間和精力去教男孩們要做誠信、正直的人。在課堂上或考試上作弊就是男孩開始墮落的第一步。工作上的虛假手段和學校裡作弊行為沒有什麼不同。男孩從學校步入社會也並沒有什麼本質上的改變。

在教授誠信和正直的時候不需要任何的虛假方式。權宜之計也是一種虛假方式。許多父母和老師都知道不誠實的做法常常會快速獲得金錢

上的成功，因此會告訴學生不誠實永遠都得不到回報，即使有也是暫時。男孩帶著這種信念進入到社會中，發現不誠實是可以得到回報的，不誠實的做法看起來是成功的，他開始懷疑之前所學到的是假的，並且也開始學著投機取巧。

告訴孩子真相，他遲早都會意識到這點的。而早發現比晚發現要好。讓他們利用誠實的色筆繪製生活的藍圖。讓他們看到不誠實的結果和誠實的獎勵。坦白地告訴他們，不誠實會帶給他們什麼後果，而誠實又會帶給他們什麼成果。讓誠信圍繞著他，在他想清楚以後，讓他睜大眼睛自己選擇。相比那些看事情片面的孩子，明辨是非的男孩會更加堅決地抵制邪惡。

不誠信的人，只要有一點點良知就不會快樂。當然如果他一點良知都沒有，也就不能算是一個人了。他只能受著虛假的刺激，享受虛假的快樂。無論他是否富有，他都是失敗的。不誠信的人看起來似乎很快樂。作為一個畜生，而不是人的話，他可以沉醉在金錢的滿足感中，但是他的人性的一面是不會幸福的。誠實正直的人無論是否有物質上的收穫，通常會有所回報。

男孩們，你們正處在人格發展的起始期，面臨著選擇。你可以選擇誠信和正直，因為這可以給予你永遠的幸福；也可以選擇虛假和不正直，那麼你的人生將永遠都不能享受到自然的快樂，並且，這種虛假的快樂不會持久。為了文明的進步，為了自己幸福，男孩們，請做個講誠信的人吧；如果你之前不是一個誠實的人，就從現在開始講誠信。讓正直成為你今後人生道路上的北極星。現在你是一個男孩，將來你會成為一個男子漢。就在今天，你塑造了你的品格，明天將在今天的基礎上持續發展。

誠信會給予你快樂，會給予你成功所需的每一種元素。虛假會給予你假象，讓你看起來更加富有，但是虛假的本質，無論它是否會帶給

人一座金山或是聲譽的獎盃，都像小水坑那樣淺顯，既沒有長度，也沒有寬度，更沒有足夠的深度來度過乾旱的季節。

　　虛假永遠沒有回報。

第十九章　自尊與自負相伴

「揚長避短」

自尊和自負總是相伴而行。自負的人很少缺少自尊。絕對有自尊而不自負的人是沒有的。沒有自尊的自負沒有任何價值，而且很危險，但是適當的自負是成功的其中一個因素。

相對而言，很少有人能準確地評價自己。謙虛的男人或男孩常常過於自卑；而自負的人常常認為他自己在某一個方面比實際顯現出的更加優秀，但在另一個方面卻缺少自信。絕對保持中庸的人根本不存在。如果他確實存在，他的中庸會阻礙他的前進。相對而言，很少有人會遇到比自己還要尊重自己的人。世界會像一個人審視自己那樣去審視你，並且給予你客觀的評價。

在謙虛的人中，有百分之五十的人並不是真的謙虛。他們當中大多數人只是不想成為別人的話柄而已。真正謙虛的人常常是過於內向，而缺少自尊或自負，且沒有霸道的性格。他們不會高估自己的能力，也不會維護自己應得的權利。

謙虛是一種美德，適當的謙虛是一種非凡的品格；自尊的人雖然有一點點自負，但是比起過度謙虛的人更可能取得成功。

自負的本身會阻礙人取得成功。

沒有一個自負的人能勝過他人，他永遠都是一個失敗者，當然他的自我感覺是強過他人的。

自尊是獲得成功的一個很重要的因素。即使自尊中包含著一定程度的自負，也不會失去它原有的作用。

自信和自負常常是密切相關的。

能力，經驗和忠誠是造就成功的三大基石。下一塊基石就是自信或

自尊，這可以讓一個人充分發揮自己的才能。

如果不是過度自負的話，自負可以喚醒自尊，並且使自尊發揮出更大的作用。

有自尊的男孩子無論是否自負，都必然會成功。

過於謙虛的男孩天生就很內向，長大亦是如此。若不及時予以糾正，很可能會成為失敗者。自負，並不讓人討厭。但絕對的自負就很危險了。自負可能是自尊的一種外在表現，是自然能力的一種流露。

我們不應鼓勵自負的男孩繼續自負下去；但是少量的自負是不會構成太大負面影響的。要是嘗試強行將這種自負從一個孩子身上剝離開來，結果往往是弊大於利。

幾乎沒有人不自負。也許沒有自負就不能成功。無論如何，它總是伴隨著成功。

據說不自負而有能力的人根本不存在。

沒有傷害性的自負以及自尊，肯定比百分百的謙虛更有益。

沒有自負的自尊會凌駕於自負之上，是無價之寶；但是純粹的自尊又不存在，或者似乎不存在，而且自負是成功不可缺少的因素。明智的做法就是調節自負，與自尊適度結合，這對自尊也有好處。這會比消除自負的同時也消除了自尊的做法明智得多。

缺點常常會伴隨著優點，並且對於我們的優點是有利的。

如果我們不能夠擺脫自負，那就控制自負，並有效地加以利用。

自負本身是個麻煩，但不等於它不能被加以妥善的利用。

如果你沒有辦法拋棄自負，那就在以自尊為主的前提下盡量地利用自負。

第二十章　堅持的力量

「切勿輕言放棄」

連續是一種力量，而間斷則是一種失敗。宇宙的創立者並不是在星期一建立世界，在星期二不做任何事情，也沒有在星期三創造萬物，在星期四休息，更沒有在星期五再次開始，在星期六睡覺。他每天都在不停地創造，只會在結束生命的那天停止一切。

自然的力量在於它力量的持續。

運動的原則是永恆。

永遠流淌的小溪也可以養出大魚。

這個月溪流乾涸，下個月洪水暴發。這樣的溪流無法維持正常的流量，只是一個洩水管，沒有太大的利用價值。

一個人在星期一餵了馬，星期二什麼也不餵，馬在星期三就會變得很虛弱，星期四就可能會是一匹死馬了。

一個男孩星期一去上學，星期二蹺課，並且希望透過星期三的學習想要彌補星期二的課程，這是不利於進步的。

這個世界是勤勞者的天下，懶人是無法矇混過關的。有的人違背了成功法則，但是看起來卻似乎是成功了，這正好比有的人跳下了大橋卻仍舊活著。一個人違背了成功法則卻獲利了，因此他的個案成了人們爭相模仿的榜樣。這種邏輯脆弱得不堪一擊。

一氣呵成比時斷時續的效果要好。有的人學業和事業時斷時續，但他卻仍然很成功；有的人對學業採取敷衍態度；但明智的人絕不會這麼做。不連貫是失敗的一個主要原因。假設一個人滔滔不絕地說了半個小時，然後在一句話說到一半的時候停了下來，一個星期之後，他又接著那句沒說完的話繼續他的演講。結果無論前半部分的內容多麼的精彩，

這仍是一場失敗的演講。

成功的人一旦開始做一件有意義的事，就會一直堅持做下去。

成功的男孩，即便在年齡很小的時候，也會在一種連續的狀態下學習和玩耍，他會想辦法堅持把某事做下去。他的喜好很明顯。當然，當他還是一個孩子的時候，他處在一種未發育成熟的狀態，但是他的良好行為習慣已為將來的發展打下了堅實的基礎。

能堅持將事情做到底不半途而廢，對成功大有益處，否則要不就徹底失敗，要不即使成功了也會有缺憾。沒有了這種持續性，勢必會導致失敗或不完整的成功。

第二十一章 專注才能成功

「要專注做好一件事情」

成功的力量在於一心一意致力於一件事。專一的好處就在於它本身的強大影響力。

兩個法力相當的神明同時發力,其效果不如讓一個神明單獨傾力而出。因為時間和空間不允許,我們一次只應該做一件事情。

做事業也好,做其他的事也好,只有專注於一點,才能盡顯它的重要性和影響力。認為自己無所不能的人能騙得了自己,但騙不了別人。任何人做事時一心二用的效果,都不如一心一意來得好。在一本好的小說或一部好的戲劇裡面,永遠只能有一個主角。無論是在功勳簿上還是在戰場上,英雄只有一個。日光再強,燈光再亮,若兩者同時照明,光線未必會亮到哪裡去。

釘釘子時,捶打釘子的側面次數再多也不能將釘子釘入物體中;釘釘子只需捶打釘頭即可,並且只需要一個錘子就夠了。

步槍的子彈能射中靶心;散射的子彈命中率未必比較高。想要射得精準,無論用什麼槍也只能是一槍打一發子彈。

同理,生活中樣樣知曉但無一精通的人未必就能成功。最成功的人是那種樣樣在行,但有一樣特別精通的人。成功的買家會了解一定的銷售策略;而成功的賣家也會知道一些購買心理。但是最好的買家對購買更在行;而最好的賣家則對銷售更在行。對任何事都提不起興趣、沒有明顯偏好的孩子,成功的可能性很小。

成功的人都會精通某些特殊的事情,但也不會因此而忽視普通的事物。例如,即使是眼科專家也得熟悉外科手術的基本原理。否則根本無法實施眼科手術。不懂基本經商之道的人做什麼生意都不會成功,反過

來說，只懂基本經商之道卻沒有專長的人也不能成功。

　　的確，有些了不起的資本家似乎做什麼都能獲利，他們似乎是全能的。但是，仔細研究一下他們的生活，最終會發現，他們的成功是源於他們在某一個領域超群的能力以及他們對基本商務邏輯的把握。

　　想當專家的男孩如果不學好各門基礎課程，是無法在某個領域裡獨占鰲頭的。地理學家再了不起，如果不了解其他方面的知識，也無法把地球的構造具體地描繪出來。

　　無論男孩將來想做什麼，都不能忽視他的基礎教育。他需要接受最基本的教育，了解常識，這樣他才可以把自己的注意力和能力聚焦在他的選擇上。

第二十二章　建立正確的財務觀念

「今日的儲蓄就是明日的資本」

奢侈浪費是事業成功的天敵，無論做哪一行都怕鋪張浪費。奢侈和成功不能共存。揮霍者既沒有意識到自己的浪費，又沒有收穫的能力，他永遠都不成功。吝嗇並不是節約，守財奴的行為也不等於是節儉。守財奴和揮霍無度的人一樣惡劣，都是傻瓜。真正的節約是合理地管理我們的財產，兼顧自己和他人的利益。

吝嗇的男孩只考慮自己的利益，從不為他人著想，他對賺錢有種特殊的狂熱。他可能會發點小財，但最終除了當個了無生氣的守財奴外，他將是個徹頭徹尾的失敗者。

慷慨的男孩或許不會賺到很多鈔票，但是他的慷慨不會使他成為失敗者。

過於慷慨的人，過於為他人考慮卻很少為自己著想，這種慷慨是不提倡的；但是由於這種情況非常少見，所以在這裡就不做討論了。

男孩應該明白什麼才是金錢的價值、意義、用處及危害，這樣他才能清楚什麼是好的，什麼是不好的。他應該研究金錢、分析金錢，如同做他每天必做的其他事一樣。他應當學會如何正確對待金錢，使他發揮最大的價值。生活離不開金錢，男孩還在上學時就應該接觸它。我認為，關於金錢及其使用的知識，應該是要被納為正規教育的一部分。

就像我們濫用了很多其他東西那樣，金錢的消費觀在相當程度上也被誤導了，因為沒有人從獲利和節儉的角度來教導我們該如何處理它。

忽視一件事情就會導致對他的使用不當。

了解某事物才能知道該如何利用它。

人們揮霍的性情是從小養成的。

如果一個男孩沒有學會如何花錢，他很可能做什麼都賺不到錢。

商業的成功依賴於適當的累積，以及對收入和資本的有效利用。

無論現在還是在未來，金錢都有著自己的價值。因此，賺錢有兩方面的價值，必須從現在和將來兩處著眼考慮。

成功地獲得金錢，或在其他任何事情上取得成功，都要求妥善處理物質財富。

所有證據都顯示，不懂節儉的人根本無法發財致富。

金錢是透過積少成多的辦法獲得的。

要想獲利就得節省。

浪費的科學家不珍惜實驗設備，很少會獲得頂級的成功。

歌手不注重保護自己的嗓子，就會失去他動聽的歌喉。

節約是文明最重要的原則之一。

對金錢以及其他財產的節約，於成功而言是完全必要的。

浪費自己能量的人很快就會成為一個廢人。

浪費是一切進步的天敵。

適當的節約對於任何成功的取得都是非常必要的。

如果沒有節制、沒有計畫地使用資源，那麼世界將會很快進入資源枯竭狀態。

大自然是慷慨無私的典範，它蓄積能源，再源源不斷地提供給人類使用。如果大自然也揮霍無度，那麼人類將無法在世上存活。

無論金錢還是其他方面的物資都應予以節約使用，這對整個人類的發展和文明的進步都極為重要。

吝嗇是節約和進步的天敵。

節約的價值在於它是為將來的需要而提前進行的準備；但當急需某物時卻存著不給，那就不是節約，而是吝嗇，是一種犯罪，是文明的天敵。

一個人在夏天就儲存動物的草料，以備在冬天使用。他儲存部分食物，不是為了儲存而儲存，而是為了以備不時之需。在本能的驅使下他成了一個真正節儉的人。

除非一個人運氣好，突來一筆飛來橫財，否則不會有系統、有計畫地儲蓄自己的收入的人是絕對不會生活充裕的。

男孩越早節約 —— 積累金錢、儲存能量、儲存實力，他們就會越快取得有收益的結果。

存錢是最重要的，其次就是如何管理好手中存下的錢。

冒險的計畫和被誇大的機會到處都是，這些機會誘惑著人們，通常他們承諾的收益都比正常的投資要高出二到十二倍。

在孩子開始手中有錢的那一刻起，就應該立刻為自己建立一個銀行的儲蓄帳戶。

儲蓄銀行是文明發展的產物；是為我們保護自己財產的一個有力的機構。

孩子手中的第一筆錢就是原始的資本，他們會盡可能地讓它像滾雪球一樣不斷變大。

相較於沒有計畫的存錢，每個月累積一點儲蓄是非常可取的。

孩子應該把手中每一分剩餘的錢都累積起來。

如果孩子迫切想要某種東西，他需要仔細地考慮是否值得為這個東西而花掉手中的積蓄。

儲蓄銀行帳戶的開設，說明我們理財已經成功一半了。

在銀行裡有存款的孩子，存款的金額再小，也算是個小資本家了，而且是經濟有所保障的人。

積蓄是值得依靠的保障，它像軍火庫裡的彈藥一樣，常常被安全地儲存起來準備隨時使用。

奢侈浪費是大多數商人失敗的原因。

適當地節約是收穫的開始。

有計畫的節約是成功一個重要的因素。

若節約者是站在安全的岩石上，浪費者就是處在危險的沙地上。

節約，孩子，節約！適當、理智地節約；但不要吝嗇、不要小氣。要有主見，該花的花，不該花的就存起來。要節約，無論價值大小，該省的就省下來；無論你的父母是窮是富都要節儉。要有主見地去花錢，要有計畫地儲蓄。千萬要節約！

第二十三章　何謂「一無是處」

「同情他，幫助他，讓他成為一個有價值的人」

有某些孩子 —— 希望只是少數 —— 很顯然是一無是處的。他們似乎沒有崇高的理想，思想空洞，沒有任何特別的能力，他們懶惰，冷漠又粗心大意並且可能還有某些壞習慣。這些孩子被視為失敗者，無一可取之處。他們有成功的可能，但也有可能無法取得任何進步。要趁孩子小的時候及早喚醒他們，激發出他們的潛能，否則等到他們長大了，就真的成為一個庸才了。他們開始顯得一無是處，並且可能會平庸一生，除了能勉強餬口，別無其他的技能。

那些天生本質壞且無能的孩子不會努力改正自己的錯誤，而且有可能鋃鐺入獄。如果他天生本質不錯，具有常人的優點，一直遵紀守法，也許只能勉強維持生計。他很可能會成為親屬的負擔，頂多也就算是個凡夫俗子。他像劣質的馬，除了拉車，沒有任何用途。如果嘗試將有價值的人和沒有價值的人分離開來，那是既浪費時間又浪費精力的，甚至更糟，因為對於被淘汰的人來說是很殘忍的。如果一個人連能力都沒有，那就更不要說他精通什麼了。

注意到了麼？我在用「一無是處」來形容智力低下的人。每個人都有自身的價值，都會有所專長，這裡所謂的「一無是處」其實是指他擅長的技能太少，需要在他人的指導下來完成。

適合這類人的職位要有一定的規則限定他們，並且對他們要一視同仁，要讓他們充分挖掘自己的能力，但要量力而為。如果他們身體條件好，可以讓他們去參加海軍或陸軍。在工作中，需要有人為他們做好大致的框架，然後讓他們去做框架裡細節的內容，而且他們可以利用有限的智力為別人提供稱心的服務。

這類的人不適合結婚，且他們沒有權利擁有自己的家庭。從生理的狀況來說，他們是充滿未知能量的馬達。他可以做體力活，但並不適合做管理工作。作為一個運轉正常的機器零件，他是合格的。在陸軍，海軍和其他類似的領域裡作為一個賣力氣的幫手，他可以更好地為國家效命。試圖打破他的能力底線的父母會對他造成很大的傷害。

　　孩子真的是一無是處嗎？這樣的懷疑事實上可能是不成立的，並且需要時間來驗證它，因為外表看起來無能的孩子，實際上卻並非如此。

　　那些低估孩子的父母和老師應當仔細觀察孩子，並且透過各種試驗努力喚醒他們。他們應當反覆地試驗，試著幫助他們擺脫這種無能的狀態。如果這些嘗試失敗了，孩子們仍然很冷漠且懶惰，那麼就讓他們去從事體力勞動，讓他們接受基本的教育，並且在別人的管理下工作。

第二十四章　保持正道的重要性

「穩定是基礎」

在我年輕的時候，我曾參加過一次軍訓。我永遠都忘不了當時的情景。我還記得那令人振奮的口令，就像是在塵土飛揚的路上走過，迎面吹來一股涼爽的小風一樣：「立定！槍放下！原地休息！」

只要還在列隊裡，人們就可以做自己想做的事。他可以和旁邊的人交談；他可以笑；他可以喝粉紅色的檸檬水；他可以坐著或站著；他可以打呵欠或伸懶腰（如果他願意），但是他必須使自己的一隻腳一直留在列隊上，這樣當集合命令響起的時候，他身體的一部分還在原位，並且可以迅速讓整個身體歸回原位。

大家都應遵守軍規。每一個成功的人都是嚴格地遵守紀律、服從命令的人。讓人們高舉手臂，凝視天空的雲朵，仰望著藍天去規劃自己的事業。這樣做對於他們來說是大有好處的。沒有人在地球上可以長久地使雙腳同時離開地面；但是可以允許他們把一隻腳放在某處，只要另一隻腳還踏在地上就足夠了。

如果他願意的話，他可以張開雙臂，也可以再抬起一條腿，但至少要讓一個部分留在原位，這樣他會在聽到集合口令時，迅速回到自己職位上，保持原狀。

第二十五章　成功不依賴運氣

「如果你擁有運氣，利用它；如果沒有，不要等待它」

運氣，能力和機遇一樣，均有利於收穫。失敗的人常說自己很不走運，怪自己運氣不好，卻不想想是不是自己能力不夠或是因為自己缺乏毅力。

成功的人很少會相信運氣，他相信的是實力，認為所有的一切，都是靠自己的努力換來的。

這兩種觀點都是錯誤的。

叫做「運氣」的東西應該換個更好聽的叫法，它能幫助人們走好運。

運氣到底是什麼，沒有人知道，也沒人能控制得了它。不知它從何處來，也不知它到何處去，就像彗星一樣一閃即逝。

不管運氣到底是什麼，人都不能寄希望於運氣。

等待運氣的人幾乎沒有走運的。

船隻永遠也不會靠岸去接那些在碼頭上遊手好閒的人。

孩子，不要指望運氣會幫你。你無法操縱運氣，運氣絕不會助人成材，因為它時有時無，不能長久，也不穩定。無論它是什麼，都不會聽從你的命令。不要期待它的出現，確切地說，不要依賴它。

運氣既不公平也不公正；但是如果長時間地關注運氣，並把它透過統計表的形式表現出來，你會發現運氣並不是偶然的。它常常會拜訪那些在乎他的人。

許多人從來沒有得到過運氣，這是因為運氣拜訪他們的時候，他們睡著了。

運氣不會強加於某個人。它來拜訪某人，如果受到歡迎，它就來到他的身邊，它並不在乎受到的待遇如何。

如果運氣沒有幫助你，那就積極努力地去面對生活。

如果運氣能幫你，那就積極地去利用它。

凡事只需要盡自己最大的努力就可以了。

如果你已盡力，沒有運氣幫忙，你也能應付得了；如果你已盡力，運氣突然來臨的時候，你會好上加好。

悲嘆自己走霉運不會帶來好運。

詛咒運氣並不會使運氣成為你的好朋友。

羨慕其他人的運氣也不會把運氣帶給你。

請準備好在沒有運氣的情況下好好生活，並在運氣來臨時好好利用它。

寄希望於運氣本身就是一種失敗；等待運氣會使男人失去男子漢的氣概，使男孩成為懦夫。

當你沒有運氣的時候你做得很好，擁有運氣時可以做得更好。但是想等待它、依賴它的人、永遠都不會得到它。所以不要總是想著運氣，而要想想自己的職責，好好考慮自己的工作。

第二十六章　注重儀表的重要性

「外表得體，氣質也會隨之改變」

我們的母親常說，美麗是膚淺的。從清教徒的觀點來看，母親是對的。我們的母親住在老式的房子裡，這就是她們的生活環境。在那時候，只有實在的東西才被認可。在母親的那個年代，披著羊皮的狼裝得再像小羊也常常會被識破。事實就是事實，謊言就是謊言。那時的競爭比現在光明磊落、純淨得多，模擬科學和贋品的現代藝術在那時根本無法矇混過關。

我們現在討論的是目前的狀況。外在的就是外在的，內在的就是內在的。因為外在的東西顯露在外，人們先看到的往往是人的外在。大多數的人，無論正確與否，都會從外在的表面來判斷一個人內在的東西。在取得成功的過程中，外觀會產生一定的影響。內在的價值還需要有一個好的外表來裝飾。食物就是食物，但食物的消化吸收還和食物的外觀有關。若食物看起來就能引起食慾，再被裝在精美的容器裡，那吃它的時候一定消化得很好。同樣的食物，同樣的營養成分，但外觀做得不好看，容器餐具也是普普通通，那吃起來的感覺肯定不如前者，正所謂「美味不如美器」。

不為人知的好有什麼用？看不見、摸不到、也不為人知。這樣的好沒有機會展示它的作用，而為人所知的好卻可以做到。

良好的外表可以提高事物本身的價值。將一件事情做好是很重要的。良好的外表，加以精心的打理，不僅可以提高事物的價值，而且還可能成為一種典範。

適度的自尊並不包含自負。一個人的能力被適當地表現出來，就好比適當表現出事物的內在價值，這對於取得成功是很有必要的。

外表本身並無價值。

事物本身有價值，而它的外表則可以增加事物本身的價值。男孩也好，男人也好，都沒有權力去扭曲他人形象，更沒有權力權歪曲自己的形象。人常常會低估自己。

誠實的外表對成功來說是很重要的。不誠實的外表遲早都會誤事。

展現出你最好的一面，但不要過分修飾。因為你乾淨，所以看起來乾淨。揮去衣服的塵土，擦亮你的皮鞋；梳理好你的頭髮；注意自己的臉部，手部和指甲的清潔；要看起來總是乾淨、整潔，千萬不要不修邊幅。做事要像個男子漢，外表看起來也陽剛氣十足。外表看起來像個紳士，實際上也要做個紳士。把你最好的一面展示給別人。不要有過分的表現但也不要沒有表現。

如果你想贏得成功的話，就要做最好的自己，盡最大的努力，展現出最好的外表。

第二十七章　健康是成功的基石

「符合自然規律才健康」

健康既可以與生俱來，又可以後天獲得。大自然沒有把疾病和不健康列入考慮範圍之內。根據自然的規律，男人生來就很健康，並且可以一生都無病無災，最後要不是於意外事故，就是等到身體自然老化了，他才會因衰老而死去。

健康是成功的一個重要因素。沒有健康就無法取得完全的成功。的確，很多身體虛弱的人都已功成名就，但是倘若他們身體很健康，他們會更出名，成就也會更大。

疾病和衰弱影響了自然規律的運作，並且是對文明進步的重要阻礙。

人小的時候很健康 —— 是的，從古至今都是如此，且未來的健康也源於過去和今天。

兒時虛弱的身體可能會伴隨一個人一生。人們若不有意地去保持健康，天生健康的身體也會患上疾病。

遺傳是很重要的因素，大多數的孩子，生來不健康或者遺傳先天性疾病，可以透過後天的保養和照顧享受健康。沒有良好的環境，再好的遺傳也無法保證身心健康。

父母有義務給予孩子健康的體魄，同樣，父母也有義務像保持自己的健康那樣，去保持孩子的健康；孩子也有責任在他們足以獨立的時候去照顧自己，使自己保持健康。

許多孩子都違背自然規律；如果大自然不是那麼寬容和仁慈，有一半的男孩可能很早就夭折了。無論年長還是年幼，很少有人懂得如何健康地生活；而有些人即使了解，也很少去那麼做。

　　直到我們找到了靈魂的寄託並給予同樣的關注，文明才會取得重大進步。如果我們打理我們的店鋪、辦公室和其他的工作地點，就如同我們對待自己的身心健康那樣漠不關心、粗心大意，那麼我們的生意就不會興隆。我們很在意汽車引擎——替它上油、維修保養，讓它保持良好的狀態，然而我們對待我們靈魂之窗的雙眼所用的心思，卻不如對機器所花的心思的一半。

　　百分之九十的孩子在吃飯的時候速度很快，咀嚼不充分會使他們患上慢性消化不良的毛病。

　　很多孩子都缺乏運動或用不當的方式運動，他們不是運動過度，就是運動不足。

　　同理，很多孩子沒有合理的膳食。他們的飲食結構很單一，容易造成偏食。他們吃了太多的肉，過多的糕餅以及難以消化且沒有營養的食物。年輕人經常食用的白麵包，常作為「主食」來食用，其營養價值很低。小麥的營養物質有一半以上在加工過程中流失。全麥麵粉富含許多營養物質，並且是最適合加工麵包的小麥粉。

　　孩子需要食用多種食物，而不應該挑食或偏食。他們的膳食應該包含身體所需的所有營養成分。他們可以吃小麥以及其他的穀物，蔬菜、水果、牛奶、雞蛋、魚，以及適量肉類，或者不吃肉也可以。許多男孩不愛吃清淡的食物，因為他們已吃慣了大魚大肉，而且這些有營養的食物做得也不和他們的胃口。

　　如果一個母親擅長烹飪、不會鑒定食物品質，那麼，這個母親就是不稱職的。

　　所有的父母都應該用心研究食物，不僅要讓他們的孩子吃得飽，還要讓他們吃得好。

　　對餐飲學校、社團和烹飪課程應予以大力提倡。

　　女人不懂得料理就無法做個稱職的妻子、母親和主婦。現在還不懂

的，應抓緊時間趕快去學。

　　每個家庭應該不只有一本烹飪的食譜，還要有一些權威易懂的食物「寶典」，每個家庭都應該有一本或者更多，並且父母雙方及負責採買、料理的人一定要能夠理解這些「寶典」的內容。進入餐飲學校，儘管可能只是為了追求時尚，但卻是邁出了正確的一步。應當開設更多的餐飲學校傳授真知，把食物的成分及準備工作通通教授給學員。

　　食物之於身體像燃料對於引擎一樣重要。然而這個世界卻給予炒鍋和燃料更多的關注，忽略了食物的重要性。對事物的挑剔，相當程度上是由於食物不合胃口。而胃口不好常常是由食物不可口、準備不妥當和服務不周到引起的。

　　人們吃很多他們不該吃的東西，因為他們應該吃的東西沒有被好好地準備。

　　從自然的角度說，人們不該暴飲暴食，也不該多吃難消化的食物。正因為他們吃不到自己想要的，並且不知道自己需要吃什麼，所以他們的口味才會變得怪異，想要一些特殊的刺激性飲料和食物。有節制的飲食和有節制的飲酒一樣重要。自然、快樂、健康和作息規律的人從不暴飲暴食，做其他事情亦是如此。自然且有節制的良好習慣亦是從小養成的。

　　男孩子需要從事戶外活動，並且應盡可能多進行戶外運動。室內也應保證空氣流通。他們晚上不該在封閉的空間內睡覺，也不應該在不通風的地方學習、玩耍。

　　夜晚，新鮮的空氣不會傷害身體；而不新鮮的空氣對身體則是有害的。混濁的空氣可能會引起感冒和疾病。

　　呼吸大量的新鮮空氣可以使身體更加強健。在風口處吹風容易生病，但是良好的通風卻是必要的。

　　洗澡是很必要的。人會罹患感冒是因為皮膚代謝受阻。

保持健康的皮膚會阻擋疾病的侵襲。不愛洗澡和穿過多衣服的男孩是不會很健康的。

男孩的學習負擔不應過重，學習不應該影響正常的體能訓練和良好的衛生習慣。但不學習會使他們無所事事，終日嬉戲玩耍沒有什麼好處。強制性的過度學習很少會有所收穫，反而會使他們得不償失。孩子應該自然地生活，並且盡可能接近自然。保證食物攝取的充足，但不要過多；保證充足的睡眠，但也不要過多；並且一年四季都應該到室外去活動；夜晚要保持室內通風；他們應該按照自然的規律去生活。

父母不僅應該了解如何餵養孩子，還應該懂得生理衛生知識。他們不應忽視人體的生理學，並且應該知道對孩子健康有益的每一件事情。他們可以從書本上學，或憑著自己的經驗，也可以從他人那裡學到這樣的知識。

人沒有任何理由忽視健康。任何父母都沒有任何理由去忽視孩子的健康，因為他們可以從圖書館以及其他的資訊管道來獲得健康相關的知識。

除非萬不得已，否則自己進行醫療行為是不被提倡的。如果可以找到好的醫師就醫，就不該自己治療。自行用藥是很危險的，不但很難有顯著的效果，還常常會損害孩子的健康。

如果有任何的懷疑，請打電話給醫生。

即使孩子只是偶爾感冒，家長也不要自行予以診治。無論從哪方面講，父母都無權醫治自己的孩子。

正確的方法是與醫生聯絡，向醫生求助。

經常和醫生保持聯繫是十分有好處的，因為這樣更能幫助醫生了解病人的身體狀況。

通常來說，一個負責任的醫生常常會因為正確的診斷，而讓患者節省很多不必要的花費。

醫生是文明最高尚的產物，而在醫生的群體中也不乏一些庸醫。我們經常會發現責任心差且專業技能不高的醫生；但是醫生作為一個群體代表了最高級的智慧。

　　在我看來，一個合格的職業醫生必須是經過實踐，並且接受過專業的培訓的。只有擁有扎實的技術的人才能從正規的醫學院畢業。

　　我個人認為，醫生代表著人類最高尚的品德。他們是腦力勞動者、學者，同時還是實際操作者。他們願意為了人類的健康而犧牲自己安逸的生活和財富。

　　不合格的醫生畢竟是少數，不會抹殺整個行業的光輝形象；醫生的水準再低，也要好於那些缺乏專業知識的父母。

　　醫生是會犯錯誤的；世界上沒有不犯錯誤的人；但是誤診並不會經常發生，其後果也不如外行的誤診失誤那麼嚴重。

　　為了自己和孩子的安全著想，父母有責任與優秀的家庭醫生保持聯繫；並且任何人，無論身體有多健壯，都應當定期去最好的醫生那裡做身體檢查。

　　相對而言，保持健康比治病省錢得多。

　　一個優秀的醫生常常有著豐富的經驗。他們客觀地看待這個世界，並且他們對普通的事情以及健康和疾病，都能提出可靠、明智的建議。

　　孩子在父母的精心照顧下也有可能因病死亡，或者患上嚴重的疾病，但是如果在患病早期就尋求一個優秀醫生的醫治，或許可以挽救他們的生命，並且使他們健康起來。

　　沒有醫生的指導，不要隨便亂服藥。有療效的好產品自然會博得業內人士的推薦。

　　有些專利藥品都是由一些廉價的醇類藥劑和其他的藥品配置而成；即使這些藥品是無害的，它們也不會有任何醫藥價值。

　　不管藥品是好是壞，隨便亂吃藥是很危險的，應予以堅決制止。

　　當孩子生病的時候，粗心的父母會自己配藥或買成藥給孩子吃。孩子的病好了，可能是藥物有效，也可能是天然免疫力發揮了作用。隔壁的孩子病了，病症與第一個孩子相同。無知的父母可能會給他吃同樣的藥物，認為藥物對前一個孩子有效，也會對別的孩子有效的。第二個孩子的病情或許與第一個孩子的病情相似，但是兩個孩子體質不同，第二個孩子可能需要另外一種藥物才能夠痊癒。一個人的靈丹妙藥可能是另一個人的毒藥。治病應對症下藥，因人而異。

　　只有受過教育和專業培訓的醫生才能夠完全診斷出病因。這是醫生的工作。儘管他們有時候也會誤診，但是大多時候，他們的診斷是正確的，並且他們開出的藥方也是有效的。

　　藥瓶外面的標籤是沒有生命的，不能透過標籤就判定它能治什麼病。

　　大約有 15% 的房子是不適合居住的；90% 的房子並不是完全符合健康標準的；通風狀況良好的房子還不到 20%；其中乾淨整潔的房子還不到於 50%。

　　有相當比例的小孩是死於父母的疏忽和無心的過失的。我說得很直白，或許我不應該這樣說，但是理智的父母會贊成我的說法。

　　孩子有權擁有健康，這是上帝和大自然賦予的權利，誰剝奪了他的健康，誰就是小偷，是謀殺犯。

　　孩子應該懂得健康的法則。

　　學校對健康知識的宣傳沒有給予足夠的重視。健康課程應該成為學校教育的一部分，應該從小到大一直學習。

　　老師和家長應該共同教授孩子健康常識，告訴他們健康是什麼，健康的價值是什麼，這樣他們才會注意保持健康。

　　孩子健康，國家才能強大。

第二十八章 虛心接受建議

「互惠互利」

任何建議、提議、規則和經驗都無法建立完全正確的法律。最好的意向，最豐富的經驗和最強大的判斷力也可能使孩子誤入歧途，讓他們走上不該走的道路。我們的世界充滿了不確定，世上沒有絕對確定的事。任何規則都會有例外。

孩子不清楚自己的價值所在，也無法決定自己未來的發展方向。父母、老師和其他人都不能保證自己的建議是絕對正確的。指南針也有不準的時候；但即使是指南針有偏差，它仍然是水手最安全的嚮導。因為相對來說，可能性最大的往往最接近正確的。

指導孩子的四個重要的因子是：孩子本人，孩子的父母，孩子的老師，經驗和外界公平的判斷。心智成熟的孩子的主要權力，就是他們可以選擇自己的未來，而前提條件是，他們的選擇必須是合理的。

明智的家長對於自己的孩子是非常了解的，如果孩子沒有任何偏見和好高騖遠的想法，他們的意見是值得認真考慮的。

老師的觀點通常是非常有益的。有時候，老師會比家長和學生本人還清楚孩子到底適合做什麼。

在各行各業都有許多出類拔萃的人，能夠提出準確的判斷和預測，並且能夠給出合理、明智且有實踐意義的建議。父母請他們測試孩子，給孩子以中肯的意見。這些人的建議可能會擁有不可估量的價值，即使他們無法告訴孩子該如何去做，但是至少他們可以給予孩子和家長準確的專業資訊。他們所說的都是經驗之談，而不是書本上的理論。

建議並不需要很權威，但是有建設性的建議可以當作事實來接受。失敗的商人和專業人士的建議不可取。有價值的建議常常源於成功者的

經驗，並且這些人都曾經多多少少經歷過失敗。失敗者不適合給予建議，而且未經證實的建議最好不要採納。

建議本身似乎沒有什麼價值，有些建議的確是這樣，但是人們都是聽取合理建議後才成功的。每個正直的人的成功心得都是值得人們參考的。

聰明人會虛心接受有價值的建議，並會一直如此。他經常和有判斷力的人保持密切的聯繫，相互交換意見，這樣好的建議就會滾滾而來。他是自己的主宰者，因為他們了解自己。對於自己不太了解的部分，他會採取別人的資訊作為自己的補充。他是資訊和經驗的「交易所」。他有自尊，也有自信，因此他也尊重別人的觀點。他清楚地知道靠自己一個人是無法取得成功的，所以他一直在向他人學習。他有自己的想法和信念，但總是與他人公開交換意見，驗證自己的觀點，所以他最終得出的結論都是經過反覆推敲的，具有一定的水準。

經常不加思索地採納別人的建議的人是傻瓜。

而固執己見的人比傻瓜還要傻，因為他的固執會傷害到所有的人，包括他自己在內。

一個人閉門造車成不了氣候。

群策群力才能成功。

一個人的一意孤行是很危險的。

不經眾人明智地判斷，孤立的觀點在任何地方都沒有任何價值。

給予建議和採納建議是文明的最強大的兩大支柱，並且是進步的基本環節。

第二十九章　「守時」無需任何代價

「遲緩和失敗息息相關」

「守時」是進步的呼喊。「遲到」是失敗的感嘆。成功的民族是守時的，成功的男孩是守時的，成功的男人也是守時的。

在生活的每一個領域，守時都是很重要的；在商業領域中，更是如此。

當你最需要某物的時候，適時出現的它最具價值。

藝術家可以遲到，律師也可以遲到，對此人們都予以諒解。但是對於大多將要步入商業領域的男孩來說，遲到是不可容忍的行為。沒有人願意長時間地等待，也沒有人等得起。。

守時只要做到不遲到就行。守時的習慣一旦養成了，是很容易保持的。「守時」無需任何代價，每個人都可以做到。除非遇到天災人禍，否則偶爾失約是正常的，但多數情況下還是應該守時。

守時的男孩長大後會成為守時的男人，並且守時的男人不會在等待中獲得成功。

第三十章　如何看待「壞習慣」

「不要丟了西瓜撿芝麻」

壞習慣，無論怎麼掩飾，永遠都是性格的汙點，但是有些不良習慣在這個不完美的世界中還不足以算作是壞習慣。

人應當遠離不良習慣，但擺脫不良習慣不能付出過高的代價，否則就不值得了。

誇張其詞的男孩和口若懸河的男人一樣，可能成功，也可能失敗。說得過多固然是不好，但卻不能算作致命的缺點。許多高智商的人會談論一些不敏感的話題；許多善談者都是失敗者；許多愚蠢的人不會說話。每個人都有這樣或那樣的缺點，完美無缺的人是不存在的。如果是致命的缺點，那就會給人帶來大麻煩；如果是微不足道的缺點，完全可以被優點給掩蓋，那它就不會給人帶來傷害。

有時候為了改掉諸如信口開河之類的小缺點，往往要付出額外的代價。例如，一個人為了克服一個小缺點花費了大量心思，這樣會阻礙他的能力的發展。

孩子以及成年人都應該使自己的優點多於缺點。有的男孩所學的功課有一半以上都很優異，多數成績都很不錯，只有個別一兩個科目比較差，有的男孩各門功課都普普通通，沒有特別突出的地方；前者比後者更容易成功。一些具有特定專才的男孩，也許會有些缺點毛病，但只要不是犯罪或本質上的邪惡，且對他的身心健康沒有太大影響，就比那些全面發展，卻毫無專長的孩子來得好。

再微不足道的壞習慣也會不利於發展，如果他們有能力改掉這些壞習慣，並且在改善這些陋習時，付出的代價不會得不償失，就應該盡快進行改變。沒有缺點這件事無論如何都是值得被提倡的。

無論是男孩還是男人都應該努力做些對他人和自己有益的事情，讓自己的優勢得到最大的展現。

　　人不可能是完美無缺的；任何人都會有缺點，但是缺點少而優點多的人，比那些優缺點不明顯的人來得好。

　　一個孩子的書法字可能不怎麼出色，書法差是他的一個「缺點」。儘管他寫的字還能看，但他也不會成為知名的書法家。如果書法不是他的事業的一部分，也找不出理由說明為什麼非得寫出一手好字，那麼培養他成為一個書法家或藝術家就是完全愚蠢的做法，付出的代價一點都不值得。寫字不好不要緊，千萬不要把寶貴的時間都用在超出能力範圍以外的事物上。培養一個人的能力是有好處的，但過度強調不擅長的項目則是有百害而無一利。

　　凡事要全方位地綜合來看，而不應該計較每一件事情的得失。

　　如果一個人的優點遠遠多於他的缺點，那麼這個人是成功的。人應該發揚優點，克服缺點。但是為了克服自己的小缺點而耗費自己過多的精力是不明智的。

第三十一章　勇氣 —— 成功的源泉

「在和平的勇氣中奮進」

心理承受能力差的孩子缺乏勇氣，平時總是提心吊膽，這樣他是不會取得成功的，充其量成為一個毫無男子氣概的書呆子，或者學些看似有用的東西。

真正的勇氣是成功的一個重要因素。不理性的勇氣是莽夫之勇，並不屬於文明的一部分。勇氣是讓人做出正確事情的決心。如果做事付出的代價過大，那就不算是正確的事了。勇氣真正的定義是克服萬難去做正確的事情的意志力和努力。

職業拳擊手的勇氣不是真正的勇氣，那是種粗暴。從道德角度來看，他是個懦夫，因為他沒有足夠的勇氣成為一個文明人。

當有機會反抗時，放棄反抗需要付出更大的勇氣。

除非能夠做出有價值的反抗，否則與失敗抗爭或是不畏死亡是種純粹的魯莽，並不是真正的勇氣。

經常尋求刺激並且受到挑釁就打架的孩子，只能算是個恃強凌弱的人，是缺乏勇氣的。他憑藉自己人高馬大，總是欺負弱小，在強大的對手面前卻不敢還手。

對自己信念堅定不移的勇氣對成功來說是很重要的。

一個不了解自己、缺乏自信、做事畏首畏尾的人，除了得到一份薪水和無足輕重的工作外，不會有任何收穫。

好賭成性的人就是傻瓜，不會有任何好的前景。

不計後果的投機者只能算是個賭徒、懦夫，因為他缺乏正當地征服對手的勇氣。

理性的憂慮和對不公平的機會的不屑與勇氣一樣重要，是獲得成功

的要素。

有勇有謀才能贏得勝利。

有勇無謀是莽夫。

有謀無勇是懦夫。

勇敢的孩子積極宣導和平，但不是為了和平而不惜一切代價，而是付出適當的代價換取和平。他們喜好和平，不喜歡衝突，也不喜歡打架，除非是迫不得已，或是為正當的利益而戰。

真正的勇氣是平靜的，它總是在需要的時候出現。在理智的驅使下，它是取得成功最有效且最必要的武器。

勇敢，但不要魯莽。

不能委以重任的男孩只會吹牛，不敢接受任何挑戰。

有勇氣去做自己認為是正確的事的人才能成功。

第三十二章　和諧對成功的促進作用

「和諧是打拚的潤滑劑」

和諧是取得成功的方法。

舵手和帆配合不協調，船就沒法行駛。如果火不夠旺或者水量不夠足，那麼蒸汽機就無法轉動。

許多成功都是在和諧的狀況中獲得的。沒有和諧，力量只是力量，而和諧的力量威力無窮。

能力普通的男孩在適合自己的職位上工作，成功的機率更高；而能力出眾卻在不合適自己的環境裡工作的男孩，成功機率相對較低。

很多生活和工作裡的浪費現象都源於不和諧。

孩子在適合自己的領域裡發展能夠將成功的可能性最大化。

孩子在不適合的地方，往往會因為找不到適當的方法而很難取得成功。

很多無法使自己融入和諧環境中的孩子常常會失敗。這樣的孩子常常對什麼事情都不滿意，並且他們不滿的情緒會阻礙他們的前進。他們也無法和諧地處理任何事情，他們應該為此負責。

有理由的不滿還情有可原。

不滿反映的是某種事實真相。但是有一部分所謂的不滿，是源於生性懶惰、冷漠不和諧或是其他更糟糕的事情。

懶惰的孩子與任何事情都不會協調一致的。他缺乏理想，不願意付出努力，對任何事情都缺乏興趣。

和諧往往就守候在我們的門口，只要有需要，它就會隨時進來幫助我們。

不注重細節，欠缺縝密的心思，粗心大意是導致失和的原因。

有些不滿的產生是有一定的理由的。

沒有理由的不滿與不和諧是導致失敗的主要原因。

事業的成功和日常生活都離不開和諧。

如果孩子在工作中不順利，又找不出原因，那麼先別急著改變。可以先行等待，直到有理由證明錯誤是源自於人力無法控制的客觀條件上，而不是出現在男孩身上，再採取行動。

一般說來，男孩更容易適應環境，而不是讓環境去適應男孩。

和諧是必要的，沒有和諧，很難取得成功。

和諧能增加工作的樂趣，使工作變得輕鬆；和諧可以使人獲得更好的結果。

第三十三章　禮儀為成功加分

「優雅之中見成功」

商務禮儀是一種商業的產物。在市場交易中，得體的舉止可以為商品增值不少。品質差服務好的商品等值於品質好服務差的商品。說話的方式和說話的內容同樣重要。

奉承是不誠實的，但是真正的禮貌不是奉承。

不懂禮貌的人很少能夠取得成功；適度的禮貌會幫助男孩取得成功。

禮貌是商業黃金法則的其中一條。你怎麼對待別人，別人也會用同樣的態度對待你。當你走入公司或專業機構時，你會發現，在那裡進步最大的男孩都是那些講禮貌的孩子，而那些總是帶有不滿情緒的男孩，看起來就是在走向失敗，他們對待別人總是一副粗暴的樣子。

確實，有些學者可能會缺乏對禮貌的洞察力。他們生活中只有科學。作為專家，他們是完全成功的，但這些人大多行為古怪，不適合在商業領域發展自己。

應該趁孩子還小就開始培養禮貌習慣，它會伴隨人的一生，是使人取得成功的重要因素。

講求禮貌不必付任何代價，但卻可以受益良多。

第三十四章　農場所帶來的啟示

「農場是大自然賜予人類的禮物」

萬物皆產生於大地，最終又回歸到大地上。自從有了人類，就有了農民這一職業。股市可能會關閉，但生活仍繼續著。鐵路可能會停駛，但是民眾繼續生活著。生意可能全都終止，各行各業可能全部歇業，但是人類仍在繁衍後代，生生不息。但是當世上不再有農業勞動，人類將不復存在，因為整個人類將因飢餓而滅絕。

農場是人類維持生存很重要的一個因素；而農民則是必不可少的。你不會從貧瘠的土地上獲得任何收穫，因為它是貧瘠的；肥沃的土地只要合理加以地利用，就會為你帶來巨大的收穫。

很多土地沒有良好的收成，原因是這塊土地沒有經過良好的處置。很多農民不精心耕作，而是任其自行生長。客觀條件取代農民成了主導因素。

在農場裡工作是很辛苦的，或許農場裡的工作做起來相比其他職業更加辛苦，但是所有的工作做起來都並不簡單。每一種工作或多或少都會有單調、辛苦的地方，但是過度的辛苦與乏味通常是由工作的執行者所造成的。

農民不應被認為是一種低階的勞動者。如果農民擁有屬於自己的農場，那麼他是在進行獨立經營，獨自經營自己的土地以及分配自己豐收的成果。相比那些商務人士，他的工作可能更加辛苦，工作時間可能更長，但是他沒有過多的擔心、焦慮，也沒有過重的責任。他在健康的環境裡勞動。他和都市裡的工人也不相同，不必每天關在屋子裡上班；他能夠接近自然，享受鄉村獨有的快樂。如果想要在都市裡享有相同的樂趣，那麼需要付出高昂的代價。

農民應該是上帝所賜予的最神聖的工作。他在上帝的土地上工作，

在上帝的藍天下生活，合法地收穫大自然的碩果，遠離擁擠的都市、虛假的刺激和無法躲避的誘惑。

農民這個職業應該得到應有的認可，再沒有比它更高尚的職業了。

如果人們將應用到其他事業上的精力應用到農場的經營上，輔以同等的教育和培訓，那麼，事情將會事半功倍，農場的收益也會更好。

許多人對農場的看法是不正確的，因為農場也需要人們的苦心經營才能夠收穫豐碩的成果。

不喜歡農場的男孩絕不會喜歡種植和收割，他也不會成為一個稱職的農民。如果強迫他從事農場裡的勞動，那將是一個很糟糕的決定，而且是沒有任何意義的。孩子有權不喜歡農場，他也同樣有權不喜歡其他的工作。

許多男孩離開了農場，是因為他們認為農場的工作是很低階的，而且他們認為自己可以從事更好的工作。如果他們能夠像他們的父母那樣尊重農業勞動，那麼他們很可能會成為成功的農民。

不成功的辛苦勞作的農民只是個沒有出息的掘地人，他只有長滿雜草的田地和破舊的房屋，他不能指望孩子喜歡農場。因為父親的失敗，孩子有充足的理由認為經營農場不利於理想的實現，並且無法獲得高品質的生活。

農業勞動應被提升到本身應有的價值水準。

農業教育應該像其他的科學、藝術和專業那樣得到同等的重視，而當今的農業教育機構遠遠無法滿足實際的需求。

應該出版更多農業方面的書籍，把農業的真實的一面呈現給讀者，書中不應該只有一些枯燥的統計數字，還應該有對生機盎然的土地的描述。

讓農民的孩子大量地閱讀，讀農業類的報紙，看農業方面的書籍，讓他用心鑽研，這樣不僅可以讓孩子看到農場的表面，還可以看到農場的本質。

農場未來的發展掌握在當代孩子的手中。

農民的孩子與其將自己的命運寄託在陌生的都市裡，還不如把自己的興趣和精力投入到農場的經營中，從而得到更好的機會。農場可能不會給他帶來可觀的收入，但是如果他能夠用心經營，他可以獲得更多的滿足和舒適，而這些都是都市不能給予的。

生活在農場裡的孩子應當對農場情有獨鍾，並且顯示出很強烈的興趣，他不應該離開農場，除非經過仔細地考慮之後，他可以給出合理的理由，說明自己更適合生活在其他的地方，或從事其他的職業。

世界需要更多、更優秀的農民。對於成功的農民而言，他們和那些在陌生城市裡苦苦賺錢的人們擁有相等的機會。農場給予人們的雖然不多，但卻是有保障的；都市許諾給人們的很多，但卻沒有保障，人們可能隨時可能變得一無所有。

第三十五章 運動帶來的好處

「保證身體機能正常運轉」

生命在於運動，缺乏運動很可能引起疾病或最終導致死亡。從來不鍛鍊還想要保持健康是不可能的。適當的身體鍛鍊是保證身體健康的必要條件。

人的身體就像機器引擎一樣，鏽蝕比磨損的速度還要快。

鍛鍊對於孩子保證身體健康是完全必要的，而且室外活動要好於室內活動。

幸好，孩子們並不反對積極的鍛鍊，而且也願意鍛鍊。他們的問題不在於鍛鍊的主動性，而在於鍛鍊是否合乎規範。

孩子們對於體能訓練缺乏了解，經常不是運動過度，就是運動不足，很少達到合乎科學的標準；相對而言，父母對此也是知之甚少。

家庭和學校都應該提供關於體育文化的書籍，而且應該變得像教科書一樣重要。

父母應該了解自己和孩子的身體狀況。如果他們不了解，他們就是太無知了，要為孩子的身體虛弱負大半的責任。

所有的父母都應該了解人體生理學（physiology）和基本的衛生學（hygiene），並且應當了解一定的體育文化。

關於體育文化的書籍有很多，並且醫生也會很願意去傳授這方面的知識。

過度的運動會使強壯的孩子變得虛弱，而適度的運動能使虛弱的孩子變得強壯。

運動的種類和運動量的多寡同樣重要。

危險的因素應當被徹底排除。

絕不應該進行有傷害性的運動。有危險性的活動儘管很刺激也很有趣，但它是野蠻文化的所遺留的風俗，是不會被老師和家長接受，也不會被政府允許的。

人們不喜歡那些沒有趣味的運動，但也絕對沒有理由從事任何野蠻的運動。

在戶外從事運動是極好的選擇。大自然是進行體育運動的絕佳場所。

體育文化社團的出現是個好現象，但社團的數量不宜太多。

對體育運動的研如同研究其他知識一樣重要。

身體的運動和思想的運動是密切相關的，而有趣的鍛鍊形式是值得提倡的。

體育運動應該是理性的，高雅的。

不加選擇地進行運動是很危險的。。

良好的、享受的、合適的體育運動既沒有危險性，也不野蠻，不會傷害身體，也不會影響思想的進步。

第三十六章　有作為和聰明

「聰明成就不了偉大」

在聰明和偉大之間有很大的差異。偉大是永恆的，但是聰明是瞬間的本質。偉大可以成就某事；但聰明也就只是偶爾有點小作為。

早熟的孩子很少會有所成就。他只是比較聰明，經常是靈機一動，但卻不會很好地用自己的能力有所作為。

聰明只不過是空殼砲彈。它能夠發出巨大且短暫的火光，但很快就會消散，並不會形成真正的熱量或威力。

聰明的孩子不僅早熟，而且常常自負、莽撞且難以親近。

如果孩子身上出現了早熟的跡象，無論如何也要讓他擺脫早熟，透過正確的引導使它變成更好的品格，幫助他將這種聰明轉化成有益的才能。

如果處理及時，早熟的孩子很容易變成意志堅強的孩子；但是如果對他的早熟不予制止，任其發展下去，這對於他取得成功是非常不利的。孩子，不必做個聰明人，順其自然就可以；做個有用的人；要經得起時間的考驗，不要只耍一時的小聰明；要胸懷大志，精力充沛，充滿熱情。

第三十七章　努力必有回報的真理

「勞而無獲是違反自然規律的」

只要是有價值、有意義的事都不會「勞而無獲」。事實的確如此，甚至給予朋友的禮物也不是「勞而無獲」的。因為收到禮物的人會予以回禮，向你表達謝意或回贈點小禮物，對以往的交情予以肯定。

任何事物都在不停地循環發展著，周而復始。而其優點在於事物相互關聯，給予的一方也會得到回報。這個世界是有補償的，儘管表面上看來許多人似乎無法獲得自己應得的東西，但是從事件的結局來看，這個世界裡的任何事情都是相互連結的，付出必然會有回報，沒有付出就不會有收穫。

任何一家企業最終許諾支付給應徵者的報酬，都不會高於他自身的價值，他們會根據員工在日後工作中的表現給予員工相應的報酬。

剛剛步入社會的孩子會驚奇地發現，他的工作量和別人一樣多，但收入卻比別人少，或者目前的收入比在原來的工作單位的收入還要少，他們對此常常感到不滿。

在開始工作後的很長一段時間，男孩一邊學一邊做，他的老闆便是他的老師。儘管他的工作像他的前輩一樣多，但是他卻無法像前輩那樣在工作中獲得同樣的報酬。

責任需要經驗，而這些經驗正是男孩所缺少的，直到他獲得了這些經驗，才能獨立承擔起自己的工作。男孩可能做了很多工作，但是在他成熟之前，他的老闆或者主管上司需要對他進行監督和指導，在此期間，男孩的工作價值就會被大打折扣。

責任需要經驗。在任何領域，承擔責任的能力都比工作本身更有價值。

　　大型遠洋貨輪的輪機長很少去視察，工作也沒有什麼具體內容，他甚至很少到機房走動，他的助手幾乎承攬了所有的工作。但是他所得到的報酬要遠遠高於忙碌的助手。輪機長得到報酬不是因為他做了什麼，而是因為他有能力去做，而且他的能力能夠承擔重大的責任。

　　男孩在開始工作後必須不斷累積自己的經驗和知識。

　　在知名的企業工作，可以讓男孩獲得與價值相對應的收入。當他經驗豐富足以承擔相應責任的時候，職位的提升就是對他的能力的一種認可。

　　任何事業上的成功都依賴於利益的相互關係。剛剛開始工作的男孩不要認為賺到的薪資就是對自己工作的酬勞，他賺到的錢可能還不到實際工作價值的四分之一。他正處於學習過程中，邊學變做，學習所得同樣是他的報酬。

第三十八章　關於成功

「眾家之言」

以下內容彙整了 319 位傑出男士針對 25 個關於「如何取得成功」的問題所提出的答案與觀點。

對眾多權威性的回答進行分析，分析結果以簡單的表格形式呈現出來。

完全的準確是不可能的，除非那些只有「是」或「不是」的答案。個別輕微的誤差並不是那麼重要，並且不會影響結論的正確性和價值。

問題 1

你認為成功的要素是什麼？

回答這一問題的總人數	283

如下內容將會簡短地說明答案要點，那些選擇少於 5 人的答案除外。要完整地閱讀答案，否則即使有下表的說明，也無法完全理解其價值和意義。

堅定不移，有耐心，不屈不撓，等等	66
專注	59
努力工作，有能力，有愛心，等等	54
勤奮	28
誠信	25
熱愛自己所從事的工作，並且適應它，等等	23
忠誠	22
身體健康	22

良好的訓練	21
專心	20
有真正渴望成功的決心、理想或其他明確的目標（未詳述）	19
迅速地抓住機遇	19
教育和準備充分	17
有責任心	16
無不良習慣	16
先天素質好	16
自力更生	15
勤勉	14
環境適宜、有朋友相助	13
充分利用已有的能力	11
節儉	10
深謀遠慮	10
有崇高的理想	10
有決心	8
有精力	8
懂常識	6
有賢妻的支持	6
有貴人相助	5
良好的環境	5

　　「持之以恆」，「有工作能力」，「熱愛工作」，「投入」，「努力工作」，「堅定不移」，「不屈不撓」，「勤奮」，「誠信」，「適應性強」，「健康」，「良好的訓練」，「專注」，「忠誠」，「有成功的欲望」，「有理想」以及「目標明確」總共被提到359次，並且還有許多類似的理由。這些便是成功的要素；當然還有其他的因素。儘管只有25人認為「誠信」作為成功的因素，但是

這並不說明事業成功不需要「誠信」，在上述的各因素中幾乎都包含了「誠信」的因素在裡面。例如，不誠實的人是不可能忠誠的，也不可能有責任心；誠實是堅定不移的一個因素。只有 3 個人提出運氣是成功的因素。

問題 2

在男孩選擇職業時，你會建議他根據自己的喜好做出選擇嗎？

回答這一問題的總人數	312

肯定的態度	「是的」	162
	「是的」，並予以強調	16
	相當於「是的」，「絕對」，「通常，」等等	37
	「是的」，有限定條件的或予以說明的	74
否定的態度	傾向於「不」，但並不確定	9
態度不明，既不是「是的」也不是「不」		14

除去那些「態度不明的」，剩餘人的觀點是：

允許孩子根據自己的喜好選擇職業	289
完全反對	0
部分反對	9

那麼，允許孩子根據自己的喜好去為自己選擇職業可以被認為是「成功的定律」。

問題 3

依你之見，對某行業的偏好是促使人在此行業成功的必備條件嗎？

回答這一問題的總人數	314

肯定的態度	「是的」	56
	沒有說「是的」但意思等同於「是的」，如「完全如此」、「絕對是」等等	31
	「是的，」帶有某種說明和條件	28
	持肯定態度，但沒明確說「是的」	16
否定的態度	「不是」	86
	持否定態度，沒說「不是」，但意思等同於「不是」	38
	持否定態度，「不是」有條件和說明，及「沒必要，但有益」，「偶爾」等等	14
	傾向於否定態度，但沒明確說「不是」	42
態度不明		3

除去那些「態度不明」，剩餘人的觀點是：

堅信在任何領域裡偏好對取得成功都是必要的	131
完全反對	124
部分反對	56
完全以及部分反對	180

131 人認為在任何領域對工作的偏好對取得成功都是必要的，有 180 人不傾向於這一觀點，那麼對工作的偏好可算是成功的「必要條件」，但可以理解為「建議如此」或「對成功有益」。可以看出這一問題的結論與問題 2 中的結論是不矛盾的；一個是有益的，另一個是必要的。

問題 4

在明知男孩對某行業有偏愛或適合做某工作的情況下，還強迫他違背意願選擇行業，你認為父母這麼做使明智之舉嗎？

回答這一問題的總人數	311

肯定的態度	「是的」	0
	承認有可能是明智的	7
否定的態度	「不是，」	202
	「不是」強調「絕對不是」	24
	相當於說「不是」	39
	「不是」有條件和解釋的	27
	建議說服孩子	5
態度不明		7

除去那些意見「不明」的，剩餘人的觀點是：

贊同家長的做法	0
認為可以向孩子提出建議	7
反對	297

在孩子有自己的喜好、適合做其他某種工作的情況下，家長還強迫孩子違背自己的意願選擇職業的做法是不明智的。這可以被看作是一條「定律」。

問題 5

如果男孩生長在偏遠、貧窮的地區，發展事業的機會微乎其微，你建議他去大城市發展嗎？

回答這一問題的總人數	264

肯定的態度	「是的」	66
	相當於「是的」	10
	傾向於「是的」：「是的，除非孩子在鄉村可以創造價值」，「如果他具備成功的素養」，「有能力的孩子可以」，「如果他不喜歡農場」，「如果孩子想去城市」，「如果孩子有理想有能力」，「如果孩子有能力開創自己的事業」，「這是唯一的成功的機會」，「如果孩子既聰明又勤奮」，「通常來說，是的」，「為了取得成功，是的」，「如果他能夠勤奮工作和耐心等待，是的」，「畢業以後」等等	63
否定的態度或有前提條件的	「不」	5
	傾向於「不，」，「除非他特別出色」，「資質普通的鄉村孩子，不」，「通常來說，不」，「只為賺錢，為了得到比事業更好的東西」，「只要有機遇」，「如果個性已經形成」，「只要適合更大的領域」，「只要他起步的時候有人援助他」，「有時候可以，不是經常」，「如果他渴望獲得更大的成功」，等等	67
	「首先去小城市」	16
	「首先去繁榮的小鎮」	11
	「去最好的地方尋求發展」，「成功與否主要還在於人本身，而不在於所處的環境」，「或許吧，但遠離城市是很明智的」，「許多男孩在家鄉會發展得更好」，「是，但不一定去大城市」，「如果城市競爭太激烈，孩子就應該去鄉村」，「在了解城市環境之前別輕舉妄動」，等等	13
態度不明		13

除了「態度不明」的，其餘的觀點是：

如果男孩生長在偏僻貧窮的地區，發展立業的機會微乎其微，在不附加任何前提條件的情況下，同意鄉村的孩子到城市裡發展	76

在有前提條件的情況下	63
完全反對	5
部分反對	107

在 264 個人的回答中，有 5 個人明確表示「不」，76 人完全贊同去大城市；63 人認為「如果孩子聰明，又有能力、有抱負，並且希望離開，有頭腦又勤奮，不喜歡農場」等等，建議男孩離開家鄉。67 人不贊同去大城市，並且建議孩子：如果在某些特定的情況下，再選擇到大城市去發展；16 個人建議首先到小城市去發展；11 個人建議到繁榮的小城鎮；13 個人態度不明確；13 個人建議「到有發展機會的地方去發展」等等。但並不一定是大城市。

看起來統一的意見是：如果家鄉的發展機遇不是那麼多，完全贊同男孩離開家鄉；但是這個觀點並不意味著男孩在沒有仔細研究、確定在家鄉的確沒有機會之前，就冒然去大城市。如果孩子不是絕對不喜歡農場生活的話，這個結論也不是在暗示應該離開農場。除了在西部個別地區外，多數鄉村地區都距離中心地帶和小城市很近，當地的商業中心也並不像大都市那樣擁擠，而且無論從事業起步階段還是長遠發展來看，提供的機會都比大城市要多。從人口稀少的鄉下遷至擁擠不堪的大都市是一個完全的變化，許多孩子在適應城市的生活以前，身心健康受到了嚴重的影響。

唯一的問題就是生活在人煙稀少、發展機會也少的地區的男孩如果理由充分可以離開農場，去其他的地方尋找發展機會，但是大城市並不是孩子們的最佳去處。請看問題 6 的答案。

問題 6

如果男孩生長在一個繁榮的小鎮或小城裡，有發展事業的機會，你建議他去大城市發展嗎？

回答這一問題的總人數		286
肯定的態度	「是的」	4
	相當於「是的」	2
	「是的，如果他願意」，「如果他已經做好了決定」，「暫時可以生活在大城市，但是以後要回到鄉下來」	8
否定的態度	「不」	119
	相當於「不」	20
	傾向於「不」：「只有當他知道朝哪個方向走前景更好的時候」，「在家鄉再無法有進一步發展的時候再去」，「如果家鄉有很好的機會就不要去」，「通常都不贊同」，「通常來說，不」，「除非特別合適」，「在家鄉起步」，「只在例外的情況下」，「長大了再走」，「在家鄉會更加開心」，「只要能力出眾，就可以走」，等等	105
態度不確定的	「視機會而定」，「哪裡需要到哪裡去」，「三思而後行」，「只要有機會，哪都一樣」，「首先在農場學習」，「順其自然」，等等	28

　　286 位成功且有實際經驗的代表發表見解討論，生長在繁榮的小鎮或小城市裡且有發展機會的男孩是否應該去大城市發展這一問題，其中只有 4 人建議孩子離開家鄉到大城市去；有 8 人在有限定條件的前提下建議孩子這樣做；139 人建議孩子待在他本來的地方，105 人似乎有這種打算；28 人態度不明確。又有一個法則被確定了下來：生活在繁榮小鎮或小城市的孩子，在家鄉擁有很好的機會的時候，比起前往城市裡尋找發展機會，留在家鄉是更加明智的選擇，除非孩子有明確的理由離開自己的家鄉。

問題 7

　　若男孩是個農民的兒子，但他卻不喜歡務農，依你之見，他應該留在農場嗎？

回答這一問題的總人數	290

肯定的態度	「是的」	3
	傾向於「是的」，「對大多數人而言是最好的職業」，「或許男孩需要在農場磨練一下」，「農場對於男孩子來說是個適合發展的好地方」，「小時候不喜歡可能只是一時的頑皮」，「通常來說，是的」，「農場應在適當的指導下變得有吸引力」等等	19
否定的態度	「不」	147
	相當於「不」	11
	傾向於「不」：「如果真的不喜歡，不應該」，「如果從農業大學畢業後或在科技化培訓後仍不喜歡鄉村生活，那就不要留下了。」，「除非他知道自己想要做什麼」，「不要強迫他留下」，「通常來說，不應該」，「不應該，如果自己的職責不在那裡」，「除非他更勝任其他工作」，「如果生性懶惰，農場是不適合他的」，「除非他有能力、有理想還勤奮」，「個性已經形成再走」，「除非在其他的地方能取得成功」，「是，除非他確定自己很討厭這種生活」，「遇到其他好機遇再走」，等等	89
態度不明確的	「看機遇和能力而定」，「讓他們試著讓他喜歡它」，「不喜歡並不是一個改變的好理由」，「讓他們選擇自己的生活和履行自己的職責」，等等	17
	態度不明確	4

排除「態度不明」的，其餘人的觀點是：

如果孩子不喜歡農場，不贊成他們留在農場	158
有同樣的想法，但是卻有一些限定條件	89
如果孩子不喜歡農場，仍贊同讓他們留在農場	3
如果孩子不喜歡農場，傾向於將他們留在農場的	19

大家幾乎一致的觀點是，如果孩子不喜歡農場，就不贊成將孩子留在農場；而在 290 人中，只有 3 人除外，他們主張讓孩子留在農場。所以，這樣看來，任何父母、監護人或其他人都不該讓不喜歡農場的孩子留在農場。

問題 8

你認為誠實守信是事業成功的要素嗎？

回答這一問題的總人數	312

肯定的態度	「是的」	115
	「當然」，「我是這樣想的」，「完全正確」，「非常肯定」其他的答案也表示「是的」	99
	「是的，為了取得最大的成功」，「真正地成功」，「誠實還要機智」，「做個合格的公民」，「金錢並不意味著成功」等等	26
	「是的，為了尋求永遠的成功」	18
	「不僅是在賺錢的時候，做任何事都應如此」	12

	「不是」	7
	「沒有誠信可以發財，但是誠信對於真正的成功來說是很必要的」	3
	「不僅是為了賺錢」	4
否定的態度	「嚴格的誠信對於做生意的成功來說不是很必要；但生意的成功不是必要的，而誠信確實是必要的」，「不是，但是誠信是最好的手段」，「不，但雇員除外」，「不是，但對於自尊來說是必要的」，「我認為不是這樣」，「不是，但是不誠信的人是不會被尊重的」，「不是，但誠信應當是準則」等等	20
態度不明確的	「小事上，是的；大事上，不常是」，「不經常」，「應該是這樣」，「難說」，「事業上的成功常常來源於不誠實」，「是的，商業範圍內的誠信」	8

除去那些「態度不明的，」其餘人的觀點是：

認為嚴格的成功對於事業來說是有必要	214
同意，但在特殊的限定條件下	56
認為嚴格的誠信對事業的成功沒有必要	7
好像有這樣的想法，但是有限定條件	27

因為有這麼多人認為嚴格的誠信對事業的成功來說是有必要的，那麼事實似乎是這樣的，不誠實的生意手段，如果不是意外的（命中注定的），對事業上的成功來說是不利的。還有少部分人認為，誠信對於事業的成功來說不是必要的，那麼這部分人的觀點值得進行更加深入的思考。值得注意的是，大家共同認為誠信對「成功」很必要。他們看起來似乎感覺誠信對於「事業的成功」不是很重要，那只是對於賺錢來說不是很重要；但是這些人強調的是，誠信對於任何值得做的事來說是必要的，沒有誠信的成功不是真正的、永恆的成功或是值得為之奮鬥的成功。

問題 9

你認為鍥而不捨的精神是成功的要素嗎？

回答這一問題的總人數		313

肯定的態度	「是的」	181
	相當於「是的」：「極其重要的要素」，「通常是這樣」，「明智的做法」，「99％是這樣的」，「為了取得巨大的成功」等等	125
否定的態度	「不是」	1
態度不明確的或者有條件的	「成功會隨著時間的流逝而取得」，等等	6

除去「態度不明確的或者有條件的」，其餘人的觀點是：

鍥而不捨對於成功是必要的，回答「是的」、「等同於是的」等等	306
反對	1
態度不明確的或有限定條件的	6

　　313 人中 306 人投了贊同的票，認為鍥而不捨的精神對於成功的取得是必要的，只有 1 個人不贊同，還有 6 個人態度不明確，因此「鍥而不捨對於成功是必要的」可以被認為是取得成功的法則。

問題 10

你認為一個人只有熱愛自己工作才能取得事業上的成功嗎？

回答這一問題的總人數	314

肯定的態度	「是的」	126
	相當於「是的」	18
	「在最大的意義上（為了最大的成功）」	26
	「99％是這樣的」、「是的，通常來說是」	19
	「必須熱愛自己的工作，或者學著去熱愛它」	11
	「是的，或者意識到它的有效性」，「值得的」	4
否定的態度	「不是」	20
	「不是，除非是有益的事業。」，「不是，只要適應他即可」，「除非勤奮且有才華」等等	4
有限定條件的	「不必要」	25
	「不是，但是成功可能性會更大，更容易或更好」	16
	「不一定」，「不是，但對於孩子來說，他必須熱愛自己的工作才能成功」，「是重要的，但不是必要的」，「他可以把他最喜歡的做到最好」，「如果不是特別熱愛但是感興趣，也可以成功」，「成功可能性會更大」，「在一定程度上是」，「有益於成功」，「如果盡職，不一定非得熱愛」等等	45
一致的觀點	完全贊同，一個人必須熱愛自己的工作才會取得成功	126
	與之相同的觀點	18
	傾向於肯定態度	60
	「不是必要條件」，「但是成功的可能性會更大，更容易或更好」等等	41
	有條件地	45
	一個人不熱愛自己的工作也會取得成功	20
	傾向於否定態度	4

　　204 人贊同或大致贊同一個人熱愛自己的工作才可以取得成功；只有 20 人反對；25 人認為「不必要」；61 人在特定條件下贊同；看來一個

人必須熱愛自己的工作或者應該喜歡自己的工作才可以取得成功，並且如果不熱愛自己的工作，想實現最大程度上的成功是不可能的。

問題 11

依你之見，能力和經驗，哪個對成功更有幫助、更重要？

回答這一問題的總人數	289

能力	「能力」	105
	相當於「能力」	29
	「有能力，經驗也有益，」，「通常是能力」	9
	「能力很快會獲得經驗」	11
	「都重要，能力更重要」	9
經驗和能力都重要	「兩者都重要」	9
	相當於「兩者都重要」	50
	「初期是能力重要，後期是經驗重要」	1
經驗	「經驗」	30
	相當於「經驗」	4
	「兩者都重要，經驗更重要」等等	15
	「經驗可以促進能力的形成」	8
	態度不明確的或模稜兩可的	9

除去「態度不明確的」、「模稜兩可的」，以及「兩者都重要」，其餘人的觀點是：

完全贊成「能力」	105
類似的觀點	29
傾向於贊同「能力」	29
完全贊同「經驗」	30

類似的觀點	27

　　163 人贊同能力比經驗更加重要，57 人認為經驗更加重要，從中可以明顯看出，能力更加重要。大多數人贊同能力，但並不意味著經驗就不重要。問題問的就是兩者比較，哪個相對更重要些，多數人認為「能力」相比經驗更加重要，但並不是低估經驗的重要性。毫無疑問，兩者都重要，並且成功依賴於兩者的相輔相成。下一個問題的答案就與這個問題有關。

問題 12

　　你認為只有能力沒有經驗的人會成功嗎？

回答這一問題的總人數	294

肯定的態度	「是的」	60
	「是的，有能力很快會獲得經驗」	33
	相當於「是的」	9
	「是的，並附加了解釋」	25
	「是的，儘管經驗也很重要」等等	24
否定的態度	「不」	37
	相當於「不」	5
	「不常見」，「很少」，「難說」等等	17
	「成功伴隨經驗而來」等等	11
	「兩者都重要」	23
	「能成功，但不會很大」	13
	「偶爾，」、「有時候，」等等	16
	「必須有經驗」等等	21

觀點如下：

有能力而沒有經驗能取得成功	151
持相反的意見	70
兩者都重要	23
能成功，但不會很大	13
偶爾，等等	37

可以看出有能力但沒有經驗可以取得成功；但是兩者對於取得完全性地成功來說是很必要的。有能力自然會累積經驗，然後在取得成功的過程中經驗會成為能力的合作者與之相輔相成。然而大多數人的觀點認為，兩者孤立來看單一的能力要比單一的經驗更加重要，經驗對能力有補充作用；也就是說注意能力的培養和提高。顯然，沒有能力的經驗只能做出一般的成績。

問題 13

如果孩子想經商，你會建議他去上大學嗎？

回答這一問題的總人數		300

	「是的」	87
	相當於「是的」	25
	「是的，如果可能，如果他有時間，金錢，」等等	53
肯定的態度	「如果他能夠適應」	13
	「如果他願意且喜歡學習」	12
	「如果他有能力」，「是的，通常來說是這樣」，「學院或技術學校」等等	33

否定的態度	「不」	38
	相當於「不」	5
	「不一定非得這樣做」並且「沒必要」	10
	「商務課程」或者「高中就足夠了」	6
模稜兩可	態度不明確	7
	「除非在他畢業後，有人能夠幫助他」，「獲得了良好教育」	11

除去那些「模稜兩可」其餘人的觀點是：

絕對贊同想經商的男孩去上大學	112
基本贊同	111
完全反對	43
部分反對	16

300 人中，有 223 人建議孩子去上大學，59 人反對，看起來建議孩子上大學是無可爭議的，除非有充分的理由予以反對。對於必要性的問題不需要討論；要考慮的是應該建議他去上大學還是不應該。大學課程對於經商來說不是非有不可，但很顯然的是人們還是建議他去上大學。

問題 14

如果孩子想從事技工行業，你會建議他去上大學嗎？

| 回答這一問題的總人數 | 294 |

肯定的態度	「是的」	50
	相當於「是的」	22
	「是的」，「如果可能」，「如果他有時間」，「如果他有金錢」等等	69

否定的態度	「不」	80
	相當於「不」	6
	「通常來說，不」、「沒必要」等等	24
	「科技學校」（而不是大學）	38
	態度不明確的	5

除去「態度不明確的」，其餘人的觀點是：

贊成想學技術的男孩去上大學	141
反對的	148

反對的人多於贊同的人。然而很多人都贊同想要從事技工行業的孩子應該接受高等教育。而在持否定態度的人群中，38 人贊同孩子去技術學校學習，而非大專院校，並且完全反對的人並不是反對大學教育本身。在問題 15 中，大家幾乎意見一致地贊同技術院校。因此，大家比較能接受的觀點就是建議那些想學技工的男孩去上大學，最好是技術院校。

問題 15

如果男孩想從事技工行業，你會建議他去技工學校學習嗎？

回答這一問題的總人數	305

肯定的態度	「是的」	186
	相當於「是的」	45
	「通常來說，是的」、「如果他有能力」等等	58
否定的態度	「不」	8
	傾向於否定態度	2
	「有時候」	3
不確定的		3

除去那些「不確定的」，其餘人的觀點是：

如果孩子想要從事技術行業，同意他去技工學校學習	289
反對	10
部分贊同或不確定	6

觀點幾乎一致地認為，對於那些想要從事技術行業的孩子來說，應該去技工學校學習。

問題 16

如果男孩想從事某專業，你會建議他去上大學嗎？

回答這一問題的總人數		309

肯定的態度	「是的」	198
	相當於「是的」	38
	「是的」，並予以強調，「絕對必要的」等等	46
	「是的，如果可能」，「幾乎總是」，「如果他有能力」，「大學教育是有益的」等等	24
否定的態度	「不」	1
	「不」，有限定條件	2

除去那兩個有限定條件的「不」，其餘人的觀點是：

贊同孩子去上大學	306
完全反對	1

毫無疑問，對於想要從事某專業的男孩來說，選擇到大學接受教育是明智的。

問題 17

你認為違背男孩意願強迫他上大學是明智之舉嗎？

回答這一問題的總人數		301

肯定的態度	「是的」	10
	相當於「是的」	6
	「如果孩子懶惰，是的」，「很有可能是」等等	10
	「有時候」	11
否定的態度	「不是」	161
	相當於「不是」	44
	「通常來說不是」等等	13
有限定條件的	「勸說，影響，施加壓力，指導」	23
	「讓他理解家長的意圖，並且讓他自己做選擇」，「他將永遠都不會後悔」等等	23

除去那些「有限定條件的」，其餘人的觀點是：

完全贊同「違背男孩意願，強迫他上大學」	10
有幾分贊成	27
反對	218

　　只有 10 個人同意違背男孩的意願強迫孩子去上大學，看來強迫孩子、違背孩子的意願是不明智的做法。然而，不反對誠心的勸告，適當地影響和建議。

問題 18

　　如果男孩只是個普通人，既無特殊喜好，又無雄心大志，你建議他是學手藝、經商還是從事某專業呢？

回答這一問題的總人數	278

「學手藝」	97
相當於「學手藝」有限定條件	37
「經商」毫無疑問地	13
相當於「經商」有限定條件和解釋	7
「學手藝或者經商」	14
「學手藝或者經商」，有限定條件	18
「從事某專業」	3
「學手藝或從事某專業」	1
「喚醒他們，喚起他們的野心」	13
「從事農業和到農場去」	6
「陸軍或者海軍」、「體力勞動者」等等	49
態度不明確的	20

人們的觀點是：

贊同學手藝	134
贊同經商	20
贊同學手藝或經商	32
贊同從事某專業	3

看來，學手藝最適合資質一般、沒有抱負的孩子。

問題 19

假設一個年輕人能力強，經驗豐富，手中資金充足，目前薪水待遇也不錯，你建議他在熟知的領域開創自己的事業嗎？

回答這一問題的總人數	284

肯定的態度	「是的」	141
	相當於「是的」	39
	「一般來說，是的」	4
	「是的，如果環境更有利」、「如果他有能力」、「如果他有抱負」等等	56
	「首先，他自己想去做」	245
否定的態度	「不」	3
	「通常說來，不」	4
	「不」、「為大事業工作獲利更多，也更可靠，等找到適合的夥伴再去」	7
態度不明確的或模稜兩可的		25

除去「態度不明確的或模稜兩可的」，其餘人的觀點是：

贊同這個人到熟知的領域經商	180
在特定條件下贊同	65
完全反對	3
部分反對	11

假設一個年輕人能力強，經驗豐富，手中資金充足，目前薪水待遇也不錯，建議他在他熟知的領域開創自己的事業。

問題 20

假設一個年輕人能力強、經驗豐富，目前薪水待遇不錯，你建議他在熟知的領域借錢開創自己的事業嗎？

回答這一問題的總人數	273

肯定的態度	「是的」	40
	相當於「是的」	12
	「在特殊的環境下」等等	24
	「自己有一定資金再做」	11
	「只要他能力出眾」	8
	「債務有時候是好事」	7
	「是的，如果條件優厚的話」	6
	「如果他自己有很好的理由」	6
	「如果他有勇氣，健康和能力」，「在有專家指導的情況下」等等	15
否定的態度	「不」	58
	相當於「不」	27
	「通常不，或許不，不經常的」等等	16
	「除非他有很高的收入」，「願意冒大風險」，「很少」等等	16
不確定地	「看情況而定」，「難說」等等	27

除去那些「不確定的」，其餘人的觀點是：

完全贊同的人	40
在某些情況下贊同	89
完全反對	58
部分反對	59

52 人完全贊同，85 人對這一行為持完全反對的態度；129 人有條件或無條件地贊同；117 人有條件或無條件地反對。正方和反方的人數基本持平；但是所提出的前提條件、解釋和建議表明借來的資金有安全和不安全之分；可取和不可取之處；經常伴有風險。因此，通常可以看作資金不應當向別人借，除非借錢者有財產作擔保或者前景大好，並且有

能力、夠穩重。雖然借錢但收益頗為豐厚，只有這樣，這一行為才是安全的。

問題 21

什麼是導致失敗的最重要的因素？

回答這一問題的總人數	287

由於觀點差異極大，用完全精準的摘要或表格來回答這一問題是不可能的。很顯然回答這一問題不能使用「是」或「不是」，並且這些回答也不會用華麗的詞藻表達出來。以下的要點重述基本概括了主要的回答內容。在編輯整理過程中，類似的內容被合併在一起,；例如：「缺乏持續性」和「不夠持之以恆」都被合併到後者的說法中去；類似於不良習慣的表達，都被劃分到「不良習慣」這一組；以及一些「缺乏誠信」和「不誠實的表現」，等等，都被劃分到「缺乏誠信」或者「不誠實」的這一組。每組詞後面的數字表示理由出現的次數，理由或是用某個詞或是用具體話語來表述的。

不良習慣	18	霉運	1
不守時	1	借來的資金	1
粗心	11	環境	2
競爭	3	信譽	3
債務	5	依賴運氣	2
急功近利	11	炫耀成就	5
缺乏誠信	10	鋪張浪費	33
妄自尊大	2	愚昧無知	7
輕率	1	效仿他人	2
不注重細節	5	無能力	7

優柔寡斷	2	冷漠	2
虛偽	1	放縱	9
缺乏能力	23	適應性差	1
沒有抱負	6	不夠投入	54
沒有頭腦	2	缺乏業務能力	1
資金不足	9	不夠謹慎	1
沒有個性	5	缺乏專注	4
不夠謹慎	2	缺乏勇氣	6
缺乏鼓勵	1	缺乏精力	12
缺乏經驗	14	缺乏遠見	4
缺乏良好的建議	1	缺乏健康	2
不夠正直	12	缺乏興趣	1
缺乏判斷力	36	缺乏耐心	4
不夠持之以恆	18	缺乏禮貌	1
缺乏自控能力	1	缺乏獨立	3
缺乏理性	4	缺乏責任感	2
缺乏穩定性	4	不能堅持到底	5
缺乏機智	1	缺乏嚴密性	4
缺乏節儉	1	缺乏訓練	12
懶惰	27	說謊	1
管理不善	2	母親的溺愛	1
不注重經營	8	不適合	1
好高騖遠	1	自負	7
缺乏系統性	1	自私	3
缺乏謀略	2	不團結	1
投機	14	愚蠢	1
朝三暮四	2	欠考慮的	1

發展過快	1	不忠誠	3
不願為了成功付出	1	虛榮	3
誤入歧途	2		

問題 22

你認為最適合男孩讀的六本書是什麼書？

回答這一問題的總人數	191

在每一本書名或人名後面的數字是推薦這本書或作者的人數。下面的書目是根據推薦的頻率進行排列的。書名和作家名是按照推薦者的叫法列出來的，如果推薦者沒有提及作者名，作品的後面就沒有標示其作者是誰。

《聖經》	125
莎士比亞	81
美國歷史	43
古代史和近代史	24
英國歷史	22
《林肯傳》（*Lincoln the Unknown*）	20
《魯賓遜漂流記》（*Robinson Crusoe*）	19
偉人和成功人士傳記	18
《天路歷程》（*The Pilgrim's Progress*）	18
《華盛頓傳》（*His Excellency: George Washington*）	16
《希臘羅馬名人傳》（*The Lives of the Noble Grecians and Romans*）	15
司各特（Walter Scott）	14
狄更斯（Charles Dickens）	13
《富蘭克林傳》（*The Autobiography of Benjamin Franklin*）	12

關於男孩就職方面的書	11
丁尼生（Alfred Tennyson）的詩	11
美國詩人，朗費羅（Henry Longfellow），惠蒂埃（John Greenleaf Whittier），霍姆斯（Oliver Wendell Holmes），布萊恩特（William Cullen Bryant），羅威爾（Robert Lowell）	10
《悲慘世界》（*Les Miserables*）	10
《自己拯救自己》（山繆爾·斯邁爾斯）（*Self-Help*, Samuel Smiles）	10
《湯姆·布朗求學記》（*Tom Brown's Schooldays*）	10
《論文集》（愛默生）（*Essays*, Ralph Waldo Emerson）	7
麥考利	7
《新約聖經》（*New Testament*）	7
《天方夜譚》（*One Thousand and One Nights*）	5
詞典	5
《撒克遜英雄傳》（*Ivanhoe*）	5
《皮襪故事集》（庫柏）（*Leather Stocking Tales*, James Fenimore Cooper）	5
密爾頓（John Milton）的作品	5
詩歌佳作	5
薩克萊（William Makepeace Thackeray）	6
《培根論說文集》（*Complete Essays of Francis Bacon*, Francis Bacon）	4
《賓漢》（*Ben-Hur*）	4
《英格蘭法律評論》（布萊克史東）（*Commentaries on the Laws of England*, William Blackstone）	4
《伊利亞特》（*Iliad*）和《奧德賽》（*Odyssey*）翻譯版本	4
《約翰·哈利法克斯先生》	4
查爾斯·金斯萊（Charles Kingsley）的作品	4

《奮力向前》（馬登）（*Pushing to the Front*, Orison Swett Marden）	4
關於科學的一些好的書	4
《湯姆叔叔的小屋》（*Uncle Tom*）	4
《超越奴役》（布克・華盛頓）（*Up from Slavery*, Booker Washington）	4
《男孩必讀》（斯托）	4
《塊肉餘生記》（*David Copperfield*）	3
《唐吉訶德》（*Don Quixote*）	3
《傻子旅行記》（*The Innocents Abroad*）	3
哲學著作	3
《箴言錄》（*Aphorisms*）	3
《羅馬帝國衰亡史》（*The History of the Decline and Fall of the Roman Empire*）	3
羅馬史	3
《壞男孩的故事》（奧爾德里奇）（*The Story of a Bad Boy*, Aldrich）	3
《雙城記》（*A Tale of Two Cities*）	3
旅遊叢書	3
《我眼中的野生動物》（塞頓）（*The Wild Animals I have Known*, Seton）	3
《伊索寓言》（*Aesop's Fables*）	2
《亞歷山大・漢彌爾頓傳》（*Alexander Hamilton*）	2
《美利堅聯邦》（詹姆斯・布賴斯）（*American Commonwealth*, James Bryce）	2
天文學（揚，Jan Hendrik Oort）	2
《裘力斯・凱撒》（弗勞德）	2
《怒海餘生》（*Captains Courageous*）	2
科芬的歷史著作	2
大仲馬（Alexandre Dumas）的作品	2

喬治・艾略特（George Eliot）的作品	2
《商業帝國》（卡內基）（*The Empire of Business*, Dale Carnegie）	2
《大英百科全書》（*Encyclopedia Britannica*）	2
《和諧相處》（馬修斯）	2
霍爾姆斯的作品	2
《約翰・霍華德傳》（*John Winston Howard*）	2
衛生學	2
《叢林之書》（吉卜林）（*The Jungle Book*, Rudyard Kipling）	2
希臘史和羅馬史	2
《洛娜・杜恩》（*Lorna Doone*）	2
《沒有國籍的人》	2
數學書	2
《致加西亞的信》（哈伯德）（*A Message to Garcia*, Elbert Hubbard）	2
《拿破崙傳》（*Napoleon*）	2
《物種起源》（達爾文）（*On the Origin of Species*, Charles Darwin）	2
禮儀書籍	2
政治經濟學	2
《見聞札記》（歐文）（*A Sketch Book*, Washington Irving）	2
社會學著作	2
《英語語法原理》	2
《喬治・史蒂文生傳》（*The Life of George Stephenson*）	2
《學生手則》（約翰・陶德）	2
《海角一樂園》（*Swiss Family Robinson*）	2
《沉思錄》（馬可・奧理略）（*Meditations*, Marcus Aurelius）	2
《節儉》（斯邁爾斯）（*Thrift*, Samuel Smiles）	2
《船上的兩年生活》（達納）	2
丹尼爾・韋伯斯特（Daniel Webster）的演講	2

阿博特的歷史著作	1
《亞當貝德》（*Adam Bede*）	1
農業著作	1
《愛麗絲夢遊仙境》（*Alice in Wonderland*）	1
《美國國會》（摩爾）	1
《美國人的歷史》（麥克馬斯特）	1
美國	1
美國政治家的傳記	1
《聖多瑪斯‧阿奎那傳》（*St. Thomas Aquinas*）	1
《改變千萬人生的一堂課》（*Life can be better after this lesson*）	1
《班傑明的銷售技巧》	1
幽默大師的作品	1
《黑駿馬》（*Black Beauty*）	1
《清教徒詩集》	1
裡普利和達納的詩	1
《勢利小人集》	1
《醜陋的英格蘭》（布斯）	1
《希臘英雄傳》（黑爾）	1
《菲利浦‧布魯克斯的訓導》	1
彭斯的詩	1
《伊萊休‧伯利特傳》	1
《商務世界》（卡內基）（*Dale Carnegie*）	1
凱撒	1
卡萊爾（Thomas Carlyle）	1
《性格》（德拉蒙德）	1
《聞見錄》（傅華薩）（*Chronicles*, Jean Froissart）	1
西塞羅	1

市政管理	1
《市政管理》（費斯克）	1
《文明發展史》	1
《亨利‧克萊傳》（克爾頓）	1
亨利‧克魯斯（Henry Clews）的作品	1
本國的法典	1
柯勒律治（Samuel Taylor Coleridge）的作品	1
《人潮湧動》	1
商業法	1
祈禱書	1
《生活行為》（愛默生）（Ralph Waldo Emerson）	1
孔子	1
克勞福德	1
《倫理學原理》（史賓賽）（A System of Ethics, Herbert Spencer）	1
《性格的作用》（福斯特）	1
《人類的起源》（達爾文）（The Descent of Man, Charles Darwin）	1
《人類的命運》（費斯克）	1
《亨利‧德拉蒙德傳》	1
杜沙尤的作品	1
《教育》（史賓賽）	1
《教育與優質生活》（斯波爾丁）	1
《墓園輓歌》（格雷）（Elegy Written in a Country Churchyard, Thomas Gray）	1
《對基督徒生活的追求》	1
經濟學（economics）	1
《日常的信仰》（布斯）	1
歐洲史	1

《格林童話》（格林兄弟）（*Grimm's Fairy Tales*, Grimm brothers）	1
《自然科學的奇境》（巴克利）	1
《常見語錄》（巴特利特）	1
《浮士德》（歌德）（*Faust*, Goethe）	1
《芬尼傳》（*Autobiography Of Charles G. Finney*）	1
《第一項原則》（史賓賽）（*First Principles*, Herbert Spencer）	1
費斯克的歷史著作	1
《法國大革命》（卡萊爾）（*The French Revolution*, Thomas Carlyle）	1
《友誼》（休・布萊克）	1
地理學（geography）	1
《地理讀者》（卡彭特）	1
《吉爾・布拉斯》（*Gil Blas*）	1
《格拉德斯通傳》	1
《戈德史密斯》（歐文）	1
《高夫自傳》	1
語法	1
《希臘英雄》	1
《格列弗遊記》（*Gulliver's Travels*）	1
《亞歷山大傳》	1
霍桑（Nathaniel Hawthorne）的作品	1
《亨利・艾斯蒙德》（*The History of Henry Esmond*）	1
《派翠克亨利傳》（*Patrick Henry*）	1
自己的記帳本	1
本國的歷史	1
《美國人的歷史》（吉爾曼）	1
《家庭的影響》	1
《如何在世界上與人相處得好》（馬修斯）	1

《我能，我願意》	1
《論想像力的培養》（戈申）（*The cultivation of the imagination*, George Goschen）	1
羅伯特・英格索爾（Robert Stephen Ingersoll）的作品	1
《異教審判的歷史》（利）	1
《知性人生》（漢默頓）	1
《詹森傳》（博斯韋爾）（*The life of Samuel Johnson*, James Boswell）	1
《地心歷險記》（凡爾納）（*Journey to the center of the earth*, Jules Vernre）	1
《開甯・齊林萊》	1
吉卜林（Joseph Rudyard Kipling）的作品	1
《凱特・特拉斯特》（*Kate Slatter*）	1
《知識就是力量》	1
《古蘭經》（*Koran*）	1
法律	1
《最後的男爵》（*The Last Of The Barons*）	1
《大衛・李文斯頓》（*Biography of David Livingstone*）	1
《父母的忠告》	1
《路易斯・蘭伯特》（巴爾札克）（*Louis Lambert*, Honoré De Balzac）	1
《作為男人的基督》	1
《瑪麗埃塔》	1
《約翰・馬紹爾傳》（*The Life of John Marshall*）	1
《太平洋中的沉船》	1
《鋼鐵男人》（佩立）	1
默頓	1
《現代繪畫》（羅斯金）（*Modern Painters*, John Ruskin）	1
蒙田的作品	1

神話故事	1
任意六本關於自然的書	1
《佳木鄰居》	1
19 世紀的歷史	1
《地球以外的世界》（普羅克特）	1
《我們的祖國》（約書亞・斯特朗）	1
派克曼的歷史著作	1
《帕森斯論合約》	1
《信仰從兒時開始》	1
體育文化	1
物理學	1
《對話》（柏拉圖）（*Dialogues of Plato*）	1
《理想國》（柏拉圖）（*The Republic*, Plato）	1
《生活的樂趣》（盧伯克）（*The Pleasures of Life*, John Lubbock）	1
《政治經濟學》（米爾）	1
《窮查理年鑒》（*Poor Richard's Almanack*）	1
亞歷山大・波普（Alexander Pope）的作品	1
《美國總統傳》（麥克盧爾）	1
拉伯雷（François Rabelais）作品（貝贊特譯）	1
貝贊特的作品	1
宗教方面的著作	1
《芬尼談復興》（*Revivals of Religion*）	1
修辭學（rhetoric）	1
《邦聯政府之興衰》（戴維斯）（*The Rise and Fall of the Confederate Government*, Jefferson Davis）	1
《荷蘭的崛起》	1
《羅賓漢》（賴爾）	1

羅默拉	1
桑福德	1
《改衣服的裁縫》	1
校園讀物	1
《蘇格蘭領袖傳》	1
《自我修養》（布萊基）	1
《織工馬南傳》（*Silas Marner*）	1
史賓賽的作品	1
史蒂文生的散文	1
《猩猩的故鄉》（杜夏路）	1
《美國名人軼事》（埃格爾斯頓）	1
科技發明和文學藝術軼事	1
《奧德賽的故事》（丘奇）	1
《勤奮的生活》（羅斯福）（*The Strenuous Life*, Theodore Roosevelt）	1
《社會生活研究》	1
《社會學研究》（史賓賽）（*The Study of Sociology*, Herbert Spencer）	1
《走向成功》	1
《首席法官唐尼傳》	1
《論個人信仰》（古爾德本德）	1
《三個船運工》（京斯敦）	1
貿易發展史	1
《金銀島》（*Treasure Island*）	1
《美國統計摘要》（*Statistical Abstract Of The United States*）	1
《反之亦然》（安斯蒂）	1
維克多・雨果（Victor Hugo）的作品	1
青少年讀物	1
維吉爾（Vergil）	1

《約翰‧衛斯理傳》	1
《白十字圖書館》	1
《和克萊夫在印度》（格蘭特）	1
《奇書》（霍桑）	1
華茲渥斯（William Wordsworth）的作品	1
《年輕人的領路人》（奧爾科特）	1

問題 23

你認為男孩有必要養成每天讀報紙的習慣嗎？

回答這一問題的總人數	310

肯定的態度	「是的」	185
	相當於「是的」	90
	「首頁和評論」，「略讀」等等	13
否定的態度	「不」	6
	相當於「不」	2
	「15 歲以前不用」等等	14

觀點：

贊同每天閱讀報紙	288
完全反對	8
部分反對	14

　　大多數人建議孩子每天閱讀報紙，幾乎完全一致地認為「這是一個積極且必要的建議」。好的報紙指的是那些「進步的報紙」。養成這個習慣，人們將向進步的方向發展，並且人們可以交換資訊。好的報紙，無論是否完美，都代表著大眾的觀點，他是人類強大影響力的展現。

問題 24

按常理來說，你建議男孩參與父親的事業嗎？

回答這一問題的總人數		275

肯定的態度	「是的」	79
	相當於「是的」	57
	「是的，如果孩子願意；如果孩子喜歡這樣做」	35
	「是的，如果父親的事業很成功」等等	18
否定的態度	「不」	30
	相當於「不」	21
不明確的，模稜兩可的，「有時候」，「讓孩子選擇」等等		35

除去「態度不明確的」，其餘人的觀點是：

贊同孩子參與父親的事業	79
在某些特定條件下贊同	110
完全反對	30
部分反對	21

結果表明，人們幾乎一致贊同孩子參與父親的事業；但這並不說明孩子就一定會取得成功。

問題 25

假設請你致電給仍在讀書的男生，為他們提供建議，你會說些什麼？

這不是一個問題，無法予以歸納總結，以表格的形式展現出來。然而這些回答從各個方面來看都是最有價值的，並且這些回答都是深思熟慮的結果。每個回答都全面或部分地對於成功的取得進行了指導，總之，他們是經驗的濃縮和精華。

第三十九章　名家之諫

「經驗勝於臆斷」

明智的人會集思廣益，與別人互通有無，選擇做對人對己都有好處的事。

置身於群體當中，我們才能生存，才能發展。保持獨立的個體不與外界溝通，我們就會回歸原始狀態，與動物毫無差異了，閱歷豐富的人提供的建議主張相當寶貴，都是他在實踐中學來的經驗之談。

集眾人之長得出來的主張幾乎可以被當作真理來看待。比如說，如果大多數學識淵博、閱歷豐富的專家認為某個理論是正確的，那麼社會群體就會予以認可。若各界菁英中有一半以上的人認為某種因素是成功的要素之一，那麼它就會成為人們認可的真理。

許多專家在經過多年反覆試驗後，認為某種方法可行，此時若誰對此提出質疑，那他就是不明智的。個人觀點可能是錯的，好幾個人的觀點可能與真理相距甚遠。但對相當多的人在反覆研究、實驗探索後得出的結論，人們不用再持懷疑態度。若誰再不接受這個結論，那他就太無知了。

我向得到公認的成功人士提出了若干切中要害的問題，接下來我會盡量列舉例項、不再空談理論，向美國男孩及其父母展示一下他們是如何回答這些問題的。

這些成功人士之中，有的是社會各界的菁英分子，有的富可敵國，有的手握重權，有的學識淵博，有的閱歷豐富，有的見多識廣，有的家世顯赫，有的白手起家，有的一帆風順，有的歷盡滄桑，有的善於思考，有的側重實踐，有的是各層面的專家，有的是從工礦企業到政府委員、各界的代表。大家根據自身的經歷各抒己見，每個人的答案都是對他本人的成功的最真實的寫照，也是對世界傑出人物的全景概述。

各位成功之士知無不言，句句都是中肯之語。他們自己已然獲得成功，所以他們完全有資格對別人提出有關成功的建議。

每個人的答案都值得人們深思，都是有關成功的經驗之談。

這些人士都是照規律辦事，很多人都把成功歸因於某一特殊因素，因此個人的答案各不相同。沒有哪兩個飛行員會沿著一模一樣的航線飛過水面，但優秀的飛行員會沿著以往的航線飛行，或沿著中線飛過；如果遠離中線會更安全，那他就會遠離中線飛行；但無論怎麼飛他都會避開障礙物。他們飛行的路程、方向基本一致，但不會絕對相同。本書涉及的成功人士所遵循的都是大家公認的發展規律。他們的肺腑之言值得大家借鑑，以便早日駛向成功的彼岸。

▊ 問題如下：

1. 你認為成功的要素是什麼？

2. 在男孩選擇職業時，你會建議他根據自己的愛喜好選擇職業嗎？

3. 依你之見，對某行業的偏好是促使人在此行業成功的必備條件嗎？

4. 在明知男孩對某行業有偏愛或適合做某工作的情況下還強迫他違背意願進行擇業，你認為父母這麼做是明智之舉嗎？

5. 如果男孩生長在偏遠、貧窮的地區，發展事業的機會微乎其微，你建議他去大城市發展嗎？

6. 如果男孩生長在一個繁榮的小鎮或小城市裡，有發展事業的機會，你建議他去大城市發展嗎？

7. 若男孩是個農民的兒子，但他卻不喜歡務農，依你之見，他應該留在農場嗎？

8. 你認為誠實守信是事業成功的要素嗎？

9. 你認為鍥而不捨的精神是成功的要素嗎？

10. 你認為一個人只有熱愛自己的工作才能取得事業上的成功嗎？

11. 依你之見，能力和經驗，哪個對成功更有幫助、更重要？

12. 你認為只有能力沒有經驗的人會成功嗎？

13. 如果男孩想經商，你會建議他去上大學嗎？

14. 如果男孩想從事技工行業，你會建議他去上大學嗎？

15. 如果男孩想從事技工行業，你會建議他去技術學校學習嗎？

16. 如果男孩想從事某專業，你會建議他去上大學嗎？

17. 你認為違背男孩意願強迫他上大學是明智之舉嗎？

18. 如果男孩只是個普通人，既無特殊喜好，又無雄心大志，你建議他是學手藝、經商還是從事某專業呢？

19. 假設一個年輕人能力強、經驗豐富，手中資金充足，目前的薪水待遇也不錯，你建議他在熟知的領域開創自己的事業嗎？

20. 假設一個年輕人能力強、經驗豐富，目前薪水待遇也不錯，你建議他在熟知的領域借錢開創自己的事業嗎？

21. 什麼是導致失敗的最重要的因素？

22. 你認為最適合男孩讀的六本書是什麼書？

23. 你認為男孩有必要養成每天讀報紙的習慣嗎？

24. 按常理來說，你建議男孩參與父親的事業嗎？

25. 假設有人請你致電給仍在讀書男生，為他們提供些建議，你會說些什麼？

注：為了使讀者閱讀方便，這些問題也同時印在活頁上，供閱讀時使用。

訪談內容

問題都被編上了號碼，在每套答案前只標上相應問題的號碼，不再寫出問題。每本書中都附有印著問題的散頁，以備在讀者閱讀答案時對照使

用。有些人沒有對問題一一作答，沒有答案的題號被直接省略下去。

受訪者的名字沒有按字母順序排列，而是為了公平起見隨意排列；同時在此也向那些為我們提供寶貴資料的幕後英雄表示感謝。

約翰·麥考爾

紐約市。紐約人壽保險公司董事長。

1. 決心。

2. 是的。

3. 是的。

4. 不是。

5. 是的。

6. 不是。

7. 不是。

8. 當然。

9. 是的。

10. 是的。

11. 經驗。

12. 偶爾。

13. 如果他能上大學，他還是應該先上大學。

14. 我覺得大學教育非常重要。

15. 是的。

16. 是的。

17. 我發現多數男孩都不喜歡讀太長時間的書，但凡是上過大學的男孩很少有後悔的。

18. 學手藝。

19. 是的。

20. 如果他有決心償還，那麼負債累累有時反倒會成就他的事業。

21. 胸無大志。

22. 《聖經》；美國歷史；莎士比亞（William Shakespeare）的作品；《希臘羅馬名人傳》；《薩特‧瑞薩託傳》；《聖多瑪斯‧阿奎那傳》。

23. 當然。

24. 父母的生意很好，兒子可能會繼承父業。但若生意不好，那就要看時間、環境及條件了。

25. 做人要冷靜、誠實、講信用、有活力。

💬 查理斯‧史密斯

賓夕凡尼亞州費城。費城報社總編、前任美國郵政局局長、曾任美國駐俄羅斯大使。

1. 專注、堅韌不拔、有常識。

2. 是的。

3. 是的。

4. 不是。

5. 如果有機會的話，可以。

6. 想去就去吧。

7. 不是。

8. 很必要。

9. 是的。

10. 是的。

11. 都重要，但是能力更重要。有能力可以獲得經驗，經驗卻不能獲得能力。

12. 是的，時有發生。

13. 不。

14. 建議接受此行業的專業培訓。

15. 是的。

16. 是的。

17. 不是。

19. 是的。

20. 有風險，但也不是不可行的。

21. 不能專心致志。

22. 美國歷史；山繆爾‧斯邁爾斯的《自己拯救自己》；《湯姆‧布朗求學記》；《林肯傳》；《奮力向前》和《悲慘世界》。

25. 真實面對自己，誠實面對他人。

💬 查理斯‧弗林特 ────────────────────────

紐約市。美國橡膠公司財政官、機械橡膠公司財務委員會主席、多家銀行和公司的理事、前任駐尼加拉瓜和哥斯大黎加總領事。

2. 是的。

3. 不是。

4. 不是。

5. 那得視男孩的條件而定。男孩能力很強就可以搬去城市，若資質一般就不去了。

6. 若不是特別出類拔萃就沒有必要去。

7. 看他能力如何吧。

8. 是的。

10. 雖說如此，但不常發生。

11. 能力。

12. 不會。

13. 對於條件允許、並且刻苦讀書的男孩來說，高等教育是很必要

的，他會從中獲益非淺。他會學到知識、磨練能力，並達到一種心理平衡。教育能為他將來建立人際關係打下良好的基礎。但如果自身條件和家庭條件不允許，那他應早些開始賺錢，使物質上得到滿足，這可能會比上大學的結果更好。即使這個年輕人出身於富有的家庭，大學教育也不一定非有不可。如果他致力於學術研究，那他最好是上大學。否則他直接去工作就行了，按常理來說，大學教育不成功的人做生意也不會成功，畢竟成敗在相當程度上取決於他從大學教育中到底學到了什麼。關鍵問題不在於他是否讀過大學，而在於大學教育對他有什麼影響。

14. 他若是個勤奮、有抱負的孩子，上不上大學都會成功。

16 對於牧師、律師或醫生來說，要想在事業上有所建樹，必須接受高等教育。

18. 學手藝。

19. 是的

20. 是的

21. 能力差；有能力但狀態不穩定；揮霍無度。

22.《聖經》；莎士比亞的戲劇；麥考利的詩歌集；美國歷史；開發想像力的書；戈申的《論想像力的培養》。

24. 開始時不行，稍後可以。

敘述：成功的機會有很多，輕易就成功的人畢竟使少數。我要重申的是多數年輕人能力一般、家庭狀況中等，他們應該上大學。十七八歲以前上中學，十八歲以後上大學。也許會有些不利因素，但這並不影響他走向成功，奮鬥本身就是一個培養能力和塑造個性的過程。他會對此感到心滿意足的。有條真理亙古不變：不是機遇成就了人，而是人創造了機遇。

💬 查理斯・伊里亞德　法學博士 —————————————————

麻薩諸塞州劍橋。哈佛大學校長、作家。

1. 良好的先天體質，身體健康，工作專心致志，從很小就開始奮鬥。

2. 是的。

3. 不是，但對事業的熱愛有助於成功。

4. 不是。

5. 是的。

6. 視他的機遇而定。

7. 不。

8. 是的。

9. 是的。

10. 是的

11. 能力。

12. 能力可以創造機遇。

13. 是的。

14. 不。

15. 上學一直上到 18 歲。

16. 是的。

17. 不。

18. 經商。

19. 是的。

20. 自己手中沒有資本是行不通的。

21. 缺乏判斷力

23. 快速地略讀。

24. 是的，只要他自己願意就好

亨利・克魯斯 法學博士

紐約市。銀行家、美國地理協會及動物保護協會財務長、紐約工會聯盟俱樂部創始人之一、多家學會成員。

1. 保持謹慎，鍥而不捨，專心致志。

2. 當然。

3. 不全是，在相當程度上是這樣的。

4. 不是。

5. 是的。

7. 不。

8. 是的。

9. 是的。

10. 是的。

11. 能力。

12. 是的。

13. 不。

14. 不。

15. 是的。

16. 是的，無論如何也要這樣做。

17. 當然不是。

18. 這樣的年輕人或許比較適合學手藝或經商。

19. 如果替人工作的前途一片灰暗的話，可以這樣做。

20. 是的，不過前提他能籌到三五年內不作其他用處的資金。

21. 能力差，不能持之以恆。

22. 《聖經》；莎士比亞的作品；本國歷史；好的傳記文學；我寫的《在華爾街的 28 年》及《華爾街的視點》。

23. 是的

24. 最好不要。

25. 找一個適合自己的工作，努力工作；在清除一切工作中的阻礙後，你會發現自己身居社會上層，發展空間很大，前景光明。

約翰‧鄧肯誇肯布希　醫學博士

紐約市。精神疾病權威、醫學類叢書作家。

1. 我總是在義不容辭地履行我的職責。倘若我已獲得人們眼中的「成功」，我會把所有促使我成功的因素歸結為「效率」。

2. 通常是這樣的。

3. 不必要。

4. 我不會這樣做。

6. 一般說來不會。

7. 農業勞動本來就應該是吸引人的、收益頗豐的勞動，這樣才會使我們的年輕人願意留在農場。我們想讓年輕人從事農業勞動就應為他們提供良好的交通、良好的教育、還有良好的農業專科院校。

8. 依我之見，認真與誠實缺一不可。

9. 必須要有鍥而不捨的精神。

10. 是的。沒有熱愛就不能獲得真正的成功。

11. 才疏學淺、缺乏經驗、沒有天賦的人在工作中不會表現出色的。

12. 經驗與能力是事業成功的兩大要素。

13. 是的。

14. 是的，思路越廣，思維越活躍，工作成果就會越令人滿意。

15. 是的。

16. 從教育角度講，應該上大學。

17. 我絕對不會這麼做的。

18. 這得視情況而定。現如今胸無大志的平庸男孩，很可能會發展成為一個青年才俊。

19. 不以世俗的眼光來衡量某人的能力通常是明智之舉。

20. 不。

21. 判斷失誤。

22. 一部精彩的小說 ── 《亨利‧埃斯蒙德》；

一個動人的愛情故事 ── 《洛娜‧杜恩》；

一齣精彩的戲劇 ── 《威尼斯商人》；

一段精彩的歷史 ── 格林的《英國歷史》；

一首精彩的詩歌 ── 丁尼生的《公主》；

還有愛默生的《論文集》。

23. 毫無疑問，讀一份好的日報相當於找到了一個好老師。

🗨 喬治‧凱布林 ─────────────────

麻薩諸塞州北安普頓。作家、故鄉文化俱樂部創始人。

1. 我把成功的要素歸納為三個方面：一是不需要投入很多時間和財力就能獲得的某種特殊才能；二是勤奮的精神及嚴謹的工作態度；三是在校期間，全身心地投入，充滿對知識的熱愛。

2. 沒必要。他的喜好只能是要考慮的若干因素之一。

3. 不是。許多人成功的領域都不是他們的第一選擇。

4. 恐怕結果會很糟糕，至於為什麼，有很多原因涉及其中。

5. 先在附近的繁華小鎮中試一試，再依情況而定；或回到老家，或去更遠的地方。

6. 我建議他大膽嘗試，但要經過深思熟慮、權衡自身能力後再做決定。要記住：「三思而後行。」

7. 關鍵在於：「他為什麼不喜歡務農？」

8. 誠實守信對於做人來說很必要，但對於事業成功來說未必見得如此。

9. 不是，天才就不需要。不過成功對於普通人來說更加得之不易。沒有鍥而不捨的精神還能成功的人少之又少。

10. 熱愛自己工作的人，成功的機率是百分之九十；不熱愛自己工作的人，不成功的機率也是百分之九十。當然凡事都有例外。

11. 這要視具體情況而定，要看這個人自身的情況，兩者無法用來相比較。

12. 沒人能轉瞬間就獲得成功，經驗是透過累積得來的。

13. 那得看他從事的是什麼生意及男孩的個人素養如何。

14. 同上。

16. 是的。

17. 不是。還是讓願意讀書的孩子去上大學吧。

19. 我建議最好不要問太多人的意見。

20. 視具體情況而定，要看時機是否合適，地點是否適宜，是何種生意等等。

21. 莽撞行事後，沒有勇氣迷途知返。

22. 沒有「最佳」的讀書建議。該讀什麼書要依男孩的具體情況而定。不過「開卷有益」是不會錯的。

23. 十五歲以下的男孩沒必要天天讀報。那麼大的孩子應該做的是讀些書，培養好習慣。

25. 內在的成功更重要。沒有內在的主觀意識上的成功，外在的客觀條件上的成功是不穩定的。

約瑟夫·布雷肯里奇將軍

華盛頓哥倫比亞特區。美國軍隊總監察官、美國革命之子協會副會長、坎伯蘭陸軍協會及田納西陸軍協會副會長。

1. 我能小有所成，主要是因為工作比較簡單，身邊有朋友們的鼎力相助。我是個南方人，受亨利・克萊（Henry Clay）和《獨立宣言》起草人的影響，反對奴隸制度。1861年內戰爆發後，我毅然入伍從戎，從此一步一個腳印地走下來。

2. 對於多數年輕人來說，能用一生的時間去追求自己的理想是件極其幸運的事。每個人都有義務去履行自己的職責，事成之後，自然而然就開始對它產生興趣了。

3. 人不可能對什麼都瞭若指掌，而在不了解的情況下產生的興趣，不見得有多重要。成功的偶然性很大，並不是完全取決於個人的興趣和喜好。

4. 家長的判斷往往比孩子的判斷要更準確。家長是不會把沒有必要的東西強加給孩子的。

5. 男孩做事情應該先做好充分的準備。

6. 工作稱職的人堅持下去，會表現得更加出色。如果對自己的前途很有把握，那就換個地方發展。

7. 農場是個有利於男孩成長的地方，即使他不滿意也沒關係。多數男孩都不喜歡務農，也不喜歡需要毅力的工作，但是孩子必須具有持之以恆的精神，不能輕言放棄。

8. 不是，但最好還是做到誠信，對此我深信不疑。

9. 鍥而不捨是獲得成功的最好的保證。對於少數的天才來說，很難說什麼是成功的必要條件；天才也能做辛苦的工作，比如說像拿破崙那樣的天才就能做到鍥而不捨、孜孜不倦。

10. 熱愛自己的工作或全身心地投入當然更好，不過獲得成功的過程中運氣的成分更多些。

11. 能力。經驗對能力和機遇是個很好的補充。

12. 會的。也許在這個世界上，美國人就是最好的證明，他們沒有經驗，但卻成功了。

13. 是的。《名人錄》顯示出大學畢業生成功的機率有多大。中學和大學的教育如果利用得當，能訓練人的大腦思維，拓展人的思路。不過這一切都需要時間、金錢和機會。當然很多人無法提供這些條件以獲得上大學的機會，但最後也成功了。

14. 不，他可能會沒有時間。但如果他想上大學也得到了這個機會，我建議他在大學學些與技工行業有關的科目。德國人就是這麼做的。

15. 有機會就去吧。

16. 是的。

17. 如果他在大學裡能很適應，就應該強迫他去；否則，再好的機會也沒用。

18. 有機會就從事某種專業吧。

19. 是的。

20. 是的。

21. 缺乏準確的判斷力，運氣不夠好。

22.《聖經》；莎士比亞的作品；本國歷史；了解三個領域的常識：(1) 世界歷史 (2) 科學 (3) 法律。讀這些書是因為多數為成功而奮鬥的人都對以下五方面有所了解：宗教、文學、歷史、科學和法律。幾乎每個人除了了解自己的行業知識外都應或多或少對以上五方面有所了解。

23. 是的。

24. 是的。

25. 工作要勤奮；愛上帝；愛國；對朋友真誠相待。

🗨 羅伯特・奧格登

紐約市。約翰・沃那梅克公司零售商、作家、弗尼吉亞州漢普頓大學監管委員會主席、聯合神學院導師、阿拉巴馬州托斯卡機大學董事、紐約州賓夕法尼亞協會首任副會長。

1. 我無論在財力上還是在智力上都不能算是最成功的人士。我個人的成功要歸因於奮鬥、目標明確、持之以恆和勤勉刻苦。我身體健康，生活有節制，這一點很重要。我從教育程度比我高、比我有才華的人那裡學到了很多東西。

2. 是的。但是遵從個人喜好的同時還要考慮個人的才能如何。

3. 不是。很多男孩都在擇業後才明白自己喜歡什麼

4. 如果男孩的喜好對選擇一個好的職業有利，而且他明白自己想要什麼，那麼強迫他的行為就是非常不明智的。

5. 如果男孩居住在偏遠地區，他應該考慮到城市或環境較好的城鎮去謀求發展。

6. 不，除非他有過人之處。

7. 還是應該使他熱愛農業勞動。他不愛務農，說明對他的教育還不到位。

8. 是的。

9. 是的。

10. 是的。

11. 相對而言，經驗比較重要，但累積經驗很容易。

12. 不會。

13. 是的，前提條件是他有能力接受並消化高等教育。

14. 是的，讓他去著重學習一些有關技術類的課程，多了解些行業常識，這對他大有好處。

15. 是的。

16. 是的。

17. 不是。

18. 還是經商吧。

19. 應該慎重考慮。在大企業往往比在小企業有更多的發展機會。

20. 不。

21. 盲目發展和涉足不熟悉的行業。自負則是兩者的罪魁禍首。

22.《聖經》；莎士比亞的作品；有關美國歷史的書；有關英國歷史的書；麥克馬斯特的《美國人的歷史》。

23. 是的，大有益處。

24. 不。大多數情況下，他在父親眼中永遠只是一個兒子。

25. 信奉上帝，待人真誠。學好英語，永遠不要入不敷出。將美國人民的光榮歷史銘記在心，盡最大努力報效國家，「上帝和國家的利益高於一切。」

查理斯·派克赫斯特　神學博士

紐約市。麥迪森廣場長老教會牧師、作家、改革家。

1. 天賦及努力工作。

2. 是的。

3. 不是。

4. 不是。

5. 是的。

7. 不應該。

8. 不是。

9. 是的。

10. 是的。

11. 能力。

12. 不會。

13. 是的。

14. 是的。

15. 大學和技術學校都應該讀，多多益善。

16. 當然。

17. 不是。

18. 做哪行都無所謂。

19. 當然。

20. 風險很大。

21. 缺乏商業常識。

23. 是的。

24. 是的。

25. 勤奮工作；充滿熱情；信仰上帝。

🗨 弗雷德里克・克倫多　文科碩士 ──────────

密蘇里州聖路易斯。聖路易斯公共圖書館圖書管理員、曾任華盛頓大學教授、美國圖書館聯合會前任主席、經濟及社會學作家。

1. 聰明、勤勉、不屈不撓。

2. 當然。

3. 是的。對於從事藝術工作的人來說這是成功的必要條件。

4. 極其不明智。

5. 是的，如果他是個有能力、有抱負的男孩。

6. 不建議，除非小鎮真滿足不了他的需要。當領導者是成功的一種展現。在小地方，更容易當上領導者，可以為將來在大地方工作打下良好的基礎。而對於胸懷抱負但能力普通的男孩來說，情況則恰好相反：從大城市遷到一個規模小、較發達的新環境工作，更容易成功。因為在那裡，能力和教育程度方面的競爭相對較小。

7. 不應該。千萬別把男孩束縛在一個他不喜歡的地方工作。要是男孩全部留在農場工作，那要政治家和領導人又有什麼意義呢？

8. 是的。不過這裡的「誠信」是指在生意範圍內的「誠信」，而非道

德意義上「誠信」。

9. 它是最基本的要素之一。只有天才才不用做到鍥而不捨，不過沒有這種鍥而不捨、孜孜不倦的精神，即使有天賦也不能得到充分發揮。「天賦是一種可以無限發揮的能力，是偉人們想要力爭達到並保持的一個高度。」

10. 按常理來說，是的。不過，當然也有不少例外。不熱愛本職工作的人往往會錯失良機。

11. 有能力的人自然可以獲得經驗。

12. 不會，除非他的能力近乎於天才。不過如上所說，有能力的人想累積經驗很容易。

13. 視男孩自身條件和生活條件而定吧，自力謀生的男孩能唸完高中就已經很不錯了。

14. 按常理來說，不建議。學手藝要趁早，比開始經商或專業培訓都要早。所有的孩子在 12 到 14 歲之間都應該進行手工勞動培訓，然後再分流，決定將來的發展方向。

15. 要是由我決定的話，我會讓所有 6 到 12 或 14 歲的孩子在校接受手工勞動培訓，然後想從事技工行業的男孩繼續接受培訓，直到完全具有實際操作能力為止。

16. 如果代價不是很大的話，我還是建議他上大學。如果以健康來交換大學教育，那就得不償失了。

17. 絕對不是明智之舉。可以勸告，但絕不能勉強。勸他先試讀一年，多數情況下，男孩會在一年後選擇繼續讀下去；如果不行，一年之後再放棄。

18. 無論做什麼都要看男孩自身具體條件如何，其次還要看周圍環境如何。

19. 倘若男孩的經驗夠豐富，有何不可呢。

20. 那得看男孩有多大，資質如何，還得看機遇怎樣。倘若男孩年齡

尚不足 25 歲，那就要等累積了一些經驗和資本再說；但若恰逢良機，那就另當別論了。

21. 能力不足；其次是缺少活力，不夠勤奮。

22. 總統伊里亞德在一次演講中曾說過：「孩童時代的教育應使孩子們熱愛文學，這對孩子將來的智力發展大有益處。這方面的培養可能不是系統化的，但已經能夠達到初級教育的目的；倘若達不到此目的，那就是教育失敗。」推薦的書目：《天方夜譚》；《魯賓遜漂流記》；《伊利亞特》（布萊恩特譯）；《林肯傳》；《希臘羅馬名人傳》；莎士比亞的作品（或 8-12 部戲劇）和《悲慘世界》。還應讀一讀《聖經》；喜歡自然科學的男孩可以讀一讀自然科學的書籍或在此領域有所成就的人物傳記，他會受益非淺。讀阿拉貝拉・巴克利寫的《自然科學的奇境》，可以引起男孩對科學的興趣。

23. 沒必要，盡量別讓他養成讀日報的習慣。每週讀一次高品質的週刊就足夠了。

24. 可以，他對此感興趣就行。他若是個做事認真的孩子，這對父子倆來說都是件好事，不過最好還是在別的地方練手。

25. 孩子們，你們不可能都成為成功人士。成功指的是盡自己所能，即把生理上、心理上、情感上的力量發揮到極致。注意健康，透過做運動來強健你的體魄，但別為此忽視學業。養成讀書的好習慣，這不但有助於你獲得成功，還會像安東尼特羅羅普說的那樣：「透過讀書你可以獲得最大的快感，這是上帝賜予你的禮物。」為前途做好打算，鎖定自己的目標。志存高遠，胸懷大志，別低估自己的實力。有自信的凡人可以比缺乏自信的天才更有成就。千萬別說：「我不能」或「有什麼用呢？」之類的話。讀一讀雪梨・史密斯的《論勤奮與天才》，用年輕人的力量和活力除掉前進途中的障礙。成功的事業基礎是在人年輕的時候打下的。你們這些 15 歲的男孩現在正在進入人生的關鍵時期。你人生的事業如何取決

於你在今後十年中的所作所為。在這十年中，你可能發達也可能沒落。是成是敗，是幸福還是不幸，你會做何選擇？

💬 **約翰・德賴登** ——————————————————

紐澤西州紐華克。美國參議員、美國信誠人壽保險公司董事長。

1. 我的成功歸因於我對人壽保險的過去、現在和將來的理論研究；歸因於我的盡職盡責、細緻入微；歸因於我無視艱難險阻，對實現奮鬥目標的一如既往的信心；還歸因於我對生意夥伴的信心和絕對的信任。沒有他們的精誠合作及超凡的能力就沒有我今天的成功。

2. 毫無疑問。

3. 確實如此。

4. 父母在這方面的干涉是不合理的。應該讓男孩自己來主宰自己的命運，即使不幸失敗了，也應自己來承擔後果。總而言之，決定權應掌握在孩子手中，而非父母手中。

5. 通常情況下，在小一點的農村發揮才智要比在大城市裡成功的可能性大。總之，男孩在農村可以充分利用當地的條件進行發展，表現肯定會更加出色。

6. 農村的男孩在發達的小鎮或是小城市裡發展會比在大城市裡發展更加成功，因為在大城市裡，人才往往是供過於求。

7. 對男孩不能強人所難。家長應弄清楚孩子是否真地非常討厭農地工作。倘若他是真地對此反感，那就讓他在別的領域裡尋求出路吧。

8. 在做生意時要遵守「誠信」這一點，這是毋庸置疑的。用偷奸耍詐的手段換來的物質利益只是暫時的；只有用誠信換來的成功才能持久。

9. 沒有持之以恆、鍥而不捨的精神，不可能獲得真正的成功。

10. 不是全身心地投入，就不可能成功。

11. 沒有經驗哪裡能獲得能力呢？當然也有人與生俱來就有能力，但

即便如此，也需要久經考驗以獲得豐富的經驗作為能力的補充。

13. 堅決支持要接受大學教育，它在邁向成功的過程中起著不容忽視的作用。

14. 那要看他選擇的到底是哪個行業。不過整體上來說，高等教育對男孩的進步是利大於弊。

15. 在技術學校學習有很多好處。但在累積了足夠的經驗後再學理論，比先學理論再做事更好。

16. 是的。

17. 再沒有比這更糟糕的事了。即使有所得，在男孩的整個成長奮鬥過程中也是弊大於利。

18. 這樣的男孩當然應該學手藝。雖然條件有限，但容易成功；然而在經商或其他行業中，男孩注定要失敗。

19. 單槍匹馬闖蕩商海的人中沒幾個會成功，而在最需經受磨練的時候一味要求獨立，就會遭受失敗。

20. 在有某些前提條件限制的情況下，我較贊同年輕人借錢開創自己的人生。借錢僅用作擴大經營，絕對不能用於有風險的嘗試。這類的嘗試十之八九會以失敗告終，而且也會為將來的成功帶來不必要的負擔。

21. 經驗不足。

22. 首先要讀的是本關於人類生理衛生的教科書。健康、長壽是保持持久成功的前提。第二本書是斯波爾丁的《教育與優質生活》。生活的道德基礎預先決定了在將來的成功道路上男孩是想變得更好，而不是想要得更多。沒有這樣的思想基礎是不可能獲得真正的成功的。第三本書是赫伯特‧史賓賽的《社會學研究》，它可以幫助人們理解社會進步與墮落的規律。第四本書是詹姆斯‧布賴斯的《美利堅聯邦》，它有助於人們了解美國政府及其組織機構。第五本書是《總統信函集》（或是《美國歷史》），它有助於人們了解中國的政治發展和政策。第六本書是《美國年

度統計摘要》，它可以幫助人們了解經濟和社會的進步情況。

23. 是的。

24. 是的。

25. 孜孜不倦地工作，永遠不要喪失勇氣，對自己和自己的前途充滿信心。鑽研本專業，每天更上一層樓。熱愛、尊重自己的工作，對上司忠誠。堅信：三百六十行，行行出狀元。不要輕視物質上的成功，但也不要利慾薰心。成功的基礎是聰明、勤奮加每日一省。

💬 大衛‧喬丹　醫學博士，哲學博士

加利福尼亞州帕羅奧多。史丹佛大學校長、作家。

1. 我的成功首先歸因於我珍惜時間，分秒必爭；其次歸因於我做事專注，心思從不浪費在抽菸、喝酒之類的事情上；還有就是我做事細緻入微，注重細節。

2. 積極向上的愛好是可以的。我不會因為男孩愛吃糖就讓他成為糖果商。

3. 是的，但也有人可以同時致力於幾個方面。總之，工作需要有熱情存在。

4. 應該不是，但也有例外。

5. 個例可以。

7. 如果他有特殊愛好，情有可原。

8. 是的。

9. 是的。

10. 在一定程度上是。

11. 能力。

12. 會獲得經驗。

13. 如果他是個可造之才，當然應該上大學。

14. 同上。不過他在大學要學的是工程學，不是手藝。

15. 有培養價值就去。

16. 如果他有頭腦、有個性，我會送他去大學，因為那裡可以有多種選擇。

17. 如果男孩值得培養，就讓他意識到培養的價值所在。通常情況下，不愛上大學的男孩都不喜歡拉丁文。不過他可以找出自己喜歡的學科。多數人都不喜歡拉丁文，但也有喜歡的。

18. 視情況而定，學手藝的可能性較大。

19. 視條件而定。同樣的生意，大公司做就比小公司獲得的利潤多。

20. 基本不贊同，但也有例外。

21. 缺少道德。

22. 可以看的好書有很多。

23. 是的。

24. 這得取決於父子的具體情況。

25. 每天都要不懈地努力，以免日後後悔；加強自控力。

💬 俄亥俄·巴伯

俄亥俄州巴伯頓。鑽石火柴公司董事長、金融家。

1. 受父母的影響，我對自己的事業有著濃厚的興趣。父母教導我如何做事，告訴我要專注於自己的事業，不僅是為了賺錢也是為了在工作中獲得滿足感。

2. 是的。

3. 不是，認真的態度要比對某事的喜愛之情更重要。

4. 我認為不是。

5. 如果他有這個雄心壯志就去做吧。開闊視野、見多識廣是很必要的。

7. 要是因為懶惰而不喜歡務農的話，就讓他一直留在農場，直到他不再懶惰為止。

8. 是的，特別重要。

9. 是的。

10. 是的。

11. 有能力的人就能成功，而經驗會讓他如虎添翼。

12. 是的。

13. 良好的教育根本不會對成功造成妨礙。不過，兩個能力相當的男孩在高中畢業後一個直接開始經商；另一個先上大學再開始經商。其結果往往是先開始經商的那個男孩更加成功。

14. 掌握的知識越多，達成目標就越容易。不過，年輕人若在大學畢業後才開始學手藝就有點太晚了。想學手藝的的想法在大學畢業後通常都會發生改變。

15. 是的。

16. 是的。

17. 不是。

18. 我會送他一把鏟子，務農吧。

19. 是的。

20. 是的，只要他有勇氣、有精力、身體健康就行。

21. 不注重細節。

22. 《聖經》中有很多有用的知識，不過對於正處在這樣一個年齡層的人來說想要不落伍，成為生意場上的多面手，必須廣泛閱讀。男孩應該多讀多思考。生物學書或許對男孩會有所幫助。

23. 難說。如果男孩讀書時善於思考，那就有必要養成每天讀報紙的習慣；否則，只要每天讀讀新聞就可以了。

24. 是的，因為父親的經驗和建議對男孩大有幫助。

25. 誠實、正直，執著於自己的理想。不要養成惡習，交友要謹慎，因為「近朱者赤，近墨者黑」。做個堂堂正正的男子漢，像尊重自己的母親一樣尊重女性，這樣才可以贏得芳心，抱得美人歸。

💬 **湯瑪斯・布賴恩** ─────────────────

伊利諾州芝加哥。律師。芝加哥士兵之家主席，格斯藍公墓及忠誠託管公司創始人。哥倫比亞特區市長，曾任世界哥倫比亞博覽會副主席。工會聯盟俱樂部前任副主席。

1. 要在一生中堅持不懈地努力，去獲得成功。這裡的成功不是指家財萬貫、地位顯赫或是大權在握，而是指在生活瑣碎之中獲得的幸福，指從大自然、書籍及朋友那裡獲得的快樂與幸福。我唯一認可的成功就是這種成功，它不摻雜絲毫野心，正如人們所說：「芸芸眾生普通而平凡卻又各不相同，各自活出各自的精彩。」

2. 是的。

3. 不是必備條件，但是會有一定幫助。

4. 不是。

5. 如果有精力也有生意頭腦可以試試。

6. 所謂的「大城市」有著種種優勢，但前提是年輕人得有能力和準確的判斷力。否則還不如留在繁華的家鄉小鎮中發展，因為那裡有親朋好友的鼎力相助。在家鄉成功後可以再考慮換個新地方謀求發展。

7. 在他已經能明辨是非之後就不應該再強留他了。

8. 也許運用不正當手段可以發筆橫財，但要想獲得真正的豐厚的利潤還得依靠誠信。

9. 通常來說，是的。我用一首詩來回答：

不思不做無所獲，還需熱忱與執著。

10. 在執著的追求過程中獲得的喜悅感，可以激勵人們進一步取得成功。

11. 能力。真正有實力的人一定會取得成功；而經驗就不如能力那麼重要了。

12. 會的。因為能力比經驗更重要，有能力是獲得經驗的基礎。

13. 是的，調查資料表明教育是人們通往成功的橋樑，但大學教育並不是必不可少的。

14. 是的，原因在上面已經說過了。

15. 是的。

16. 是的。

17. 不是。

18. 在學手藝和經商之間選擇，除了考慮家庭及其他方面的條件外還應考慮男孩是否有動手能力或其他才能、他的品味如何及腦筋轉得快不快等因素。但是對於一個「無雄心壯志的普通男孩」來說還是不要選擇從事某種專業為好。

19. 若是個「既有能力又有經驗」的男孩，他完全有能力自己做出決定；若發現前景不錯，他可能就會去做。

20. 通常來說不建議他這樣做，因為在商界失敗的多，成功的少。一個「能力強經驗豐富，薪水待遇也較好」的年輕人會謹慎處理手中的資金，決不會完全依靠「借來的錢」。股票投資很普遍，如果男孩夠謹慎、夠精明，應該是很安全的。

21. 做事不謹慎，過於草率，急功近利。

22. 在男孩小時候，他的品味和理想會影響他對書的選擇；長大成人之後，僅次於《聖經》的書就是關於如何「生存於世」的書籍，它對男孩的發展大有幫助。要想培養讀書的習慣可以先從《魯賓遜漂流記》和桑福德與莫頓的書讀起，然後是《唐吉訶德》、蒙田的著作以及拉伯雷的作品等。要想讀嚴謹的宗教類的書，莫過於馬蒂諾的《基督徒的奮鬥史》。

23. 是的。

24. 是的，如果條件合適可以這樣做。父親會是一名最盡職的導師，他的經驗對於做同樣行業的兒子來說是無價之寶。

25. 信奉上帝，杜絕惡念；崇尚良知，追求真理；不拖不欠，永不賭博；謹慎細緻，絕不酗酒。

敘述：我對從軍入伍的年輕人所說的肺腑之言同樣適用於即將投入到生活的戰鬥中的年輕人。我要說的是：你們當中大多數人都是初涉「戰爭」，覺得自己不會隨波逐流。穿著軍服的你已不再是普通百姓。注意你的言行，不能惡言惡語。你可以毫不留情地對待你的敵人，但絕不能傷害你的朋友。心有惡念才會出口傷人。直言快語就像硬餅乾一樣可能不是什麼好吃的東西，但卻不會傷人；但粗言穢語就像讓人倒胃口的東西，令人難以下嚥，接受不了。你要像衛兵守衛營地一樣捍衛你的美德。記住，勇氣需要日積月累的磨練，虔誠的信仰就是最有效的「防彈衣」。讓美德成為你的指路明燈，即使是面臨槍林彈雨，仁愛之光也會依然照耀著你。讓良知成為你的最可靠的忠告者，即使在軍隊的鏗鏘聲和隆隆的槍炮聲中，你依然會聽到它的忠告：冷靜，別衝動。無論何時何地，永遠記住：最大的勝利就是戰勝你自己。

🗨 愛德華・惠勒　文科碩士

紐約市。《文摘》總編。韋斯特雷大學祕書、貸款協會會長、方克＆魏格納公司經理、作家。

1. 歸功於對工作的熱愛和對繁瑣、枯燥的工作的耐心。古代的拉丁姆人就曾告誡過後人：耐心和堅忍可以征服一切。有能力又有耐心的人無論做任何事都會是最後的大贏家。

2. 沒必要。選擇工作時主要考慮的是個人特質而非個人喜好。

3. 對於一般的成功而言不一定是必備條件，但對於高層次的成功來說則是必備條件。

4. 這是不明智的，除非迫不得已。人的一生中的樂趣主要來自於工作；否則就太可悲了。

8. 若是以金錢的多少來衡量「成功」，就未必是。

9. 當然。

10. 通常來說是的（當然也有例外）。

13. 視情況而定。麻薩諸塞州州長威廉 E. 羅素（William Eustis Russell）曾說過：「做什麼都可以謀生。但別忘了還有比『謀生』更重要的事，那就是『生活』。」大學教育可以教會人們如何去生活。

15. 是的。

16. 是的。

17. 通常來說，不是。

18. 那得看男孩的父親是從事什麼行業的，還要看父親能為兒子打下什麼樣的開端。

19. 是的，如果有合適的機會可以試一試。

20. 不太可能。

21. 缺乏常識或是在實踐中不能正確應用常識。

23. 是的。

25. 我會對他們說剛才在第 13 題中提到的威廉·E. 羅素所說的話。

💬 喬治·梅爾維爾　海軍上將

華盛頓哥倫比亞特區。美國海軍總工程師、北極探險家、發明家、美國機械工程師協會會長。

1. 歸因於堅韌不拔的精神和努力的工作。健康的父母給了我一個強健的體魄。

2. 是的。

3. 並不總是。

4. 不是。

5. 是的，因為若留在農村，除了務農別無其他出路。

6. 不會。

7. 不應該。

8. 是的。

9. 它是必不可少的。

10. 是的。

11. 能力。

12. 會的。

13. 是的。

14. 是的。

15. 是的。

16. 是的。

17. 不是。

18. 量體裁衣，根據個人實際情況做出決定。

19. 是的。

20. 是的。

21. 懶惰。

22. 研究一下歷史、物理和數學。

23. 是的。

24. 是的。

25. 做人要誠實、勤奮；待人要真誠；努力工作。

💬 **約翰・希爾** ────────────────────────

緬因州奧古斯塔。緬因州州長、奧古斯塔國家銀行行長、克奈伯克儲蓄銀行及多家電氣鐵路公司董事。

1. 盡可能利用一切機會，並要堅持不懈地努力。簡而言之，就是努力工作。

2. 是的。

3. 不是。

4. 不是。

5. 具體情況具體對待。如果他是一個有抱負、有能力的男孩，那麼他可以在大城市裡大展宏圖。

6. 若是在家鄉就有良好的機遇，就不建議他遷進大城市。

7. 不應該。

8. 並不是絕對地必不可少，不過，若以名譽掃地為代價換取成功，那成功又有什麼意義呢？

9. 是的。

10. 不儘然。不過可以促成成功。

11. 能力。經驗可以後天累積，但是能力是與生俱來的，後天的努力不能創造出能力。

12. 是的。沒有人生來就有經驗。

13. 不。不過主要還是要看他到底對哪一行感興趣。

14. 如果他只是想當技工，就沒必要上大學了。

15. 是的。如果他是個聰明、有理想的孩子，一心想成功，就應該去。

16. 是的。

17. 不是。

18. 學手藝。

19. 是的，機不可失。

20. 不建議，除非是天賜良機。

21. 荒廢生意，判斷失誤及揮霍無度。聰明、有恆心的人才容易成功。

22.《聖經》,《天路歷程》,班克羅福特的《美國歷史》,《英格蘭歷史》,華盛頓‧歐文的《華盛頓傳》及《魯賓遜漂流記》。

23. 是的。

24. 是的。

25. 要想成功就應該誠實、勤勞,充分利用機會。

霍李斯‧博特

內布拉斯加州俄馬哈。太平洋聯盟主席。

1. 勤奮。工作,工作再工作;工作,工作再工作。

3. 不是。

7. 不應該。

8. 是的。

9. 是的,是的,絕對是。

10. 不見得。

12. 是的。

16. 上大學對於多數行業來說還是有用的。

21. 不夠勤奮。

23. 是的。

25. 目標明確、持之以恆的奮鬥可以使你克服一切艱難險阻,最終取得成功。此外,不管上不上大學,都應該接受一定的必要的教育,以確保成功。

喬治‧蘇厄德

紐約市。忠誠意外傷害保險公司董事長、威爾森鋁製品公司副總經理。外交官。前任美國駐華大使;政治、經濟專題作家。

1. 做什麼事都力求做好。對自己有信心,對工作夥伴也有信心。力爭做個有用的人。目光要長遠一些。任何情況下都要有耐心。對人寬

容，做事方法得當。絕不投機。

2. 做為家長，我會盡量考慮自己的孩子到底適合做什麼，會全面考慮孩子的愛好，因為它有時可能會暗示我們孩子到底適不適合某種工作。

3. 不是。真正有能力的人做什麼事都能成功。人的性格對成功有很大的影響，就像能力的高低會影響努力的程度一樣。

4. 通情達理的父母不會強迫孩子做任何事。父母可以指導孩子，但不能採取家長制作風。

5. 別去大城市，但可以去大一點的城鎮；稍後再去大城市也不遲。

6. 同上。

8. 這是最基本的。

9. 勤奮工作並持之以恆，但不要操勞過度。

10. 一個人即使對手頭上的工作沒有特殊的熱愛也會願意做它。不過，如果不是對某事有特殊的興趣，很難會成功。

11. 缺乏經驗則能力上略顯欠缺，反之亦然。

12. 會成功，因為有能力的人可以向有經驗的人學習。

13. 良好的教育很必要，能讀還是讀吧。

14. 是的，因為這可以使他有能力做到更高的職位。

15. 當然。

16. 當然。

17. 不要強迫孩子，引導他，指導他。

18. 最後，事業有成的人往往是那些曾經很普通的男孩，只不過在啟蒙階段他們需要有更多的引導。

19. 通常來說最好是獨立經營。

20. 有的時候這是個不錯的選擇。

21. 缺乏實際判斷能力，並且性格上有缺欠。

22. 選擇最適合他的行業的書來讀。

23. 是的，要有選擇性地讀。

24. 按常理來說，是的。父親當然會比其他人更能提供幫助。

25. 入行要謹慎。做人要誠信。盡忠職守。做有意義的事。學會付出辛苦，學會耐心等待。做一個全面發展的人。懂得「守得雲開見月明」的道理。「禍兮福所依，福兮禍所伏。」

💬 保羅・達納

紐約市。紐約《太陽報》和《太陽晚報》主編。

1. 有利的條件，適當的培訓及才能。

2. 為什麼不呢？

3. 不是。

4. 也許是吧。

5. 成功源於其他方面，而非所謂的「事業」。

6. 同上。

8. 駭客算是「成功」的嗎？

9. 未必見得。

10. 不是。

11. 兩者缺一不可。

12. 也許吧。

13. 是的。

14. 是的。

15. 是的。

16. 是的。

17. 在相當程度上是。

19. 也許會吧。

20. 可能不會。

21. 正如貴格會教徒說的那樣，不考慮自身的能力就貿然從業。

22. 只要是他沒讀過的書就行。

23. 是的。

24. 是的。

25. 凡事努力做到好，並一直堅持這樣做下去。

💬 威廉‧克拉普 ────────────────

麻薩諸塞州納貝德福。萬速達棉紡廠總經理、納貝德福儲蓄部總經理。

1. 事前精心策劃，做事信心十足，工作時自動自覺、持之以恆、全力以赴。

2. 是的。

3. 是的。

4. 我不會那樣做。

5. 要根據男孩自身的性情、能力及理想而定。

6. 不。在繁榮的小鎮或是小城市裡的機會比在大城市裡多得多。如果男孩在小鎮裡都不能成功，那在大城市裡境況會更糟。

8. 非常必要。

9. 是的。

10. 不熱愛本職工作的人是不會成功的。

13. 是的。如果時間等條件允許，上大學會使他受益非淺。

15. 是的。

16. 是的。

17. 不是。如果男孩不甘、情不願地上大學，只是為了使家人高興，或是被指望能從中獲利，那他就是在浪費時間和金錢，結果是弊大於利。

18. 學手藝。

19. 是的，他會因此而變得更加認真和獨立。

20. 不要完全依靠借款。他最好是等一段時間，自己攢些錢再做。

21. 做事不夠專注；無知。

23. 是的。

24. 父親不要做他的頂頭上司。受不熟悉的人的領導反而更容易學會遵規守矩。

25. 要想成功就要遵紀守法、做個好公民，要有健全的人格，還要做個虔誠的基督徒；要想成功就要吃苦耐勞、頭腦聰明；還要有一顆勇敢、純潔的心。

🗨 喬治‧威廉

紐約市。國家化學銀行行長、多家金融慈善機構董事。

1. 誠實，還有神的眷顧。

2. 是的。

3. 並不完全是。

4. 不是。

5. 如果他能有足夠堅強的意志抵抗都市的誘惑那就去吧。

6. 不。

7. 不。

8. 絕對必要。

9. 是的。

10. 只要忠於職守就好。

11. 經驗。

12. 只要他有累積經驗的想法，就能成功。

13. 條件允許的話還是去吧。

14. 不。

15. 是的。

16. 是的。

17. 不是。

18. 學手藝。

19. 是的。

20. 不。

21. 不忠實。

22.《聖經》、《失樂園》、歐文的《見聞札記》、莎士比亞的作品，《富蘭克林傳》、《古老的宗教崇拜探究》。

23. 是的。

24. 是的。

25. 無論何時何地都要剛正不阿。

💬 愛德溫・西弗

麻薩諸塞州波士頓。波士頓公立學校總監。

1. 執著於自己的事業，盡自己的最大所能把它做到盡善盡美。但要注意「貪多嚼不爛」。

2. 是的。

3. 不一定。有時候事情並不像想像中那麼乏味。

4. 不是。

5. 如果去到大城市後形單影支、無親無故，還是不要去；如果情形較好，可以去。

6. 同上。

7. 那得看他為什麼不喜歡。如果處理得當，多數男孩還是會願意留在農場的。

8. 你所說的「事業成功」是指什麼？憑藉誠信可以換來真正的成功；但投機取巧也可以賺來大把的錢。

9. 是的。

10. 是的。

11. 兩者缺一不可。

12. 不會。

13. 還是得視男孩的自身條件和身處的環境而定。

14. 不。

15. 是的。

16. 是的。

17. 不是。

18. 對於這樣的男孩不用提什麼建議，他能做點什麼就做點什麼。

19. 是的，除非其他方面的條件不允許。

20. 不，除非真是天賜良機。

21. 太急功近利。

22. 《聖經》、莎士比亞的作品、司各特的詩、丁尼生的詩、《雙城記》、《湯姆叔叔的小屋》。另外，還要讀希臘歷史，羅馬歷史，英國歷史及美國歷史。

23. 只要不花太多時間在這上面就行。

25. 對工作認真負責，誠實守信；盡力做好每件事；盡可能地對他人伸出援助之手。

🗨 湯瑪斯‧巴德

加利福尼亞州懷尼米。美國參議員。

1. 工作勤奮，懂得適時抓住機遇。

2. 是的，不過事先要徵求一下父母、監護人或是好友的意見。要弄清是「喜歡」還是「一時的衝動」。

3. 不是，這種情況只在藝術界例外。

4. 不是。

5. 不，除非大城市有培訓或教育方面的優勢，機遇也很多。

6. 不，除非如上所說。

7. 個人喜好不足以作為選擇工作憑據。

8. 完全必要。

9. 千真萬確。

10. 有些工作就不需要。不過他得對工作用心。

11. 經驗。

12. 有時會。

13. 若是時間和金錢上不是問題，還是讀吧。他若是確定將來即使在接受專業培訓後也要子承父業，那就可以用些時間來學習。

14. 不。

15. 是的，要趁早。

16. 當然。

17. 有時是的。

18. 經商。

19. 當然。

20. 不，除非有難得一遇的機會。

21. 沒個性。

22. 首當其衝是《聖經》。

23. 是的。

24. 是的。

25. 真實面對自己。真誠做事。多存點錢，但別太吝嗇。合理支配金錢，不要浪費一分一毫。工作之餘要學會享受生活，杜絕一切不良嗜好，充實精神生活，培養文學、音樂、藝術等方面的愛好。

💬 **愛德華・勞特百奇** ─────────────

紐約市。律師。勞得利、勞特百奇＆強生律師事物所成員；莫里斯・格勞戲劇公司副總經理兼董事、太平洋郵船公司副總經理兼律師、多家紐約公共汽車公司董事。

1. 有一批弄潮兒創業致富，我觀察了很久，也成了其中的一員，並從中得到了甜頭。

2. 當然。

3. 不是必不可少的。

4. 不是。

5. 是的。他也可以去其他國家去尋找更廣闊的前景。

6. 不。

7. 如果在農場工作有較好的發展前景，就不用過多考慮去大城市發展。

8. 當然。

9. 當然。

10. 是的。

11. 經驗。

12. 有時會。

13. 是的。

14. 課程若不是很冗長，可以。

15. 當然。

16. 毫無疑問。

17. 不是。

18. 學手藝。

19. 是的。

20. 是的。

21. 缺乏鍥而不捨的精神，面對困難的挑戰不是去克服它而是選擇屈服。

22.《聖經》；莎士比亞的作品；帕森斯的關於合約的著作；班傑明的關於行銷學的著作。即使男孩沒想當律師，讀讀這類的書也大有益處。還有就是狄更斯的作品及美國歷史叢書。

23. 當然。

24. 是的。

25. 擇業時要考慮的是你的自身條件而非個人喜好；並且要不懈地努力下去。面對挫折不要灰心喪氣，而是要樂觀面對。

威廉‧穆迪 ──────────────

華盛頓哥倫比亞特區。海軍部長。

2. 是的，首先要看自己是否符合條件要求。

3. 是的。

4. 不是。

7. 不應該。

8. 絕對是。

9. 是的。

10. 是的。

11. 能力是必備條件，而經驗只是造成推波助瀾的作用。

12. 不會。有了能力和機遇後可以獲得經驗。

14. 不。

15. 是的。

16. 是的。

17. 有時是，要視具體情況而定。

21. 不夠勤奮，這可能由多種原因造成的。

23. 是的。

24. 如果能受到一視同仁的對待、不搞特殊化，可以。

💬 雅各‧里斯 ——————————————————————

紐約市。新聞作者、作家、改革家、慈善家、紐約政府慈善組織執行長官。積極宣導自治運動，主張施惠於民。

1. 首先要感謝我的妻子；其次要歸功於我的堅韌不拔的精神。如果從做生意賺錢方面講我並不成功，因為我依然是個窮人。

2. 他若有個人喜好可以考慮。

3. 不是。

4. 當然不是。

5. 人貴自立。他要是覺得有必要走就讓他走吧。

6. 我本人討厭「去大城市」，不過我的想法不能左右他人。他如果一定要走，我也不反對。

7. 讓他愛上農場吧。

8. 毫無疑問。

9. 我就是這樣做的。沒有這種精神將一事無成。

10. 應該是吧。

11. 能力。

12. 有些情況下是可以的。

14. 不。

15. 是的。

16. 是的。

17. 當然不是。這也是為什麼現在會有這麼多從高等學府出來的人都是「白痴」。

18. 學手藝。

19. 我覺得可以。

20. 不，決不。

21. 缺乏進取精神，終日裡遊手好閒、精神空虛。

22. 《約翰·哈利法克斯先生》是其中之一。而最應該讀的書應是《聖經》。

23. 是的。

25. 羅斯福的忠告：「不要退縮，不要自欺欺人。凡事要勇敢面對」。他的人生法則是：「做事要誠信，名利則如過眼雲煙」。

查理斯·西蒙頓

南卡羅萊納州查爾斯頓。美國巡迴法庭法官、城市公立學校委員會會長、律師、作家。

1. 當初我孤立無援，全靠上帝助我成功。

2. 是的。

3. 不是，很多沒有明顯個人喜好的人也都成功了。

4. 極端地不明智。

5. 是的。

6. 我覺得還是應該從家鄉做起。

7. 不。

8. 我就是這樣來做的，靠誠信獲得一個更廣義上的成功。

9. 這是最重要的因素。

10. 要想做到最好當然需要。

11. 能力，因為經驗可以後天累積。

12. 不會。

13. 不。

14. 是的。

15. 是的。

16. 必須要這樣做。

17. 不是。

18. 學手藝。

19. 是的。

20. 是的。

21. 奮鬥過程中目標不明確，不會很好地自我控制。

22. 《聖經》；莎士比亞的作品；《天路歷程》；格林的《英國歷史》；《湯姆‧布朗求學記》及麥考利的作品。

23. 是的。

24. 視父親的性格而定吧。

25. 一旦認定了自己要做的事是正確的，就勇往直前地堅持到底。

約瑟夫‧傑弗遜　文科碩士

麻薩諸塞州禿鷹灣。演員、作家。

1. 歸因於我對職業的熱愛，充分意識到它的作用；盡己所能地忠實於大眾。

2. 是的。

3. 是的，非常肯定。

4. 當然不是。

5. 是的。

6. 不。

7. 不，沒人能把自己不喜歡的工作做得很出色。

8. 的確如此。

9. 是的。

10. 是的。

11. 都重要。

12. 不會太成功。

13. 是的。

14. 不。

15. 當然。

16. 是的。

17. 不是。

18. 學手藝。

19. 如果他清楚自己在做什麼，可以去做。

20. 不，借錢不利於發展。

21. 懶惰和虛榮。

22. 赫伯特‧史賓賽的《教育》；吉伯特‧漢默頓的《知性人生》；成年人應該讀莎士比亞的作品；波普的作品；《古蘭經》；孔子的著作及《聖經》。

23. 是的。

24. 一般說來，是的。

25. 不受不良風氣影響；心中始終充滿熱情；不要傷害任何人，尤其是女人。真理是最有力的武器，它使人們獲得尊重與勇氣。在保障自身安全的前提下盡可能地做好事幫助別人。讀一讀在《哈姆雷特》(*Hamlet*)中波洛涅斯給他的兒子的忠告。

💬 莫里斯 ────────────

賓州費城。芝柏信託公司董事長。

2. 是的。

3. 不是。

4. 不是。

5. 是的。

6. 不。

8. 當然。

9. 是的。

10. 是的。

13. 不。

14. 不。

15. 是的。

16. 是的。

17. 不是。

19. 是的。

25. 先決定好自己要做什麼，仔細鑽研它並堅持不懈。

💬 **塞繆爾・萊姆利上校** ——————————————————————

華盛頓哥倫比亞特區。美國海軍軍法處長。

1. 我目前的職業如果算作是一種成功的話，那要歸功於運氣好、能力強及不屈不撓的精神。

2. 是的。

3. 是的。

4. 不是。

5. 男孩若有勇氣就去吧。

6. 不。

7. 他若有其他才能或喜好可以離開。

8. 是的。

9. 是的。

10. 是的。

11. 經驗。

12. 個別情況下可以成功。

13. 不。

14. 不。

15. 是的。

16. 是的。

17. 不是。

18. 如果乾什麼都不能取得巨大成功的話就經商吧。

19. 是的。

20. 是的。

21. 缺乏勇氣。

22. 《聖經》；哈樂的《沒有國籍的人》；《勢利小人集》；薩克雷的作品；莎士比亞的作品；馬克‧吐溫的《傻子旅行記》和關於本國歷史的書籍。

23. 是的。

24. 如無特殊興趣就不要這樣做。

25. 熱愛你的國家。

詹姆斯‧坎菲爾德　文科碩士，法學博士

紐約市。哥倫比亞大學圖書管理員。曾任俄亥俄大學校長、堪薩斯州和內布拉斯加州教師協會及全國教育協會前任主席。

1. 機遇始終眷顧著我；父親對我的諄諄教誨；我的妻子時時激勵著我上進；還有，我的朋友們對我的關愛和激賞讓我無以言表。

2. 是的，因為男孩過了十六歲就開始有了自己的想法，當然也有例外。

3. 我認為不是。美國人是一個善於思索的民族，一個人在嘗試過幾個地方之後很容易就能找到真正適合自己的位置。

4. 極各別的情況下可能是，其可能性幾乎為零。

5. 或許在繁榮一點的小鎮工作會更好一些；如果有要去大城市發展的理想，等長大後去也可以。

6. 同上。

7. 不。

8. 是的。

9. 是的。

10. 如果想獲得最大的成功，是得這樣。

11. 兩者缺一不可。剛開始起步時可以沒有經驗（這是很正常的）；但是若沒有能力，則寸步難行。

12. 沒有累積的經驗，能力很難得到發揮；兩者不可切開來看，只不過有的人這方面多些，有的人那方面多些。

13. 總體說來是的。主要還是取決於男孩自己。

14. 上大學或是技術學校。

15. 是的。

16. 是的。

17. 若是強人所難，則不是明智之舉。

18. 我會建議他多接受些教育，這樣可以更加認清自己。很多傑出人士都曾經是「普通男孩」。

19. 是的。如果他在一所大企業裡身居要職，所能達到的成就與自己單獨經營的成就沒什麼差別，那就沒這個必要了。

20. 雖然我認為正常的企業資本與貸款沒什麼區別，但還是要小心謹慎。參見第 19 題答案。

21. 想成就大事卻無知、怠惰且缺乏耐心，就會導致失敗。

23. 是的，讀報時取其精華去其糟粕。

24. 如果父親不會干涉兒子的正常工作和人際交往，或是父親的確需

要兒子的幫忙，可以考慮這樣做。等兒子在別的地方有所成就後再和父親聯手也不遲。不過即使是這樣，我仍對此抱有懷疑的態度。

25. 無論何時何地都要相信上帝，相信你自己；無所畏懼，謹防邪惡與卑鄙；做任何事都要全力以赴。

敘述：參見本人撰寫的小冊子《困擾大學生的問題》，麥米倫出版社出版，紐約。

💬 查理斯‧薩克斯頓

紐約州克萊德。紐約州索賠法院庭長、紐約州前任副州長。

1. 這個問題很難用三言兩語來回答。現在我所取得的小小成就似乎是歸功於早年大量的廣泛的閱讀。那時我還很年輕，不到二十歲，服役期間正趕上內戰，在戰爭中我親眼看到了什麼是人性及人生真實的一面。當然這樣的經歷不是人人都有的。我提到它只是想說明對成功有幫助的東西不僅可以從書本裡學到，還可以從與人的交往中及對日常生活的觀察中學到。

2. 如果男孩對某行業有特殊的興趣，而且不是一時的衝動，那麼在他選擇就業時，就應該把他的興趣考慮進去。不過我們不能對男孩的期望過高，指望他能對自己做出完全正確的判斷。通常來說，經驗豐富的人更容易對男孩做出公正的評判，對於男孩的興趣、喜好應該審慎對待。

3. 不是。年輕人可能對某種事物有著濃厚的興趣，但可能更適合從事另外一種行業。

4. 不是。

5. 這完全取決於男孩自己。今天的都市中有很多成功人士都是出生於農村地區，他們憑藉道德、精神方面的良好素養，克服一切艱難險阻取得成功，當然他們畢竟還是屬於少數。不過，依我之見，普通的男孩最好還是留在鄉下發展較好，在那裡他們可以做點小生意。

6. 不，除非他對自己了解得十分清楚，確信自己能成功。

7. 不。

8. 毫無疑問。

9. 當然，否則無法成功。

10. 是的，一個人若是不喜歡他的工作，十有八九會採取逃避的態度。

11. 天生的能力是基礎，上層結構則由經驗所包含的知識與智慧來形成。

12. 不會，只有在有了經驗並用經驗使能力得到提高以後，才能成功。

13. 視情況而定。我認為即使教育不能直接使人賺大錢，但它能拓寬人的思路，從而使人把握更多的機會，得到更多的幸福。如果一個人想憑藉大學文憑找到滿意的工作，還不如多花點時間累積經驗，這對將來大有好處。

14. 我當然不會建議他去學傳統的課程。

15. 雙手贊成。

16. 是的。

17. 不是。

18. 那得看男孩自己的意思。我曾見過普通平庸的男孩後來在事業上非常成功的例子，不過，他們都是用遠大志向激勵自己成功的。

19. 是的，前提是他得是個經驗豐富、深謀遠慮、會精打細算且穩紮穩打的人。

20. 不。如果他目前的薪水還不錯，還不如先自己攢點錢再開創自己的事業；當然也不乏靠借來的錢發家的特例。

21. 辦事不嚴謹就會導致失敗，因為它會無一例外地導致冒險性投機，損失的不僅是自己的錢，還有他的委託人的錢。

22. 我覺得凡是喜歡讀書的男孩都會讀《聖經》；莎士比亞的作品。在我年輕的時候曾讀過《塊肉餘生記》、麥考利的《英國歷史》、莫特利（John Lothrop Motley）的《荷蘭共和國的興起》（*The Rise of the Dutch Republic*）、科爾頓的《亨利·克萊傳》、沃特的《派翠克亨利傳》和丁尼生的詩。現在想起來，我從這些書中得到很大的啟迪。

23. 是的。他應該跟上時代的步伐。

24. 當然，視實際情況而定吧。其實很多男孩都秉承了父親的才華，從小在家族事業的氛圍中長大並受其影響。這樣的男孩最好是繼承父業，因為他對業務已非常熟悉。

25. 做個勇敢、誠實、善良的人；對朋友忠誠，對工作盡忠職守。盡可能多吸收知識，但別忘了，學習的主要目的不是掌握課本知識，而是獲得智慧。做一個善良、受人尊敬、真實不做作、有愛心的人遠比獲得名利更重要。

💬 **威廉·哈珀　哲學博士，法學博士** ——————————

伊利諾州芝加哥。芝加哥大學校長、作家。

1. 歸因於勤奮工作。

2. 是的。

3. 不必要。經驗的影響力更大。

5. 在某種情況下是的。

6. 不。

7. 不。

8. 是的。

9. 是的。

10. 是的。

11. 很難說。

12. 是的。

13. 是的。

14. 是的。

15. 是的。

16. 是的。

17. 是的。

23. 是的。

🗨 查理斯・巴丁

威斯康辛州麥迪森。威斯康辛州最高法院法官。

1. 首先要感謝父親對我的諄諄教誨和母親的大力支持，他們教我要做個勤奮、節儉、誠實的人。其次還和我的勤奮工作、值得信賴、隨時隨地為他人服務及工作有效率等有關。人們似乎就是這麼看我的。

2. 完全如此。

3. 不是。

4. 不是。

5. 取決於男孩。通常來說，不建議。當然也有例外。

6. 不。

7. 普遍觀點是「不應該」。

8. 是的。

9. 是的。

10. 是的。

11. 經驗。

12. 沒有經驗也能成功純屬偶然。

13. 通常來說是的。

14. 能去的話就去吧。

15. 是的。

16. 當然。

17. 不是。

18. 還是學手藝吧。

19. 是的。

20. 是的。

21. 奢侈浪費。

22. 莎士比亞的作品；神話故事；麥考利的作品；《亞當貝德》；《社會生活研究》；《聖經》。

23. 是的。

24. 是的。

25. 無論何時都要做到誠實、節儉、勤奮。生活要有節制；做生意要守時；記住「沉默是金」。

🗨 弗雷德里克・安德伍德

紐約市。伊利鐵路局局長。

1. 機遇，勤奮還有誠信。

2. 如果他的目標明確且合理，當然可以。

3. 不是，在各種情況下都能應對自如的能力才重要。

4. 不是。

5. 不，除非他的素養真的很高。

6. 不。要去也要等他已經有了一個開端再去，因為在大城市裡生手到處都是。

7. 沒有哪個男孩從一開始就喜歡務農的，他的喜好需要慢慢培養。

8. 對我而言是的。

9. 才智更重要。

10. 不是，他只要能適應就好。

11. 能力。經驗並不總是必不可少的。

12. 是的，不過需要反覆嘗試幾次才能成功。

13. 若是有能力讀書且有足夠的耐心等待畢業就可以去讀大學。

14. 不，去技術學校吧。

15. 夠聰明的話就去吧。

16. 當然。

17. 不是。

18. 學手藝。

19. 是的。

20. 視借錢的條件而定。

21. 對眼前的狀況及將來的前景一無所知；缺乏能力；不誠信。

22. 一本好的宗教歷史書；一本好的古代史書；一本好的現代史書；一本好的旅遊書；一本好的禮儀方面的書；一本好的修辭學書及一本好的小說。

23. 不，那是在浪費時間。

25. 做人要冷靜、誠實、勤奮，為他人著想，無論何時都要彬彬有禮。

富爾特斯教授　哲學博士，土木工程師

紐約州伊薩卡。康乃爾大學土木工程學院院長、衛生工程學院教授、曾任波多黎各西區公共工程主管、紐約勞頓水道部工程師。

1. 首先歸因於「黃金法則」，主要還是歸因於對事業的專注，永不退縮的執著和大公無私。

2. 男孩的喜好可能是不成熟的，這一點值得人注意；但是天才則另當別論。

3. 毫無疑問，成功需要人的興趣、好奇心和不懈的努力。

4. 不是。很多所謂「出色的男孩」最後都失敗了，主要是因為他們的父母強迫他們去做不適合自己的事。

5. 人都懼怕孤單無助，迫切需要投身到社交圈當中，因此他應該離開偏僻的地區，搬到人群密集的地方去住。

6. 只要是有活力的年輕人，即使是在繁榮的小鎮，也會大有前途。

7. 不。即使是再優秀的人，若被強迫留在農場也不會有前途。

8. 無論想做成任何事，絕對的誠信都是必不可少的。

9. 是的，否則懶惰的人也能成功了，而這是不可能的。

10. 大體上來說是必不可少的；但是鍥而不捨的堅持可以替代熱愛之情。對某種職業的熱愛只能造成促進的作用。

11. 兩者都重要。不過能力指導行為、決定經驗的價值，而才智讓人的雙手變得靈巧。

12. 這要看在哪個工作領域。不過經驗還是很必要的。

13. 是的，不過他要腳踏實地學習有實用性的知識。

14. 是的。我無法想像沒有人情味的社會會是什麼樣子。缺少教育的人會很自私自利，缺少高貴的品質。

15. 答案同第 13 題和第 14 題。

16. 當然。不過需要經過謹慎的考慮。普通的大學課程耗時太長，而技術培訓時間又太短。我們教育中的弊端把有天分的人變成了庸才，有嚴重的誤導傾向。

17. 我不認為強迫手段有什麼好處。不太聰明的孩子或是能力差的孩子在其他不需要過多才智的地方可以表現得很好。

18. 普通的孩子就做普通的工作。沒有什麼理想抱負的孩子就學點手藝，在師傅的指導下工作；如果他的抱負得以施展，將來很可能會成為一名商人；而從事專業的隊伍中已經有太多的「凡夫俗子」，他沒必要再加入了。

19. 是的，因為之前他已經顯示出他的才華了。

20. 那得看在什麼情況下借的錢。如果條件允許，請參照上題答案。

21. 缺乏活力、不誠實、能力差；還有就是過度地自私、自負。

22. 我會推薦《希臘羅馬名人傳》。除此之外，還有成千上萬的好書可以讀。

23. 報紙一直都發揮著巨大的教育作用，影響著一代又一代的人。但好的東西未必對人人都有利，比如適合大學生讀的報紙未必也適合小孩讀。

24. 在孩子對其他行業產生興趣時，父母強迫他們回來接手家族事業，雖然有時是不得已而為之，但這種做法是極其錯誤的。

25. 保衛國家榮譽；誠實面對自己。

敘述：要誠實、善良，做事要三思而後行。控制好自己的情緒；不要對什麼都欣然接受。心中時刻充滿著希望；尊重他人意見；守信。記住禮貌是回報最高的投資。別輕視那些與你意見不一致的人。記住再有力的雄辯也不能說服別人，因為他的想法是根深蒂固的；要想說服別人，必須讓他信賴你，而不是告訴他你覺得自己有多麼正確；雄辯術只是一個小把戲，能幫你理清自己的思路。很多人不必強制別人改變想法就能與他人和平共處。相信人的本性，世界上還是好人多；人再邪惡也不會無緣無故拒絕你的好意。人生來就是不完美的，別以完美的眼光挑剔別人。如果你想得到別人的尊重，那就得尊重別人。盡量保持身心的純潔。這麼做的確有些困難，但再沒有比這更有百利而無一害的事了。

亨利・布克斯泰弗

紐約市。律師。紐約最高法院前任法官。

1. 歸因於各方面的充分準備，其中包括勤奮刻苦、持之以恆及精益求精的精神。

2. 通常來說是的，但具體情況還得具體分析。

3. 不是。

4. 不是。

6. 不。

7. 倘若男孩沒有抱負、沒有能力也沒有活力，那他還是留在農場吧。

8. 的確如此。

9. 我就是這樣的。

10. 對工作的熱愛很重要，但不是必需的。

11. 能力。

12. 把能力付諸實踐後就是經驗。

13. 是的。

14. 如果他有時間和財力就去讀吧。

15. 是的。

16. 當然。

18. 這得看他的社會地位、實際能力和財力多寡。

19. 是的。

21. 不夠專注。

22. 《聖經》、《大英百科全書》、莎士比亞的作品、《格林童話》、班克羅福特的歷史著作及《伊索寓言》。

23. 是的，但別花太多時間在這上面。

24. 是的。

25 勤奮工作吧。

💬 **休·克雷格** ─────────────────────────────

加利福尼亞州聖法蘭西斯科。商會會長。

1. (a) 父母的諄諄教誨 (b) 從十八歲起就開始自謀生路。

2. 當然。

3. 不是。

4. 當然不是。

5. 無論如何都讓他試一試。

6. 不。

7. 不。

8. 誠信是必須要有的；成功是逐漸獲得的。

9. 當然。

10. 這是毫無疑問的，但也可以從更廣義上來理解。

11. 經驗占 60%，能力占 40%。

12. 經驗是日積月累得來的。

13. 不。

14. 不。強迫上大學沒什麼好處。

15. 如果父母負擔得起學費，而男孩又沒有其他更好的機會，當然可以去。

16. 當然。不過我建議他最好還是學會一技之長。

17. 當然不是。

18. 學手藝吧。

19. 不，最好是找機會與他的老闆或上司合夥一起做。

20. 不，不要借錢經商。

21. 粗心大意和為所欲為。

22. 《聖經》，用心去讀，領會耶穌的教誨。莎士比亞的作品；彭斯的詩；格林的《英國歷史》；《美國歷史》；精彩的小說。

23. 當然，但別只讀一種報紙。

24. 不。

25. 做你自己，讓上帝指引你找尋真理。無論第一份工作多麼卑微都

要用心去做，好工作就會接踵而來。僱傭者和老闆都喜歡有工作熱忱的年輕人。與女性保持良好的關係，陪她們讀書、聽音樂，在有能力成家的時候組建自己的小家庭，娶你最中意的人，能有一間自己的房子就更好了。到那時，你的小家就是你的人間天堂。

💬 湯瑪斯·派特森

科羅拉多州丹佛。美國參議員、律師、《洛磯山報》主編。

1. 有成功的欲望，並利用一切正當手段獲取成功。

2. 可以，除非生理上的殘疾不允許，或是該工作的職業道德值得質疑。

3. 不是。一個人可以憑藉鍥而不捨的精神和超強的適應性獲得成功。

4. 這麼做是不明智的。

5. 建議他去到城市或是離城市較近的地區工作，隨著自身能力的提高，成功的機遇自然會來臨。

6. 我不會這麼做。等他再大些或是長大成人後，由他自己來判斷大城市是否適合自己。

7. 如果有其他好機會就不用留下來。

8. 這倒不是必要因素，不過沒有誠信的成功不會十分令人滿意的。

9. 不是完全必要的，不過偶然的成功只能屬於個例。

10. 不敢苟同，不過對工作持有熱愛之情可以使成功的可能性更大。

11. 單純地靠能力或是經驗就想成功是不可能的，不過我還是覺得能力更重要一些。

12. 當然有成功的可能，其他因素可以替代經驗使人成功。

13. 大學教育可以使人受益非淺，在時間和金錢允許的條件下還是上大學吧。

14. 總的說來，想學技工的孩子多數是沒有時間和金錢去讀大學的孩子。

15. 他若有學習的錢也有學習的願望，當然可以去技術學校。

16. 當然。

17. 這不一定是違揹他的意願的事。孩子可能只是對它沒興趣而已，而沒興趣是可以被克服的。

18. 學手藝。

19. 我覺得一個人應該儘早獨立開創自己的事業，不僅在生意場上是這樣，在其他領域也是如此。

20. 不。自己存錢，決不借錢。

21. 缺乏能力和判斷力。

22. 《聖經》；莎士比亞的作品；希臘史和羅馬史；布萊克史東的《英格蘭法律評論》；關於生理、衛生等方面的好書。

23. 是的。

24. 難說。原因很顯然。

25. 思想、言行要端正。保持健康的體魄。杜絕不良傾向。盡可能地接受良好的教育。樹立明確的人生目標和事業目標，並為之奮鬥。在有能力結婚的時候，要娶一位善良、能幹、有同情心的女人為妻；建立自己的家庭；愛護你的妻子、兒女。熱心公共事業，全身心地投入公益事業。勤奮工作。

塞繆爾·卡彭

麻薩諸塞州波士頓。駐外代表團委員會主席、公理會主日學校校長、出版學會會長；託里、布萊特＆卡彭地毯公司分公司負責人、慈善家。

2. 是的。我們經常在自己感興趣的領域取得成功。一名年輕人在我們的店裡可能一無是處，但轉行到要求有技術的行業裡可能會非常成功。

3. 不是。男孩可以憑藉忠於真理和孜孜不倦的精神克服一切艱難險阻。

4. 不是。

5. 是的。

6. 不。

7. 那得看他是否流露出在其他方面的才華。正如題 2 所說，他會在他所感興趣的領域有所建樹。

8. 在對「成功」正常理解的前提下，是成功的要素。憑藉投機取巧可能會有暫時的成功，但遲早會以失敗告終。

9. 是的。做事不認真的年輕人肯定會失敗。

10. 一般說來是的。

11. 能力吧，但是兩者都是必不可少的。

12. 不。

13. 是的，要想獲得巨大的成功，需要高品質的人才。

14. 還是去技術學校吧。

15. 是的。

16. 是的。

17. 我會採取各種遊說方法，但不會強迫他。

18. 還是學手藝更容易成功。沒有抱負的男孩其前景不容樂觀。

19. 是的。

20. 不。

21. 很難說到底是哪個。多數情況下是因為不夠執著；有時是因為超出自己的底線進行風險投資；還有的是因為揮霍無度。

22. 《聖經》，尤其是《舊約》；最棒的適合年輕人的讀物；傳記。年輕人是在具體的生活中學到真理，而不是從抽象的說教中得到啟迪。

23. 是的。

24. 如果是個很成功的事業可以接手。英國商人已經為我們樹立了良好的榜樣。

25. 做事要小心謹慎；對事業要充滿熱情，採取認真的態度；持有一顆誠實、純真的心；交友要慎重；讀書要有選擇；記住，擁有高尚的品格是最大的成功。

「你的行為決定你的發展方向；

你的發展方向決定你的習慣；

你的習慣決定你的品格；

你的品格決定你的命運。」

💬 約翰・達格爾教授理科碩士

阿拉巴馬州奧本。阿拉巴馬工藝大學農學教授、農學方面的作家。

1. 對自己所從事的工作的熱愛；堅信自己所做的工作是有意義的；做事時事前準備充分，辦事過程中態度認真、勤奮。

2. 是的，個別情況除外，如這個工作是危險的、不切實際的或是毫無意義的，或者這個工作要求他得在近期或長期奔波在外。

3. 是的。有時可能在準備過程中才有了熱愛之情。如果對它怎麼也提不起興趣，那就得重新審視自己，考慮要不要重新做出選擇。

4. 不是。

5. 那得看他選擇的是什麼工作。大城市只適合某些行業的發展。只有奮鬥目標明確的的人，才適合去大城市打拚，也許後來他會改變奮鬥目標，但這並不影響什麼。

6. 視情況而定。如果目標明確、優勢明顯就可以去。

7. 不。如果在農業大學學習完，明白了務農既是一種體力勞動也是一種腦力勞動之後，還是沒有改變初衷，那就沒有必要繼續留在農場了。換一個較好的工作環境，也許他對農活就不那麼排斥了。

8. 完全正確。

9. 是的。

10. 是的，他必須意識到它的重要性。

11. 兩者密不可分，有能力才能運用經驗做事。

12. 不論經驗豐富與否，但必須有經驗。

13. 是的。

14. 是的，也可以去技術學校或專科學校。

15. 是的。

16. 當然。

17. 不是。強迫只能讓他浪費時間。讓他先工作一年，然後再由他自己決定是上學還是繼續工作。

18. 學點手藝或是做點小生意。

19. 根據具體情況而定吧。有時賺薪水要比從事冒險的生意強；而有時給自己做要比替別人工作開心。

20. 從事農業工作的話，可以。也許在其他無風險的工作上也可以試試。

21. 在商業領域裡，冒險會導致失敗；在農業方面，缺乏自然常識或對動植物的生長不甚了解都可能導致失敗。

22.《聖經》；經濟學書籍；社會學書籍；歷史書；詩歌。時間如果不夠用，就不要讀小說了。

23. 除了有關世界局勢變化的新聞外，其他的都不是很重要。一個星期讀一次綜合性的文摘週刊就足夠了，省下時間可以多讀讀書。

24. 是的，除非有更好的選擇。

25. 從主要到次要，成功依次取決於人品的好壞、準備是否充分及是否有熱愛之情。

約翰・米切爾

紐約市。《生活》的創辦者和主編、藝術家、插圖畫家、作家。

1. 對工作全身心地投入。

2. 是的。

3. 不是。

4. 難說。

5. 是的。

6. 難說。

7. 不。

8. 難說。

9. 不。

10. 是的。

11. 能力。

12. 是的。

13. 是的。

14. 是的。

15. 是的。

16. 是的。

17. 難說。

18. 學手藝。

19. 難說。

20. 難說。

21. 缺乏鍥而不捨的精神。

22. 六本傳記。

23. 是的。

24. 是的。

25. 無論大事小情，都要全身心地投入進去，盡自己最大能力把它做好；並且要長期堅持這麼做。

🗨 羅伯特・麥克阿瑟　神學博士

紐約市。加略浸禮會牧師、作家及演講家。

1. 就我目前取得的成就而言，主要歸功於身體健康和勤奮工作。「成功」不僅意味著權力還意味著義務。每個人都有義務在物質和精神兩個世界裡做出自己的貢獻。有勤奮工作的能力和意願才能稱得上是有天分。

2. 如果男孩思想成熟且具備某方面的能力，可以這樣做。

3. 想達到真正的成功就得有這樣的必備條件。不過認真的工作態度和良好的人品也可以促使人成功。

4. 那得看男孩的判斷力是否成熟，他的興趣到底有多濃厚，還有就是他所受的教育程度到底有多高。

5. 可以去一個大城市或是中型市鎮。城市對於這樣的男孩來說相當於一個良好的磨練的場所。

6. 不，不要馬上就去。先讓他在小鎮裡施展拳腳，充分利用各種機會發展事業，然後再做打算。

7. 視具體情況而定吧。他的父親迫切需要他留在農場嗎？男孩不想留在農場是因為他懶惰還是因為他對別的工作感興趣呢？類似於這類的問題，有助於人們做出正確的判斷。

8. 我本人十分贊同這點。人品好才能取得成功。

9. 當然，這可以被看作是促使成功的不可或缺的天賦。最成功的人就是那些最能幹的人。

10. 一個人只要全身心投入就能讓自己愛上工作。他可以主觀誇大這份工作的重要性，以工作為榮，這樣一來就會對它充滿了熱愛之情。

11. 經驗就是一種能力。兩者互為補充。

12. 兩者密不可分。

13. 絕對贊同。當今世界，商人也需要有淵博的知識。生意會涉及到生活的各個方面，而其中最重要的就是文化。

14. 如果可能，還是讓他去大學讀書吧。原因很簡單，教育對它的成長大有益處。

15. 可以，但得在他接受了大學教育之後。

16. 當然，很多職場的成功人士都接受過大學教育。

17. 我會尊重男孩的意願，但我也會為他拒絕讀大學的愚蠢行為扼腕嘆息。

18. 無論什麼樣的男孩都應該學著做點什麼，以便用來謀生。

19. 視具體情況而定。年輕人總是喜歡為了獲得經驗和成功而進行冒險。

20. 要讓我說的話，這是行不通的。在我給出建議之前必須先要確定有多大把握。

21. 一小部分原因是競爭力差；主要原因還是準備不夠充分，沒有全身心投入進去，還有奢侈浪費。

22. 《聖經》；一本好字典，且應經常使用字典；莎士比亞的作品；古代史；現代史；（古代的，英國的，美國的）詩集。

23. 是的。但有時最好是讀晚報或是晚上再讀。一份好的報紙可以稱得上是一本世俗《聖經》。

24. 那得看父親是否真的迫切需要兒子的加入，還要看兒子的意願如何。總的說來我不贊成。

25. 人要活得清清白白。遵循上帝的旨意做事。保持一顆純潔的心，不對別人惡言相向，坦蕩做人。信仰上帝，對自己負責，對他人負責，對上帝負責。使徒聖保羅對提多說過：「我們應該嚴肅（即應適當自我節

制）、正直、虔誠地活著。」這裡的「嚴肅」指的是我們對自己的態度，「正直」指的是我們對他人的態度，「虔誠」指的是我們對上帝的態度。

💬 威爾吉斯 ————————————

紐約市。紐約中央區＆哈德遜河流域鐵路總工程師。

1. 活力，勤奮的工作，持之以恆，正直及足智多謀。

2. 是的。

3. 是的。

4. 不是。

5. 不，除非他對某個工作有著濃厚的興趣

6. 同上。

7. 如果他對別的工作感興趣就不必留下來。

8. 是的。

9. 是的。

10. 是的。

11. 兩個都需要。

12. 同上。

13. 主要還是取決於男孩。通常來說不建議。

14. 同上。

15. 同上。

16. 是的。

17. 不是。

18. 學手藝或做生意。

22. 《希臘羅馬名人傳》、莎士比亞的作品、麥考利的文章、司各特的作品、薩克雷的作品、霍桑的作品。

23. 是的。

24. 他若是願意的話可以。

25. 做事要動腦，要有活力，要持之以恆，做人要誠懇，要時刻為你的老闆著想。

💬 聖克雷爾・麥凱爾韋　文科碩士，法學博士

紐約布魯克林。布魯克林《每日鷹報》（*The Brooklyn Daily Eagle*）主編、紐約州立大學理事、美國社會科學協會會長、有關教育、市政事務及歷史問題等方面的作家、演說家。

1. 歸因於對報業工作的執著；歸因於習慣於對報紙動態的全面掌控；歸因於與各行業菁英的密切關係；歸因於堅信每個人都有自己的一技之長可以利用；歸因於對政界的提拔採取的一貫的謝絕態度；歸因於對報業堅持獨立性的堅定信念；歸因於我的謹言慎行；歸因於我只服務於讀者，而不是為了取悅於他人或是攻擊他人；歸因於我樂於接受新鮮事物，歸因於我的年輕心態；歸因於規律的一日三餐和八小時睡眠；歸因於遇到問題積極解決而不是為之苦惱不已；歸因於生活有節制，從不相信「情緒」、「心血來潮」、「想像力」或是「天賦」可以取代勤奮；歸因於我對上帝的虔誠的信仰；歸因於我擁有的蘇格蘭人的信念和愛爾蘭人的情感的互相結合。

2. 如果他的追求是至關重要的，那還可以；如果只是為了享樂，那就得提醒他，做不到最好就是一種失敗。

3. 有一定幫助，但不是必備條件。一個人只要有頭腦、夠勤奮、為人誠懇，即使在不利的條件下也能成功。

4. 不是，除非男孩的理想是成為海盜、搶劫犯或是黑幫老大之類的人。

5. 是的。

6. 不，我會建議他展示一下自己的才能，看他在大城市裡是否具有競爭力。

7. 那得看他到底想做什麼，想成為什麼樣的人，成功的可能性有多大。

8. 當然。用非法手段得來的「成功」能讓人鋃鐺入獄，甚至是逐漸走入深淵無法自拔。

9. 對於我而言是的。

10. 同題 5。

11. 經驗加上誠信與勤奮。

12. 不會。

13. 如果在大學裡能學到對將來經商有幫助的知識，那就去吧。

14. 是的，去技術大學吧。

15. 是的。

16. 是的。如果他能讀就去讀；如果他不能讀，也用不著悲傷、絕望。

17. 如果他的判斷是正確的，不是一時興起，就不必留下來。

18. 學手藝吧，可以帶著手藝四處闖蕩。

19. 是的，只要不是被壟斷的行業就好。

20. 只要有資本家同情他、信任他、願意為他投資就行。

21. 欠債、懶惰、狡詐、不誠信。

22.《聖經》、莎士比亞的作品、麥考利的文章、約翰‧菲斯克的作品、古柏的作品、司各特的作品、還有狄更斯的短篇小說、《富蘭克林自傳》等。

23. 是的。

24. 不，父親對子女無法做到一視同仁。

25. 我要說的是：「請閱讀之前的 24 個問題的答案」。我還要說：「成功和幸福不是尋找得來的。它們是履行職責後的結果。把職責當做你的指路明燈，成功就會不期而至。

　　敘述：學會控制自己的動作。講話時不要指手畫腳。別讓別人妨礙你的發展。

少考慮自己的「權利」有多大，多考慮自己的責任和機會是什麼。站在老闆的立場設身處地地為他著想。

不受不良傾向的影響。不讀不健康的讀物。不從事下流活動。不聽、不講下流故事；世界上健康的幽默故事有很多。沒有幽默感是可悲的，別成為那樣的人。幽默像機器的潤滑油一樣，可以使生活變得豐富多彩，但是別為了幽默而幽默。

沉默是金；如果非說不可，那就簡明扼要；如果是自己的私事，應該保持緘默，但若想表達自己的想法，那就找別的相關事情發表一下自己的看法，使人不易察覺。如果別人誤以為你是個傻子，那就讓他這麼想好了，無需辯解，其實他才是真正的傻子。

注意穿著打扮要得體，衣服、鞋子要乾淨、整齊；手要保養好，指甲要修剪整齊。你的老闆或是客戶會根據你的儀表暗自為你評分。

定期去教堂做禮拜，盡己所能做善事。

當你想批評、指責某個演說家或演員表現糟糕時，先想一想若是換了自己去表演會是什麼樣；要做個為他人著想、寬宏大量的人。少對別人抱怨，多側耳傾聽別人的想法。

別相信有「無所不能」的人，也別信有「萬靈丹」。

別讓媒體左右你的想法，合理利用媒體資源為自己的思考服務。

承認上帝無所不在。感到上帝的存在會讓你感到極大的快慰。

記住別欠債，它會把人推向深淵。珍惜靠省吃儉用和辛苦經營得來的財富，不要妄想靠投機或不義之財而一夜暴富。

對別人別吝惜你的讚美之詞，它能催人奮進。

不要誤認為財富就意味著罪惡，因為任何事物都有正反兩方面。要相信在這個世界上信任、團結等和機器、政黨等同樣重要，都在推動著世界發展。

選擇一個符合你做人原則的信條指導你前進，一條便足矣。

在家裡吃飯或者和家人聚餐，別獨自一人到外面去吃。

要因愛而結婚，別讓婚姻參入其他成分；但別急於結婚，要等自己有能力讓家人過上舒適的生活的時候再結婚。潔身自好、不拖不欠及謙恭有禮是無價之寶。

🗨 克拉克・貝爾　法學博士

紐約市。公司法律顧問。法醫協會會長、法醫社會學及與法律專題作家、巴黎國際醫學大會美國代表。

1.（a）勤奮工作，辦事高效率；（b）戒菸、戒酒、戒賭博；（c）捐出至少十分之一的純收入給慈善事業或宗教團體，並一貫如此。

2. 是的。

3. 不是必要的，但可以這樣做。

4. 當然不是。

5. 不。可能有特例，但出於諸多因素的影響，農村的男孩最好還是別去大城市。

6. 看男孩打算做什麼吧，還要看男孩的自身條件如何及家境如何。在個別特殊情況下可以去大城市。

7. 如果他是天生的懶惰，那農場可不是他該待的地方。

8. 我聽說過很多靠不誠實的手段賺到大筆金錢的事情；但是成功的人生不是單純用金錢的多少來衡量的。有的人家財萬貫，但精神世界卻是一貧如洗，他的人生仍然是失敗的人生。

9. 我從沒聽說過有哪個懶惰的人獲得過極大的成功的。他可能透過炒股票或玩牌贏來大把鈔票，但他絕不會成功。

10. 勤勤懇懇工作的人能從工作中找到最大的樂趣。有時責任要重於興趣。

11. 在衡量成功與否時，能力遠比經驗重要。有很多人經驗豐富，但

卻缺乏能力去學習新知。

12. 有能力的人會從經驗中吸取教訓。

13. 不。大學教育中有很多都是沒用的垃圾。四年的時光對於學習經商之道的人來說是十分寶貴的，因此在大學裡浪費了四年時光的男孩，很少有人會經商成功的。

14. 如果他能付得起學費或是他的父親能助他一臂之力，那他就去讀大學吧；不過每天他都應該抽出幾小時的時間用來學習他所感興趣的技工知識。

15. 那是當然，在那他可以早早就學到技工知識。

16. 作為神職人員，大學教育是必不可少的；作為醫生，幾乎也是必不可少的；作為律師，就由男孩自己來決定吧。他必須學習拉丁語和法語，還應該學習德語，但這些都可以在 14 或 15 歲前來做；然後在 17 歲時他可以開始學習一些法律基本常識，並進入一家高級律師事務所工作，同時學習相關法律知識。他也可以在 17 到 21 歲之間在大學學習法律。走第一條路徑獲得的成就往往要更大些。

17. 如果他是個天生懶散的人，那我就會強迫他去讀大學，這也是我試圖挽救他、督促他成才的最後一個辦法。

18. 生意場更適合這樣的男孩。他永遠也不會成為一名優秀的工程師，也不會在某專業領域身居要職，但他可以在生意場上一展拳腳。只要他夠勤奮，做事講誠信，即使資質一般也無所謂。

19. 等到他已經對生意的各個環節都瞭若指掌、時機成熟了，就可以去開創自己的事業了。不過，最好是在為別人工作時累積經驗，不要用自己的錢去練手。

20. 他用借來的錢去投資等於是在冒突破道德底線的風險。一旦生意失敗，後果將無法挽回。自己賺錢、自己存錢、拿自己的錢而非朋友的錢去冒險是較為明智和安全的選擇。

21. 除了酗酒等惡習外，對事業沒有全身心地投入也是原因之一。賺錢相對容易，難的是存錢。只要別入不敷出就不會失敗。

22. 沒有適用於所有男孩的最棒的六本書。得看是什麼樣的男孩、他想做什麼。如果將來會從事某種專業，那就什麼都得讀——列出 500 本書，把它們全部讀完。如果將來會從事技術工作，那就得全方位地閱讀。他必須了解本國的歷史和憲法，還要知道些本國的地理概況和政黨派別。17 歲時他應該掌握算術、代數、幾何，還有天文學（數學除外），要讀完關於凱撒和維吉爾的書（6 本），西塞羅的書（4 本），還有五、六百本小說名著。

23. 在當今社會生活中，如果男孩不能保證至少三週讀一次報紙，那他就會被社會所淘汰。

24. 如果父親只有一個兒子，那這麼做就再好不過了。如果父親有好幾個兒子，那其中的一、兩個兒子接手事業就可以了，其他的兒子可以去做別的事。

25. 做一個自力更生、憑良心辦事、德高望重的紳士，做到一諾千金。

什麼是真正的成功？什麼是美國青年的理想和值得褒獎的抱負？這不僅僅指的是能賺多少錢的問題。

我認識一個大富豪，他的財富堆積如山，但他的生活卻是一團糟。他從未對促進人類的發展做出過任何貢獻，也沒有給過身邊的人以任何的幫助；他對金錢的痴迷已經達到了一種狂熱的狀態。他無子無女。在精神世界的更高層次裡，他一貧如洗。要立志做一些了不起的、有用的、有意義的事情；當你走到人生盡頭的時候，回顧過往，不會因為對世界無所貢獻而懊惱不已。

敘述：不要吸菸。世界各地的人都在吸菸。但是對於剛剛起步的男孩來說，不要吸菸的原因有三：

(a) 吸菸有害健康，屬於不良嗜好。一個高尚的男人應該記得他即將娶的女孩有權力要求他保持整潔。男子要娶的女孩若是吸菸，他又會作何感想？為了你將來的妻子考慮，也要保持口氣清新。

(b) 這是個特殊的惡習。很多惡習都可以進行彌補，但是吸菸對健康造成的傷害是無法彌補的。一旦吸菸成癮，就無法戒除。這是你要自力更生、自強不息的天敵。它會牢牢地束縛住你，使你終生成為它的囚徒。

(c) 退一步說，從經濟角度考慮，吸菸影響你的早期奮鬥。對於剛開始步入社會的新手來說，吸菸花掉的錢和那些功成名就的人花的錢是一樣多的。吸菸的人每週至少要花 75 美分到 1 美元來買香菸；有時甚至更多。你不妨坐下來仔細算一算，長此以往，香菸會耗費掉多少錢。比如說一名 18 歲或 20 歲的年輕人，如果抽菸一直抽到 80 歲，他會花掉多少錢？如果每週買菸需要用 1 美元（實際上遠不止這麼點錢），那一年就是 52 美元，十年就是 520 美元，三十年就是 1,560 美元，這還不算 6 美分的利息。

千萬不要以打牌或賭博作為賺錢的手段。好多人的幸福都毀在賭博上面。有賭博惡習的員工隨時都有東窗事發被開除的危險。賭博是惡習中的惡習。它能突破人的道德底線，毀掉人的本性；它能教人們去欺騙、撒謊、作弊。你在職業騙子眼中，就是待宰的羔羊。賭博就像一片汪洋大海，在海邊漂浮著纍纍的白骨，而白骨的主人都曾經是那麼的優秀。

🗨 約翰・菲力浦・蘇澤

紐約市。音樂家、蘇澤樂隊指揮、作曲家。

1. 歸因於我對自己事業的全情投入，刻苦的鑽研和永不停止的熱愛之情。

2. 是的。

3. 那得看具體是哪行，還要考慮男孩的自尊心。

4. 不是。

5. 仔細考慮清楚了再做決定。

7. 不。

8. 是的。

9. 是的。

10. 不是。

11. 全情投入、才能或天賦加上專業知識就能獲得永久的成功。

12. 同上。

13. 是的。

14. 不。

15. 是的。

16. 是的。

17. 若是男孩是個有頭腦善於思考的孩子，他的決定就值得考慮，這麼做就不是明智之舉。

18. 我最痛恨遊手好閒的人，沒有抱負的男孩從事哪行都會一事無成，做哪行都是一種浪費。

19. 具體情況具體分析。

20. 同上。

21. 不投入，沒理想，少教養，缺乏能力。

22.《聖經》;莎士比亞的作品;他所從事的職業的發展史;本國的歷史;世界史;《傻子旅行記》。

23. 是的。

24. 是的。

25. 誠實做人。

亨利．拜福德　醫學博士

伊利諾州芝加哥。伊利諾大學醫學院婦產科教授。西北大學女子醫學

院臨床婦產科教授。女子醫院外科醫生。芝加哥婦產科協會前任會長。

國際婦產科醫學大會名譽主席。醫學專題作家。

1. 對想要知道的事情追根究柢，且決不中途放棄。

2. 他應該選擇自己最能勝任的工作來做。沒有經驗做指導，單純的個人喜好是靠不住的。

3. 有時是但不常見。極大的成功常常與興趣相伴而行，但興趣往往是在成功之後才有的。

4. 不是。

5. 是的，反之亦然。城市中人才濟濟，城市中的男孩可以選擇到鄉下去施展拳腳。

6. 等有了足夠的經驗之後再去。

7. 不應該，應該送他去讀大學。

8. 不。絕對的誠信只能使人處於劣勢，但他若只是受僱於人則另當別論。

9. 當然。

10. 是的，通常都是這樣。

11. 兩者都很重要。若能力中等，則經驗顯得更為重要。

12. 一般的成功還是可能的。

13. 有時間和金錢就去，若沒有時間就算了。

14. 不完全贊同。他應該去學技工課程。

15. 是的。

16. 是的。

17. 不是。

18. 做何選擇都沒關係。

19. 他若是得不到升遷的機會或是在大企業裡學不到什麼有用的東西，並且願意勤奮工作，可以考慮這麼做。

20. 不。

21. 商場中失敗是因為缺乏經商的經驗。職場中失敗是因為缺乏常識和能力。學手藝失敗是因為不夠勤奮。

22.《聖經》；莎士比亞的作品；史賓賽的詩。

23. 是的。

24. 是的。

25. 選定目標就堅持不懈。

敘述：商人應該加強對科學和政治的學習；專業人士應該學習政治，加強體能訓練，也可以多接觸些文學；技工應該學習政治、藝術、文學或科學。不要只為了社會地位或某些表面利益而選擇行業，也不要只為了錢而選擇工作。選擇自己最擅長的事情來做。

💬 安德魯·蒙塔古

維吉尼亞州里士滿。維吉尼亞州州長。

1. 事前準備充分，辦事有條不紊，生活目標明確，清楚地意識到高尚的品格是最重要的。

2. 當然。

3. 是的，但也有例外。

4. 不是。

6. 我不會這麼做。

7. 不。

8. 本應如此。

9. 是的。

10. 是的。

11. 能力。

12. 是的。

13. 是的。

14. 是的。

15. 當然。

16. 是的。

17. 不是。

18. 學手藝。

19. 是的，不過在當今的經濟環境中很難說多少錢算是資金充足。

20. 不。

21. 惡習纏身，瘋狂投機，活力不足。

22. 《聖經》；班揚的《天路歷程》；《希臘羅馬名人傳》；歷史書籍；莎士比亞的作品；還有丁尼生的作品。

23. 是的。

24. 是的。

25. 品格促使人進步，推動文明發展。把它牢記在心，勤奮工作。

約瑟夫・亨德里克斯

紐約市。國家商業銀行行長。美國銀行家協會會長、布魯克林前任郵政局局長、布魯克林教育委員會前任主席、前任國會議員。

1. 對事業專注，讓自己的工作價值得到實現，做好升職的準備。

2. 等他對自己的選擇進行三思、並不再猶豫不決的時候才可以。

3. 不是。

4. 不是。

5. 是的，在適合的地方才能做到最好。

6. 不。小城市的重要性日趨明顯，為人才提供了很多良機

7. 如果他把希望寄予別處，且有打拚的勇氣，他是不會留在那的。

8. 是成功的核心所在。

9. 真正地用心去做而不是裝模作樣。

10. 他必須熱愛自己的工作。如果他能做到的話，工作就會成為他的最愛。

11. 沒有能力去運用經驗就會出現嚴重的紕漏。

12. 是的。一個有能力有頭腦的人遇到問題後會從問題中吸取經驗教訓的。

13. 大學教育對高層次的貿易往來還是有幫助的。它能幫助人攀上成功的高峰。

14. 是的。接受完大學教育後，他會很快擺脫從事體力勞動的狀況。

15. 是的。

16. 是的。

17. 是的。

18. 讓他早點進入職場，並一直工作下去。

19. 是的。

20. 只要他能證明自己有能力掌管好資金就行。

22.《聖經》；莎士比亞的作品；約翰‧福斯特的《性格的作用》；湯瑪斯‧休斯的《湯姆‧布朗求學記》；培根的《培根論說文集》及格言錄。

23. 是的，報紙是最佳的隨手可尋的讀物。

24. 倘若父親已經打下了良好的基礎，那么兒子就應該好好地加以利用。

25. 信奉上帝，相信人性，與所愛的女人攜手到老。

愛德華・西蒙斯 ————————————

紐約市。巴拿馬鐵路局局長、哥倫比亞輪船公司董事長、紐約票據交易所所長、國家第四銀行行長、紐約州商會副會長、紐約醫院院長兼財務主管、紐約證券交易所前任所長、律師、慈善家。

1. 勤奮加持之以恆。

2. 是的。

3. 是的。

4. 不是。

5. 是的。

6. 不。

7. 不。

8. 是的。

9. 是的。

10. 是的。

11. 能力。

12. 是的。

13. 是的。

14. 是的。

15. 大學畢業後可以去。

16. 是的。

17. 不是。

18. 學手藝。

19. 是的。

20. 自己的錢不夠的話可以借錢。

21. 急功近利。

23. 是的。

24. 在某種情況下可以。

約翰・湯瑪斯

賓夕凡尼亞州費城。費城公共圖書館圖書管理員。

1. 能做到耐心十足，遵守時間，積極樂觀，持之以恆，竭盡全力，就能成功。

2. 毫無疑問。

3. 是的。

4. 不是。

5. 去大城市之前如果有朋友能助他一臂之力或是起步工作有保障的話，可以考慮去。

6. 不。

7. 不。

8. 沒有誠信做保證將一事無成。

9. 是的。

10. 十之八九是這樣的。

11. 經驗。實踐勝於理論。

12. 只是個例。

13. 如果有錢、有機會當然要去。

14. 大學教育對所有人都有益。

15. 是的。

16. 當然。

17. 不是。

18. 學手藝。

19. 是的。

20. 決不。

21. 不適合經商；做生意時耍手腕就會招致失敗。

22.（a）培根的《培根論說文集》；斯威夫特的《格列弗遊記》；《希臘羅馬名人傳》；格林的《英國人的歷史》；奧爾德里奇的《壞男孩的故事》；休斯的《湯姆‧布朗求學記》。

（b）盧伯克的《生活的樂趣》；黑爾的《希臘英雄傳》；歐文的《見聞札記》；安斯蒂的《反之亦然》；蘭的《清教徒詩集》；還有《天方夜譚》。

（c）司各特的《撒克遜英雄傳》；金斯利的《希臘英雄》；丁尼生的詩集；杜夏路的《猩猩的故鄉》；丘奇的《奧德賽的故事》；麥克盧爾的《美國總統傳》。

（d）休斯的《湯姆‧布朗求學記》；威恩的《地心歷險記》；吉爾曼的《美國人的歷史》；斯蒂文森的散文；克勞福德的《瑪麗埃塔》，大仲馬的《三劍客》（*Les Trois Mousquetaries*）。

23. 是的。但是男孩可能唯讀體育版，如果是這樣，那就值得商榷了。

24. 如果生意龐大需要人幫忙，或是父親在兒子完全接管後就打算退休了，那麼兒子就應該接手父親的生意。

25. 適度娛樂；做個正直的人；盡自己所能照顧好你的母親和姐妹；工作勤奮、踏實。愛上帝和你身邊的人。

埃茲拉‧薩維奇

內布拉斯加州撒根特。內布拉斯加州州長、律師。

1. 對事業的專注，盡可能多地為老闆盈利。

2. 是的。

3. 當然是。

4. 絕對不是。

5. 如果他是胸有成竹、有備而來可以去大城市。

6. 等到他的家鄉已經不能再為他提供施展才華的空間了，他再走也

不遲。

7. 不。

8. 是的。

9. 當然。

10. 是的。

11. 能力。

12. 有能力就能獲得經驗，隨後就能成功。

13. 不是絕對必要，但會大有幫助。

14. 不。

15. 是的。

16. 是的。

17. 不是。

18. 學手藝。

19. 是的。

20. 決不。

21. 經驗不足。

22. 《華盛頓傳》;《富蘭克林傳》；美國歷史；莎士比亞的作品；《湯姆叔叔的小屋》;《聖經》。

23. 當然。

24. 如果他的父親的事業已經如日中天，當然可以接手。

25. 做人講誠信；多參與一些有意義的事情。

卡羅爾‧柯帝士‧柏格斯

伊利諾州的費爾菲爾德。伊利諾州最高法院法官。

2. 男孩對某行業有特殊的偏好和興趣，當然對成功能造成極大的促進作用。如果只是孩子的一時心血來潮，就不用考慮；但若是年輕人對

未來的美好憧憬，且經過深思熟慮了，那麼按照他自己的意願擇業，當然會對他的前途有利。

3. 這種熱愛之情不是非有不可，但若是有當然更好。如果對工作厭惡得了不得，工作起來肯定不會有效率的。擇業前要再三考慮，我不建議年輕人隨便找個自己不喜歡的工作就就業。

4. 肯定不是。多數受父親隨意支配的男孩都缺乏男人的獨立性。要相信孩子，讓他自己決定。

5. 鄉下地區並不缺少機會。我覺得現在好多年輕人都湧向大城市，使得那裡擁擠不堪。都市的生活吸引著年輕人，也同時磨掉了他們的個性。但如果在農村，男孩的發展機會微乎其微，那就可以考慮去別的地方。

6. 不。

7. 一個人是否喜愛自己的工作，這點對於要擇業的年輕人來說非常重要。農民出身的男孩在對自己的將來有了打算之後，就不應該再被束縛在農場上了。讓他自己選擇出路，並要為自己的決定負責。

8. 靠耍花招的手段只能獲得暫時的物質上的成功，這樣的例子比比皆是。但在生意場上，「誠實乃上策」，才是處世之道。在老闆僱傭員工時，這個人是否誠實是主要的參考條件。

9. 是的。

10. 如果一個人喜歡自己的工作並樂在其中，他的工作業績肯定要比討厭自己的工作的人好得多；來個物質、精神雙豐收。

11. 對於沒有能力的人來說，經驗的作用就顯得微乎其微了；但若這個人能力很強且選擇明智，那他很快就能累積到經驗。因為能力已經包含了小心謹慎和深思熟慮，所以不必迫切需要經驗以避免犯錯。能力從廣義上講被賦予了更大的成功的希望。

12. 是的。

13. 教育水準不能絕對影響到人的成功程度，社會上這類的例子比比皆是。中國為廣大青年提供的初等教育和中等教育已滿足了各個領域的基本需要。

14. 如果為了讀大學，就得等到二十五歲才能到自己喜歡的行業去工作，那還不如不讀。

15. 在那裡他會大有收穫的，因為在技術學校裡學到的知識都很有用。不過我覺得把大量的美好時光都用在那裡還不如趁早工作，在實踐中獲得真知。

16. 沒讀過大學的人在實際工作中有時會感到有所缺憾，但是那些高中畢業就工作、入行較早的人在多年的工作中學到的寶貴經驗遠遠要比當時還呆在象牙塔中的人多得多。

17. 一個有能力、有抱負、身心健全的年輕人在為自己的將來做打算時，會經過深思熟慮，基本不會出錯。大學裡教授的東西沒有多少實用性。

18. 這樣的男孩最需要的，是把他的生理上的和心智上的潛能激發出來。等到他有了離開家門獨自去闖蕩的勇氣，他成為有用之才的可能性就變大了。他應該選擇能靠自己的實力謀生的地方去打拚。

19. 是的。有經商才能的年輕人在資金充足的情況下應該去獨自開創一片天地。

20. 為了謹慎起見，他最好是繼續目前的工作，盡可能多地攢錢以備將來之需，至少也要攢到所需數目的一半以上再獨自創業。

21. 不懂節約；小看了積少成多的作用；做事沒有責任心，過度依賴他人。

22. 身心健康的男孩在一定的年齡階段，會特別喜歡有關印第安人和狩獵的故事。庫柏的《皮襪故事集》正好符合他們的需要。關於大海和探險的的故事會深深吸引著他們。歷史、天文還有報紙、雜誌提及到的大

事小情，都能吸引他們的注意力。還應該讓孩子們接觸些小說名篇，如司各特、狄更斯的小說、歐文、馬克‧吐溫（Mark Twain）的幽默以及其他健康的書籍都可以。這一時期的孩子們需要廣泛、大量的閱讀。讓他們接觸、見識社會的真實一面。對不良事物的一無所知不利於孩子們將來的發展。

23. 非常正確。

24. 他若是個思想成熟、喜歡從事此行業，而且不願重蹈父親的覆轍的孩子，可以接手。他若是個逃避責任、貪圖安逸的孩子，那就不可以。父親的經驗使用得當的話會使男孩受益非淺。

25. 要自力更生，發憤圖強。你的良好口碑會使你顯得出類拔萃。結交忘年之交。要勤儉加勤奮，要謙恭有禮、意志堅定。記住，任何不良習慣都會使人在道德和人品方面出現缺陷，使人為此付出昂貴的代價。

查理斯‧哈里森　文科碩士，法學博士

賓夕法尼亞大學校長。賓夕法尼亞兒童保護協會會長。

1.（a）早期形成的自我約束和勤奮的好習慣；（b）觀察事物細緻入微；（c）持之以恆的精神。

2. 如果條件允許，當然可以。

3. 不是。

4. 不是。

7. 不。

8. 從長遠角度講，是的。

9. 是的。

10. 並非如此。

12. 事實就是如此。

13. 如果時間和經濟條件允許的話可以。

14. 同上。

15. 是的。

16. 毫無疑問。

17. 不是。

18. 學手藝。

19. 是的。

21. 魯莽行事。

23. 是的，但要在合適的時間讀。

25. 做人要清白，工作要勤奮。

法蘭西斯・岡納爾　醫學博士

華盛頓。美國海軍公共衛生局前任局長。公立精神病醫院院長。監事會主席。

1. 我從未意識到我已功成名就。不過我目前所擁有的一切都是用機遇和忠於職守換來的。

2. 當然。

4. 不是。

8. 要想獲得光明磊落的成功，當然要靠誠信。

13. 如果可能的話還是去吧。

14. 不必如此。

15. 是的。

16. 是的。

21. 不忠於職守。

22.《聖經》；古爾德本德的《論個人信仰》；《華盛頓傳》；《林肯傳》；《亨利・德拉蒙德傳》；關於自然科學的書籍。

23. 是的。

24. 按常理說，是的。

25. 志存高遠，認真執著。

亞伯特・波普上校

麻薩諸塞州波士頓。零售商、製造商、美國腳踏車產業創始人、良好路況運動首倡者、波士頓銀行行長、美國信貸公司經理、麻塞諸塞步兵軍事秩序指揮部前任部長、辛辛那提協會及其他愛國委員會成員。

1. 自我犧牲及持之以恆的精神。

2. 是的。

3. 是的。

4. 不是。

5. 如果他有能力，其他方面的資質也不錯，可以考慮離開。

6. 先從家鄉做起吧。

7. 如無其他特殊才能，還是留下來吧。

8. 是的。

9. 是的。

10. 是的，不過也有例外。

11. 兩者都很重要，但能力相對更重要。

12. 不會。

13. 除非有貴人相助，否則不建議這樣做。

14. 不。

15. 是的。

16. 是的。

17. 不是。

18. 學手藝。

19. 是的。

20. 他至少要籌到部分資金；如果資金不足，最好不要去借錢。

21. 做事沒有原則，不夠節儉。

22.《聖經》；莎士比亞的作品；《悲慘世界》；《林肯傳》；卡內基的《商業帝國》；約翰·費斯克的《美國歷史》。

23. 是的。

25. 做人要誠實、穩健、精打細算、勤儉持家。做事不要投機，要腳踏實地。要樂於助人。

塞繆爾·亞當斯　醫學博士

華盛頓哥倫比亞特區。喬治城大學兒童醫藥與疾病的理論與臨床學教授。喬治城大學附屬醫院，華盛頓育幼院，兒童醫院主治醫生。美國小兒科學會祕書。

1. (a) 努力學習；(b) 不畏工作上的挑戰；(c) 專注於本職工作；(d) 努力掌握新事物，學習不求一知半解；(e) 盡量在自己熟知的領域裡發揮自己的才能；(f) 尊重他人感受。

2. 是的。

3. 是的。

4. 不是。

5. 如果他能適應環境的變化就去吧。

6. 如果教育程度不高，還是別去。

7. 不。

8. 絕對是。

9. 是的。

10. 是的。

11. 單憑經驗只能換來暫時的成功，只有能力與經驗結合在一起，得來的成功才是永恆的。

12. 不會。

13. 如果條件允許還是應該上大學。

14. 如果時間和金錢允許還是去吧。

15. 是的。

16. 是的。

17. 不是。

18. 做什麼都行，就是別進職場。

19. 還是觀望一段時間為好，尤其目前的薪水還比較可觀，現在有點積蓄對將來有好處。

20. 不。

21. 急功近利。

23. 是的。

24. 如果父親是個嚴於律己的人，當然可以。

25. 工作時要誠實、守信、刻苦、努力。不要吸菸過度。戒酒。不參與任何形式的賭博。經濟上不要入不敷出。

💬 羅伯特・威廉斯・吉布森

紐約市。建築師、美國建築協會會長、紐約建築聯盟主席。

1. 歸因於工作謹慎，充滿熱愛之情；無論何時何地都尊規守紀；適時把握時機。

2. 是的，除非有人看到他的選擇存在著巨大的弊病。

3. 不是必備條件，但很有用。

4. 不是。

5. 是的，除非事業對他來說無足重輕。

6. 當然不。

7. 不。

8. 雖不是成功的要素但事實上卻很有用。

9. 是的，不過若從事投機事業或有貴人相助就不需要了。

10. 在從事某專業時，熱愛之情很必要；若是做生意就不必了。

11. 即使從理論上講也不能將兩者割裂開來。

12. 沒有經驗的能力不能稱之為能力；經驗是能力的一部分。

13. 是的。

14. 不。

15. 是的。

16. 是的，不過入行要盡可能地早，即使是放棄大學教育也值得。

17. 不是。

18. 做生意。

19. 如果既有真才實學又有信心和勇氣，當然可以。

20. 如果有真才實學，信用又好，可以讓他試一試。

21. 對相關的重要性缺乏認知；無論做人還是做事都失敗。

22. 具體要讀什麼書要根據不同孩子的特點而定，不能一概而論。我個人建議讀《聖經》，這不是為了宣傳迷信，而是把它作為人類的智慧結晶來讀；史賓賽的《倫理學原理》；達爾文的《物種起源》；奧利弗·溫德爾·霍爾姆斯的作品；愛默生的作品；還有吉卜林的作品。

23. 是的。

24. 如果男孩願意，當然可以；兒子的喜好很可能有遺傳傾向。

25. 在你長大成人之後，希望你仍能客觀、真實地面對自己兒時的理想。

奧古斯塔斯·伯奈斯　醫學博士

密蘇里州聖路易斯。外科手術方法改良者、解剖與外科手術學教師。

1. 歸因於大學階段的教育和想要身居要職的理想。毫無疑問，後者使我的言談舉止遭到了對手的嫉妒和憎惡。不過這股憎惡之情成了激勵我發憤圖強的動力。因此我認為理想和抱負能激勵人上進，有理想要比胸無大志強得多。我認為某種與生俱來的能力彌補了人與人之間能力上的差異。

2. 是的。

3. 是的。

4. 不是。

5. 是的。

6. 不。

7. 不。

8. 是的。

9. 是的。

10. 是的。

11. 能力。

12. 不會。

13. 是的，至少也要讓他把文化基礎打得穩固一些。

14. 不。

15. 是的。

16. 是的。

18. 做生意或是學手藝。

19. 是的。

20. 是的。

21. 揮霍無度，入不敷出。

22. 《希臘羅馬名人傳》；有關自然科學的學術論文。受過良好教育的年輕人應該讀一讀赫伯特‧史賓賽的《第一項原則》；還有《文明發展史》。

23. 是的。

24. 是的，不過前提是已經在同類行業的其他地方累積了幾年的經驗。

25.「無限風光在頂峰」，在前進的途中只要別犯大錯誤就能爬得更高，走得更遠。

🗨 約翰・胡恩 ────────────────

德拉瓦州。德拉瓦州州長。

1. 良好的家教、健康的體魄及良好的教育；一直堅信成功出於勤奮。

2. 是的。

3. 不是。

4. 不是。

5. 是的。

6. 不。

7. 不。

8. 是的。

9. 是的。

10. 是的。

11. 能力。

12. 經驗遲早都會獲得的。

13. 是的。

14. 是的。

15. 是的。

16. 是的。

17. 不是。

18. 學手藝。

19. 是的。

20. 很少會這樣。

21. 入不敷出。

23. 是的。

24. 如果父親的生意很成功，可以。

25. 對上帝虔誠；對國家忠誠；對自己坦誠。

💬 威廉・林肯

麻薩諸塞州波士頓。波士頓商會會長。

2. 是的。

3. 不是，但有用。

4. 不是。

5. 是的。

6. 事業剛起步時先別去。

7. 不。

8. 是的。

9. 是的。

10. 是的。

11. 能力。經驗會有的。

12. 很難將兩者完全拆分開來。經驗在某種程度上依附於能力。

13. 財力允許的話可以去讀。

14. 不，我建議他還是去讀技術學校。

15. 是的。

16. 是的。

17. 不是。

18. 做個普通職員或是找個有保障的飯碗。

19. 是的。

20. 不。

21. 怠惰或是缺乏判斷力。

22.《聖經》；莎士比亞的作品；密爾頓的作品；馬可‧奧理略的《沉思錄》；丹尼爾‧韋伯斯特的作品；《林肯傳》。不敢說這些書是最好的，但都是優秀的作品。

23. 當然。

24. 如果這個事業前景不錯的話，可以接手。

25. 交友要謹慎；坦誠待人；做人講誠信；一諾千金；抵制誘惑；不要急功近利；若沒有能力償還，千萬不要負債累累；做事要勤奮、認真，用心；盡自己最大努力讓世界更加美好。

威廉‧賴斯

麻薩諸塞州昆西。波士頓賴斯＆哈欽斯製鞋廠廠長、昆西醫院建立者。

1. 身體健康，理解能力強，對環境的適應能力強，為了成功甘願犧牲個人喜好、放棄安逸。

2. 總體說來，是的。不過得確定男孩是否真的很清楚自己到底想做什麼。

3. 不是必不可少的，但很有幫助。有的人可以在好幾個領域裡獲得成功。

4. 不是。

5. 男孩應該擁有與能力成正比的機會。

7. 不。弄清楚他是否真的知道自己到底想要什麼。

8. 毫無疑問。

9. 是的。

10. 對工作的熱愛往往會成為成功的誘因。

11. 這是個很好的議題。我的觀點是：兩者都重要。

12. 有時會。

13. 如果他愛學習，那就去吧。

14. 不。

15. 是的。

16. 是的。

17. 不是。

19. 是的。

20. 如果他懂得精打細算的話，可以。

21. 他會因此而負債累累的。

22.《聖經》；只要是內容健康的書籍都可以讀。

23. 是的，要逐條地讀。

24. 是的。

25. 無論身處何地，都盡可能地把自己的才能發揮到極致。不要做語言上的巨人，行動上的矮子。

約翰・康弗斯

賓夕凡尼亞州費城。鮑爾溫機車廠廠長、慈善家。

1. 對事業的專注。

2. 是的。

3. 是的。

4. 不是。

5. 是的。

6. 不。

8. 是的。

9. 是的。

10. 是的。

11. 能力。

12. 不會。

13. 如果條件允許還是去吧。

14. 不,我會建議他去技術學校。

15. 是的。

16. 是的。

17. 不是。

18. 學手藝。

19. 是的。

20. 不。

21. 沒做到鍥而不捨。

22.《聖經》;莎士比亞的作品;正規的歷史書籍。

23. 是的。

24. 不。

威廉·坎貝爾　理科碩士,理科博士

加利福尼亞州漢密爾頓山區。利克天文臺臺長、天文學者、天文學專題作家。

1. 健康的體魄;對自然科學的熱愛;面對艱鉅工作的挑戰,樂在其中;了解自己到底想要什麼;即使薪水再高也決不做自己不熟悉的領域裡的門外漢。

2. 是的。

3. 是的。

4. 不是。

5. 如果能力出眾，應該去。

6. 除非是天賜良機，否則不要去。

7. 只要他清楚地知道自己想要什麼就不必留下來。

8. 是的。

9. 是的。

10. 是的。

11. 如果真有能力，很快就能獲得經驗。

12. 同上。

13. 多數情況下不會。

14. 不。

15. 是的。

16. 是的。

17. 不是。

18. 學手藝。

19. 是的。

20. 不。

21. 缺乏興趣，不夠專注。

22. 是書就可以讀。

23. 是的。

24. 是的，但凡事總有例外。

25. 弄清楚自己到底想做什麼，到底喜歡做什麼，任何艱難險阻都不在話下。

💬 **詹姆斯‧安傑爾** —————————

密西根州安娜堡。密西根大學校長、外交官、前任駐華、駐土耳其大使。

2. 是的。

3. 不是。

4. 不是。

7. 不。

8. 是的。

9. 是的。

10. 是的。

13. 如果他有讀書的天分那就去吧。

14. 如果有領導才能，就去讀大學；否則就別去。

15. 是的，如果他是個當經理的料就去吧。

16. 是的。

17. 不是。

21. 不能持之以恆。

23. 是的。

24. 不。

25. 做人要正直高尚，做事要持之以恆、刻苦勤奮。

亞瑟‧哈德利　文科碩士，哲學博士

康乃狄克州紐黑文市。耶魯大學校長、作家。

8. 人們總是把「事業成功」和「大發橫財」混為一談。妓女和罪犯可以大發橫財，但不能說他們是事業成功。一個人可以不用依靠誠信就能弄到錢。他可以撬老闆的保險箱去偷錢；可以想方設法騙取老闆的信任去弄到錢；可以改名換姓去欺詐得到錢；可以沒有貨就和別人交易去騙錢；可以用卑劣的手段在競爭中勝出去賺錢。這些非法手段很容易被識破，也會被給以嚴厲的懲罰。不管這些伎倆是否會被拆穿，這些大把大把的錢都不能稱作事業有成的證明。

在正確闡述「事業成功」的概念時，「誠信」是必不可少的。分不清楚兩者區別的人會感到慚愧；而對「誠信」的重要性和必要性表示懷疑的人只要有利可圖就會出賣靈魂。請恕我直言，但是我覺得把這個問題闡述清楚了要比回答其他所有的問題都值得。

喬治・惠勒・欣曼

伊利諾州芝加哥。芝加哥《大洋中心報》總編兼經理、外國歷史及外交策略專題演講家。

1. 嚴謹的態度。

2. 是的。

3. 不是。

4. 不是。

6. 不。

7. 不。

8. 從深層意義上講，是的。但如果只為了賺錢，那就不必要了。

9. 多數情況下，是的。

10. 不。

11. 同等重要。

12. 這種情況很少發生。

13. 只要代價不是很大還是去吧。

14. 不。

15. 是的。

16. 是的。

17. 不是。

18. 做生意。

20. 不敢苟同。

21. 工作不夠勤奮，不夠嚴謹。

22. 從對他將來的職業有幫助的書中找出最好的六本來讀。

23. 是的。

24. 是的。

25. 做人要誠實、坦白；做事要嚴謹、勤奮。踏實生活，決不弄虛作假。

💬 查理斯‧泰勒將軍

麻薩諸塞州波士頓。《波士頓環球報》（*The Boston Globe*）總編兼總經理。

1. 無論身處何職，我都會全力以赴。這個習慣與腳踏實地的工作態度一起能幫助一個人成就夢想。

2. 是的。

3. 通常來說，是的。

4. 不是。

5. 那要看男孩是否有頭腦、工作是否勤奮。

6. 如果不是才智過人就不要去。

8. 絕對是。

9. 絕對是。

10. 是的。

15. 是的。

16. 是的。

17. 不是。

19. 得看具體條件，如男孩的能力如何，周圍的環境好壞等。

20. 視具體環境而定。

21. 頭腦不夠聰明，工作不夠勤奮。

23. 是的。

24. 是的。

25. 無論做什麼工作都要全力以赴。

🗨 法蘭西斯・克拉克　神學博士

麻薩諸塞州波士頓。基督教勉勵會聯合會會長、創始人；《基督教勉勵會報》主編、作家。

1. 在上帝的保佑下，我做任何事都會盡力而為，並且目光放得長遠。

2. 是的。

3. 不是必不可少，但很有幫助。

4. 不是。

5. 不能一概而論。

6. 不。

8. 是的。

9. 是的。

10. 是的。

11. 能力。

12. 是的，經常發生。

13. 是的。

14. 見下。

15. 對於想從事技工行業的人來說，讀技術學校和讀大學的效果是一樣的，甚至還會更好一些。

16. 是的。

17. 有許多男孩需要對他們採取一定程度的強制手段，至少讓他們在大學裡先試一試。

18. 假設我是這樣的男孩，我可能會當個農民。

19. 是的。

20. 這可能是個明智的選擇。視情況而定吧。

21. 沒有人生目標，意志不夠堅強。

23. 是的，每天讀十分鐘報紙就夠了。

💬 希金斯

伊利諾州芝加哥。伊利諾州中央鐵路局局長。

1.（a）勤奮、嚴謹的工作態度；（b）與對手公平競爭；（c）一視同仁；（d）對人和顏悅色。

2. 如果在他滿十七歲以後仍然沒有改變喜好，可以根據他的喜好擇業。

3. 對於男孩來說不是。

4. 不是。

5. 是的。

6. 不。

7. 不。

8. 是的。

9. 是的。

10. 是的。

11. 在起步階段能力更重要；再往後，經驗則更重要。

12. 同上。

13. 不。

14. 不。

15. 是的。

16. 是的。

17. 不是。

18. 學手藝。

19. 最好是進入好一點的公司或是根基牢固的大型單位工作。

20. 不。

21. 對自己放任自流。

22. 事業有成的名人傳記及此類的書籍。

23. 是的。

24. 是的。

25. 交友謹慎；為人坦誠；能體諒別人，一視同仁；遵守諾言。

亞瑟‧雷諾茲　醫學博士

伊利諾州芝加哥。衛生部長。

1. 對事業的鍥而不捨的精神。

2. 是的，如果他的心智已經成熟，可以考慮。

3. 是的。

4. 不是。

5. 如果他的事業心很重，那就到能成就事業的地方去；如果留在鄉下也很滿意，那就留在那裡。

6. 絕對不。

7. 不。

8. 當然如此。

9. 對我而言，是的。

10. 是的。

12. 是的，只要鍥而不捨地堅持下去就能成功。

13. 是的。

14. 讀一段時間吧。

15. 是的。

16. 是的，但不必非得拿到畢業文憑，除非獲得文憑對於他來說輕而易舉。

17. 不是。

18. 選擇個最得心應手的工作，一直做下去。

19. 是的。

20. 不。

21. 對工作不投入；由於健康原因，心有餘而力不足；或是懶惰且債務纏身。

23. 是的，讀新聞，那些內容健康的新聞。

24. 是的，除非在其他領域更適合他發展。

25. 要做到心情舒暢，積極主動，勤奮好學，待人誠懇。

💬 埃爾伍德・弗納斯

內華達州，愛荷華州。全國農民聯合會主席、農民。

1. 做任何事情都懷著必勝的信念，加之適宜的條件。

2. 我會建議他選擇有把握的事業來做。

3. 如果是在經驗的基礎上形成的喜好，可以考慮。

4. 不是。

5. 不，等接受完必需的教育之後再走。

6. 不。

7. 是的。

8. 是的。

9. 是的。

10. 不。

11. 能力。

12. 是的，只要有能力，可以透過各個管道獲得經驗。

13. 是的。

14. 是的。

15. 不。

16. 是的。

17. 不是。

18. 學手藝。

19. 是的。

20. 不。

21. 做生意資金不足；因酗酒或其他不良因素導致的散漫作風。

22. 《聖經》；莎士比亞的作品；政治經濟書；生理學書；國家法律；美國名人傳記。

23. 是的。

24. 如有必要，可以。

25. 與別人禮尚往來。躲開那些會將你帶入歧途的人。尋找智慧的源泉。從大自然的運作中學習知識。遵循大自然的規律，萬物生長，它如宇宙的締造者所擁有的力量一樣，是冥冥之中存在著的一股力量，是非人力所能及的。帶著這樣的目光審視世界，你就會愛上這個世界，愛上這位偉大的締造者，這將是你最大的心得。生意、手藝等等都在其次。做個有用的人，這樣一來才能讓別人發現你的價值。動作要迅速，辦事才有效率。別讓你的老闆失望，這樣才能展現你的價值，從而也使你獲得更豐厚的回報。對人要謙恭有禮。對待別人要像對待自己的家人一樣。與別人坦承相待，你將會得到上帝的眷顧和別人的回報。

🐗 喬治·史蒂文斯

維吉尼亞州里奇蒙。乞沙比克＆俄亥俄鐵路局局長。

2. 是的。

3. 是的。

4. 不是。

5. 如果他不喜歡務農的話可以走。

6. 不。

7. 不。

8. 是的。

9. 是的。

10. 是的。

11. 能力。

12. 是的。

13. 是的。

14. 是的。

15. 是的。

16. 是的。

17. 不是。

18. 學手藝。

19. 是的。

20. 是的。

21. 對工作不夠投入。

23. 是的。

24. 如果他願意，可以。

約翰・霍頓

麻薩諸塞州林恩。公共圖書館圖書管理員。

1. 做人、做事都有自己的道德準則。工作勤奮，持之以恆。

2. 是的。

3. 是的。

4. 不是。

5. 是的。

6. 不。

7. 不。

8. 是的。

9. 是的。

10. 不是絕對必要的。

11. 能力。

12. 很少有這樣的事。

13. 不。

14. 不。

15. 是的。

17. 不。

18. 學手藝。

19. 是的。

20. 通常來說，不。

21. 揮霍無度。

22. 《聖經》；《學生守則》（約翰‧陶德）；《年輕人的領路人》（奧爾科特）；《自己拯救自己》（斯邁爾斯）；《商業帝國》（卡內基）；男孩自主選擇的書籍。

23. 是的。

24. 不。

25. 做人要誠實、勤奮。廣開視聽，少說為宜。

塞繆爾‧伍德布里奇教授

麻薩諸塞州波士頓。麻省理工大學教授、美國公共衛生聯合會主席、機動車衛生委員會主席。負責包括美國國會會議廳在內的 150 餘處建築物的暖氣及通風事務的設計工程師兼顧問工程師。

1. 熱情與勤奮。

2. 除了個人喜好還要看機遇如何。

3. 不是，但是一種優勢。

4. 不是。

5. 還有比事業更重要的事。

8. 絕對是。

9. 是的。

10. 要想成功得做到專注、投入加熱情。

11. 能力。

12. 有了能力，在經驗的輔助下成功得更快。

13. 如果條件允許，受的教育越深廣，對人的發展越好。

14. 先是思想上的教育；學手藝其次。

15. 是的。

16. 是的。

17. 要尊重男孩的意願。

18. 選個最能促其發展、成熟的行業。

19. 視情況而定，要看機遇如何。

20. 聽聽為他提供資金贊助的人的意見吧。

21. 優勝劣汰；判斷失誤；管理不善；競爭手段冷酷無情。

22. 經典戲劇；最好的歷史書籍；最好的詩歌。

23. 有選擇性地讀。

24. 遵循的原則同 2 題答案。

25. 男子漢大丈夫，拿得起放得下。無論做什麼事都要盡力而為。

💬 羅茲韋爾‧米勒 ─────────────────

伊利諾州芝加哥。密爾沃基＆聖保羅鐵路局董事會董事長。

1. 工作努力。

2. 是的。

3. 不是。

4. 不是。

5. 是的。

6. 不。

7. 不。

8. 不是。

9. 是的。

10. 是的。

11. 能力。

12. 是的。

13. 不。

14. 不。

15. 是的。

16. 是的。

17. 不是。

18. 學手藝。

19. 是的。

20. 是的。

21. 不能持之以恆。

23. 是的。

💬 塞繆爾‧多爾頓將軍 ——————————————————

麻薩諸塞州波士頓。麻塞諸塞聯邦軍務局長。

2. 是的。

3. 在某種程度上說，是的。

4. 不是。

5. 是的。

6. 不。

7. 不。

8. 是的。

9. 是的。

10. 是的。

11. 同等重要。

12. 有能力自然能獲得經驗。

13. 不。

14. 不。

15. 是的。

16. 是的。

17. 不是。

18. 學手藝。

19. 看有沒有機遇吧。

20. 不。

23. 是的。

24. 不。

🗨 加斯特沃斯・葛蘭 ───────────────

喬治亞州亞特蘭大。公立學校總長、南方教育協會會長、芝加哥全國教育協會管理處處長。

1. 我做任何事從不三心二意。

2. 視男孩的自身情況而定。如果他已經心智成熟，可以考慮。

3. 有時是。

4. 不是。

5. 如果他是個有頭腦的孩子，可以。

6. 不。

7. 不。

8. 是的。

9. 通常如此。

10. 是的。

11. 經驗。

12. 不會。

13. 是的。

14. 是的。

15. 是的。

16. 是的。

17. 不是。

18. 學手藝對他的發展有利。

19. 是的。

20. 是的。

21. 忽視了成功的必備條件。

22. 《聖經》；莎士比亞的作品；班揚的《天路歷程》；本國歷史；名人傳記。

23. 是的。

24. 如果做哪行都沒太大分別，可以。

25. 說真話，做實事，要活得實實在在。

約翰・米克爾伯勒　哲學博士

紐約布魯克林。男子高中校長。

1. 自己打工賺大學學費。

2. 只要職業正當就行。

3. 不是。

4. 通常來說是不明智的。

5. 好多男孩在家鄉都不能使自己的才華得到徹底的發揮，如果繼續留在那裡只能是被束縛住手腳。

6. 這個問題該如何回答並無定數。主要還是看男孩能否在大都市裡仍然保持一顆平常心。

7. 不。如果他是因為害怕勞動而要逃離農場，那就應該讓他留在那裡，試著做點別的。

8. 有人認為沒有誠信也一樣，但我認為還是應該講誠信。

9. 「鍥而不捨、持之以恆」有時會限制人的發展，我比較贊同堅持一段時間後做個短暫的休息，然後再繼續。

10. 一個人必須對自己的工作有興趣，但不一定非得熱愛它。

11. 能力是基礎，經驗是上層建築。只有經驗而無能力，通常都會失敗。

12. 是的，但成功的程度有限。成功並不意味著金錢。真正的成功是經年努力的結果。不過這麼做可以獲得經驗。

13. 是的，總的說來，大學的教育、大學的生活和大學的經歷是任何事物都無法替代的。

14. 是的。這有助於他將來成為這個行業的佼佼者。

15. 是的。

16. 是的。

17. 不是。很多男孩根本用不著上大學。

18. 如果他沒什麼宏圖大志，那就選一個他自己可能會感興趣的行業吧。

19. 只要他的資金夠充足就行。早在三、四十年前我就應該贊同。

20. 不。

21. 缺乏判斷力。過度依賴「運氣」。雖然有時有「運氣」沒有判斷力也能成功，但屬個例。

22. 《聖經》；莎士比亞的作品；美國政治家的傳記；朗費羅（Henry Wadsworth Longfellow）、惠蒂爾、霍爾姆斯、布萊恩特及羅威爾的詩作。

23. 是的，他應該學習如何有鑑別力地閱讀報紙，取其精華，去其糟粕。

24. 難說。這取決於父親是什麼樣的人，男孩是什麼樣的人，還有父親的事業是個什麼樣的事業。

25. 我會引用朗費羅的話告訴他們：「無論處境如何，都要快樂地活著，有尊嚴地活著。等你辭世之後，人們會像評價尤里比底斯那樣評價你：『你的名字不是因為被寫在墓碑上而被人記住；但墓碑卻因寫上了你的名字而熠熠生輝。』」

💬 **約翰・斯隆**

紐約市。W＆斯隆地毯與室內裝飾公司職員。

1. 我的小有成就要歸因於上帝的指引和父母的悉心教導，再有就是奮鬥目標明確。

2. 是的。

3. 是的。

4. 男孩應該自己建設自己的幸福生活，父母應該予以引導而非強迫。

5. 是的。

6. 如果我是那個男孩的話，我會盡力去尋找機遇，一旦機會來臨，我就能好好把握住它。

7. 不。

8. 是的。

9. 是的。

10. 是的。

11. 兩者互相依賴，缺一不可。

12. 不會。

13. 讀大學更好，但不是非讀不可。

14. 我建議他選擇大學的理工科來讀。

15. 是的。

16. 是的。

17. 應該鼓勵孩子，但不要強迫他。

18. 還是學門手藝吧。

19. 如果他有這個志向那就試試吧。

20. 這得取決於借錢者。

21. 胸無大志，敷衍了事。

23. 是的。

24. 是的。

25.「無論做什麼事都要全力以赴。」為上帝而奮鬥。

💬 **雷文** ────────────────────

紐約市。大西洋人壽保險公司董事長。

1. 成功與否是相對而言的。盡忠職守是分內之事。沒有絕對的成功可言，因為在冥冥之中有股強大的力量操縱著一切，這是非人力可以控制的。認識不到上帝的存在，人類的努力就會變得徒勞無獲。

2. 如果這不是男孩的一時衝動，當然應該予以尊重。

3. 有時即使有機遇我們也難斷定結果會如何，因此沒必要非得有你所說的熱愛之情。

4. 毫無疑問是不明智的。

5. 人就應該在最適合自己的領域發揮專長，盡最大可能展現自身價值。

6. 不，我不會這麼做。

7. 當然不是。

8. 誠實是成功的根本，沒有誠信做基礎，毫無成功可言。

9. 當然。

10. 為了成功，他當然得對自己所從事的工作感興趣。

11. 經驗很重要，是日積月累得來的。所謂的能力或高智商對於成功來說並非必不可少。真正的聰明人會懂得如何利用經驗去獲得成功。

12. 人盡其才才能獲得成功。

13. 如果條件允許，大學的教育能使他開闊視野、拓展思路，無論他將來從事什麼職業，都有百利而無一害。

14. 如果條件允許，我當然贊成。

15. 當然。

16. 這似乎是很必要的一步。

17. 我不認為是明智之舉，這麼做的結果不會好的。

18. 當然得學手藝。

19. 倘若不是孤注一擲式的投資，可以試一試。

20. 我不贊成。我從來就不贊成向別人借錢。

21. 對事業不夠忠誠，不夠投入。

22. 依我之見，最有啟迪作用的是：《聖經》；班揚的《天路歷程》；莎士比亞的作品；在歷史上有影響力的名人傳記，如約翰·霍華德、亞伯拉罕·林肯、威廉·E.格拉德斯通等人的傳記。

23. 透過讀報紙了解時事新聞、世界形勢。報紙良莠不齊，很難說哪份報紙是「好」報紙。

24. 這類的事能迴避盡量迴避。

25. 盡自己最大努力保持自己的身心健康。注重生活細節，不受客觀環境的影響。能做到這些就一定能獲得成功

斯圖爾特·羅布森

紐澤西州海蘭士。演員。

1. 做事認真，待人誠懇，自尊自愛，事業至上。

2. 是的。

3. 是的。

4. 不光是不明智，簡直是在犯罪。

5. 是的。

6. 是的，我覺得鄉下的環境不適合才智的自由發展。有頭腦的男孩在這樣的環境中無法大展宏圖。

7. 不。

8. 多數的成功都是靠誠信得來的，但並不絕對。

9. 所謂的天才就是勤奮的人。

10. 是的。

11. 當然是能力。

12. 不會。

13. 不。

14. 不。

15. 不。

16. 如果是做個腦力勞動者，我建議還是上大學吧。

17. 不是。

19. 在有專家指導的情況下可以。

20. 在有專家指導的情況下可以。

21. 胸無大志。

22. 狄更斯的《孤雛淚》（*Oliver Twist*）；巴爾札克的《路易斯‧蘭伯特》；利的《異教審判的歷史》；歐文的《戈德史密斯傳》（*Oliver Goldsmith, Washington Irving*）；巴特利特的《常見語錄》；莎士比亞的《錯誤的喜劇》（*Comedy of Errors*）。

23. 是的。

24. 是的。

25.「把學校當做教堂，好好學習就是你的信仰，耕作就是在祈禱，種植就是在闡釋《聖經》，而收穫就是達成所願。」

🗨 奧利佛‧豪蘭 ————————

安大略省多倫多。多倫多市長。

2. 一般說來，是的。

3. 如果像 4 題中提及的情況，那答案就是「不是」。

4. 如果他所選擇的是個正當職業，且他可能會為此而傾注心血，那父母這麼做就是不明智的。

5. 如果他像推進工業發展的人一樣，也能抓住機遇推進農業的發展，那麼我會建議他去的。

6. 如果他是個能力超凡的人，而且向大城市的人才流動不會對農村

的發展造成太大的影響，那就去吧。

7. 這得看他為什麼不喜歡農場。如果是因為不喜歡務農，他最好還是留下來適應適應；如果是因為胸懷大志，他就應該好好考慮一下在家鄉能做點什麼。

8. 是的，炒股票除外。

9. 是的。

10. 他若是懶惰、不愛做事，那他最好是調整好自己，否則，參見題3和題4的答案。

11. 在總結經驗時能力很關鍵。兩者如同勞動中的工具和手一樣，缺一不可。

12. 有能力可以彌補經驗上的不足。

13. 他若是能利用大學裡學到的知識去經商，那他就應該去讀大學；如果是為了讀大學而讀大學，那就沒必要了。

14. 不，但若是學理工科，可以。

15. 是的。

16. 這很必要。

17. 不是，除非是為了以此制止他終日裡遊手好閒。

18. 第一選擇是學農；第二選擇是學手藝。

19. 如果小的環境已經滿足不了他，可以試一試。

20. 沒有把握就不要做。

21. 急於成功，為了成功不顧一切，不擇手段。

22.《聖經》，它可以教人如何負起責任、向人闡述哲理、使人高瞻遠矚；一些好的英國歷史書籍，如格林的歷史著作，它能拓寬人的思路；讀些優秀的幽默大師的書以改變自己的自負的毛病；還有某領域裡的權威人士寫的書，機械方面的、農業方面的、經濟方面的或有關其他職業的。

23. 如果他買得起，且不能被報紙左右思想，可以。

24. 是的，除非他對其他行業有著更強烈的興趣或是這個事業已經風雨飄搖了。

25. 說話、做事要誠懇、知性。不要總是抱怨自己懷才不遇，也不要因自己的小小成績而得意忘形。

💬 **愛德華・波普**

麻薩諸塞州波士頓。波普 - 魯賓遜汽車製造公司財務主管、哥倫比亞腳踏車製造廠，波普製造公司財務主管（任職 19 年）。

1. 把握良機，持之以恆，決不投機，工作時心無雜念；工作的同時加強體能訓練，確保頭腦靈敏、身強體壯。

2. 如果別無他法的話可以。

3. 不是必備條件，但應該如此。

4. 不是，如果男孩甘心如此，就不要強人所難。

5. 可以建議他離開家鄉，但不必強求。

6. 不。

7. 如果他喜歡工作、不懶惰，那就不要離開；反之，可以離開。

8. 是的，因為我指的事業成功是長期的成功，而非曇花一現，所以需要有社會各界的尊重和朋友的大力支持；而不注重誠信的人是做不到這點的。

9. 是的。

10. 是的。

11. 經驗，但兩者都需要。

12. 不會，不會獲得長久的成功的。

13. 不，除非畢業後有貴人相助。

14. 不。

15. 是的。

16. 是的。

17. 不是，但也有例外，比如說父母極其希望兒子能去讀大學，不擔心他會在枯燥的課堂裡感到煩悶；等兒子畢業後父親會一路扶持等等，如果是這樣的話可以強迫他去上大學。

18. 最好的選擇是學手藝。

19. 是的。

20. 等存夠錢再做吧。

21. 經驗不足。

22. 《聖經》；莎士比亞的作品；《悲慘世界》；《商業帝國》；《林肯傳》；《亞歷山大傳》。

23. 是的，但要確保讀的內容是健康的、積極向上的。

24. 是的，這是向父親學習經驗的最好機會。

25. 做個誠實、正直的人。自尊自愛。千萬別投機冒險。要遵紀守法。別拿自己的健康開玩笑。對你的僱用者知無不言。

威廉・麥斯威爾　哲學博士

紐約市。教育廳長、教材編撰者。

1. 先祖的庇佑；不屈不撓的精神。

2. 是的。

3. 不是。

4. 不是。

5. 先在小城市起步。

6. 不。

7. 不。

8. 是的。

9. 是的。

10. 是的。

12. 不會。

13. 是的。

14. 是的。

15. 是的。

16. 是的。

17. 不是。

19. 是的。

20. 不。

21. 不夠持之以恆。

22.《聖經》；莎士比亞的作品；柏拉圖的《理想國》；歌德的《浮士德》；麥考利的作品；丁尼生的《國王敘事詩》（*Idylls of the King*）。

23. 是的。

💬 **亨利・柯克・布希布朗** ─────────────

紐約市。雕刻家、作家。

1. 良好環境和教育，良好的環境有助於塑造人的基本道德品質；勤奮和耐心；意志堅定等等。

2. 毫無疑問。

3. 不是，應該是意志力和勇氣。

4. 孩子從小就應學會熱愛工作，以工作為榮，應該享有相當大的擇業自主權

5. 如果他有成就事業的能力且良機在握，可以出去闖一闖，但無論在哪，都應接受良好的培訓。

6. 不。

7. 不。

8. 是的。

9. 毫無疑問。

10. 不，但它是成功的推進器。

11. 一般來說是能力。但也有例外。

12. 是的。

13. 是的，大學教育可能對將來的事業有幫助。

14. 不。

15. 是的。

16. 是的。

17. 不是，個例除外。

18. 學手藝或經商。

19. 有把握的話，可以。

20. 不，個例除外。

21. 判斷失誤。

22. 愛默生的《生活行為》；《新約全書》；《林肯傳》；布克·華盛頓的《超越奴役》；約翰·費斯克 (John Fiske) 的《人類的命運》；《人潮湧動》。

23. 如果是為了讀報而讀報，就不必了；如果是為了跟上文明發展的速度，掌握事業發展的趨勢，可以讀。

24. 是的。

25. 不急不躁，刻苦勤奮；待人誠懇，樂於助人；冷靜嚴謹、充滿勇氣；謙虛謹慎、彬彬有禮；最重要的是樂觀向上，有條不紊。

🍃 伊格內休斯·沙利文

康乃狄克州哈特福。哈特福市長。哈特福特務會主席。康乃狄克勞工聯盟主席。

1. 首先是催人奮進的理想；其次是注重誠信；再次是一旦認定方向，就會一心一意地做下去。

2. 是的。

3. 不是。多數男孩對各行各業知之甚少，有了在某行業中的親身經歷才會產生對它的特殊興趣。

4. 不是。

5. 是的。

6. 不。

7. 不。

8. 是的。

9. 是的。

10. 並非必不可少，但一旦事業有成，肯定會熱愛它的。

11. 能力。

12. 不會。

13. 如果能去還是去上大學吧，知識就是財富。

14. 不。

15. 如果條件允許的話，還是去吧。

16. 當然。

17. 不是。

18. 學手藝是第一選擇，手藝學成後能使他建立一種信心、懷有理想，他會努力在本行業中做到出類拔萃。

19. 是的。

20. 是的。

21. 想法不成熟。

22. 歷史、旅遊、傳記等方面的書籍。

23. 是的。

24. 是的。

25. 待人誠懇，廣交朋友。不滿足於現狀，精益求精。

約翰・墨菲　醫學博士

伊利諾州芝加哥。外科醫生、西北大學外科教授、外科裝置發明家。

1. (a) 目標明確；(b) 持之以恆；(c) 不屈不撓；(d) 注重實用價值；(e) 做事有效率。

2. 是的。

3. 對工作的熱情很必要。

4. 不是。

5. 如果他是個意志堅強的人，可以；性格懦弱的人將在大城市中無法生存。如果他的媽媽夠堅強，捨得他離開，他可以走。

6. 離開家鄉之前先看看是否在家鄉真的無法發展事業。

7. 這得看男孩的勞動能力如何。務農時若是個懶骨頭，那他做哪一行都不會勤快。

8. 完全必要。

9. 是的。

10. 是的。

11. 能力。

12. 能力比經驗重要，能教人辨明真偽。

13. 是的。

14. 讀完高中就可以了。

15. 如果能去就去。

16. 是的。

17. 絕對是明智之舉。大學教育就像苦口良藥一樣，雖然難以下嚥，

但能治癒疾病。

18. 只要教導有方，普通的男孩很可能會成才；而小時看起來似乎很優秀的孩子長大後往往變得很普通。這正所謂「小時了了，大未必佳。」

19. 如果可能，到他所熟知的領域中去發展；如有必要，就到陌生的領域中去開創事業。

20. 如能確保借錢沒風險，那就去做；否則，還是用自己的錢投資吧。

21. 懶惰或是不講信用。

22. 那得看男孩能讀什麼。選擇書時不要看書的內容有多好，而是要看男孩到底能理解多少，並能將其運用於實踐。

23. 沒有適合男孩讀的日報。

24. 是的。

25. 誠實面對自己，誠實面對他人，誠實面對上帝。要志存高遠，只要肯努力，早晚能成功。

約翰・卡素德

威斯康辛州麥迪遜。威斯康辛州最高法院審判長、作家、威斯康辛州議會前任議長。

1. 首先，從兒時起就堅信凡事要靠自己，做事要全力以赴。其次，因為體弱多病，不得不改變初衷，避免體力勞動，因而專注於學業，後來在司法領域建立了自己的事業。

2. 如果男孩的選擇是經過深思熟慮的，那就可以予以考慮；如果不是，則不必考慮。

3. 不是。多數男孩都會選擇看起來簡單易學的行業。真正的成功是歷經艱難險阻得來的，而幾乎沒有哪個男孩會喜歡這些困難的。在經歷了種種之後，可能會有某些「偏愛」，但也可能在經歷了很多之後，它不再是「偏愛」了。

4. 不是。

5. 按照常理來說，「偏遠」的地區對於男孩來說往往比「大城市」更安全。很多事業有成的人都是在鄉下長大的。在農村的男孩有多大能力就能獲得多少機會。除非情況特殊，否則農村男孩應該遠離大城市。

6. 不。

7. 如果是農民的兒子卻不喜歡務農，很可能是因為他什麼活都不喜歡做。早年我曾認識一個這樣的男孩，他的父親是個富裕的農民。我最後得到的有關他的訊息說他成了一個地痞流氓。如果一個男孩連他能做或應該做的工作都不願意去做，那他無論做什麼都將一事無成。

8. 依我之見，有些人所說的成功是不用嚴格遵守誠信就能得來的，不過真正的長久的成功依賴於公眾的信任與支持，不嚴格遵守誠信是不行的。

9. 做合法的生意想獲得長久的成功需要鍥而不捨的精神。

10. 剛開始時可能對它並不感興趣，但是要想在工作中找到樂趣、獲得成功，必須要學會熱愛它。

11. 沒有經驗但可以有能力；若沒有能力就談不上有經驗了。能力是基礎，能透過經驗獲得提高。能力可大可小，是成功的必備條件。

12. 那得看成功指的是什麼：如果只是指賺大錢，那麼飛來的橫財或突然交了好運都能使人成功；如果指的是開家小公司，那麼無需經驗只要稍微動動腦筋再加上朋友的幫忙就行了；但如果是指經營合法生意，同時形成經營理念、有了自己的風格、日趨成熟起來，那麼需要有能力和經驗相輔相成來獲得偉大的業績。

13. 是的，至少也要學到他將從事的工作所需的知識。

14. 同上。

15. 同上。

16. 當然，尤其是將從事腦力勞動的工作。

17. 不是，最好是強迫他從事些體力勞動。

18. 我建議這樣的孩子最好是從事自己能勝任的工作。做些簡單的工作很容易就成功了，但若挑戰不太可能的事情，極有可能會失敗。

19. 在條件允許的情況下，我才會建議他去這麼做，這樣一來，他會有更多的機會去發展自己的個性，使自己迅速成長起來，當然此時的他是作為老闆而非職員來發展自己的能力的。

20. 不。

21. 基本能力不足，教育程度不夠，缺乏活力，工作缺乏韌性。

22. 《聖經》，還有任何有趣的書、對塑造個性、培養個人修養及建立經營理念大有幫助的書籍。

23. 是的。

25. 信仰上帝，對人和善，尤其是要善待你身邊的人。盡快地學會控制住自己的喜怒哀樂。珍視友情，與朋友坦誠相待，不獨斷獨行。決不參與非法勾當。志存高遠。誠實、勤奮、節儉，牢牢把握良機。

🗨 諾曼・法夸爾　海軍元帥

華盛頓哥倫比亞特區。美國海軍元帥。

1. 目的純正。

2. 是的。

3. 是的。

4. 不是。

5. 是的。

6. 不。

7. 不。

8. 是的。

9. 是的。

10. 是的。

11. 能力。

12. 不會。

13. 是的。

14. 不。

15. 是的。

16. 是的。

17. 是的。

18. 做生意。

19. 是的。

20. 不。

21. 不講誠信。

23. 是的。

24. 是的。

25. 說話、辦事都要講誠信。

威廉‧班克羅福特將軍

麻薩諸塞州波士頓。波士頓高架鐵路局局長、律師、麻塞諸塞市長俱樂部及劍橋俱樂部主席、美國海外戰爭麻塞諸塞作戰指揮部總指揮。

1. 正直、勤奮。

2. 是的。

3. 不是。

4. 不是

5. 沒必要。

6. 不。

7. 不。

8. 按照常理來說是的。但有時用不著。

9. 是的。

10. 不必。

11. 多數人認為是經驗。

12. 是的。

13. 不。

14. 不。

15. 是的。

16. 是的。

17. 如果家境富裕，可以這麼做。

19. 是的。

20. 不。

21. 資金不足。

22. 《聖經》；莎士比亞的作品；美國歷史；布萊克史東的《英格蘭法律評論》；歐洲各國及其屬地的歷史；科學書籍。

23. 不要唯讀一種，多讀幾種報紙。

24. 是的。

25. 待人誠懇，留心觀察，善於思考，發奮圖強。

亞歷山大‧考德威爾

堪薩斯州利文沃斯。第一家國家銀行行長、前任美國參議員。

1. 在很早的時候就下定決心要養成辦事迅速、誠實可靠的性格；無論做什麼事都會盡全力而為，不斷努力直到成功為止。

2. 是的。

3. 要想獲得最大成功需要這樣做。

4. 不是。

5. 如果他是個有理想、能力強的人，可以去大城市。

6. 我建議他還是先從家鄉起步，等能力有所提高再去大城市。

7. 如果他打算做點別的工作就不用留下來。

8. 雖說誠實的人有失敗的時候，而偷奸耍詐的人也有成功的時候，但按常理來說還是應該講誠信。

9. 是的，沒有付出，就不可能有回報。

10. 是的，要想獲得長久的成就，必須這樣。

11. 能力。儘管能力需要經驗作為補充，但是，想做大事必須要有與生俱來的才華。

12. 是的。

13. 如果他想去就去吧。教育就是一個工具，工具使得越得心應手，工作做起來就越輕鬆。

14. 這倒不是非去不可，但若是男孩想去，我還是建議他去。

15. 是的。

16. 是的。

17. 不是，這等於是在浪費時間和金錢。

18. 學手藝。

19. 是的。

20. 不完全贊同。

21. 荒廢事業，目光短淺，奢侈浪費，急功近利，判斷失誤。

22.《聖經》;莎士比亞的作品;古代史和現代史;《悲慘世界》;《賓漢》。

23. 是的，男孩不讀報紙就無法跟上時代的步伐。

24. 不，除非男孩對它感興趣，且能夠勝任。

25. 要高瞻遠矚，注重名譽，工作勤奮，生活節儉，精力充沛、有所節制，為人著想。如果做不到以上幾點，就會失敗。

🗨 艾爾弗雷德‧貝利斯 ──────────

伊利諾州斯普林菲爾德。伊利諾州公共指導部部長、全國總監。

1，努力工作，講究誠信。

2，是的。

3，是的，要想獲得完全意義上的成功需要這樣做。

4，不是。

6. 不。

7. 如果真的是深惡痛絕，就離開吧。

8. 當然。

9. 是的。

10. 當然。

12.「成功」是個循序漸進的過程，經驗很必要。

15. 是的。

16. 是的，

17. 不是。

18. 在有了自己的理想之前，做什麼都無所謂。

19. 是的。

20. 不。

22.《聖經》；莎士比亞的作品；霍爾姆斯的《獨裁者》；派克曼的歷史著作；《林肯傳》。

24. 如果與父親意見一致，父親的事業也很成功，可以。

25. 做人要誠實，好學，有公德心，守時，善良。寧可受窮也不貪不義之財。如果你是個生意人，你的店裡沒有顧客需要的東西，你應該建議他到隔壁的商店裡碰碰運氣。

塞繆爾・卡拉韋

紐約市。美國機車公司董事長、紐約中央區＆哈得遜河鐵路局局長、湖畔＆密西根南部鐵路局局長。

1. 盡量與老闆的觀點保持一致；任何困難都難不倒我。

2. 是的。

3. 不是。

4. 不是。

5. 是的。

6. 不。

7. 不。

8. 是的。

9. 是的。

10. 通常來說是。

11. 同樣重要。

12. 不會。

13. 不。

14. 不。

15. 如果條件允許的話，會。

16. 當然。

17. 不是。

18. 可能哪行也做不好。

19. 是的。

20. 是的。

23. 是的。

24. 不。

25. 要誠實、勤奮、熱愛祖國。

🗨 威廉・馬丁・艾肯 ——————————————

紐約市。建築師。曾任美國財政部建築工程監督員。設計過亞特蘭大、納許維爾和奧馬哈等地的會展中心。

1. 生理條件：身體健康。性情：樂觀，誠懇，正直、持之以恆、樂於助人、有責任心。

經歷：做事力求完美，堅信結果能證明一切，學著果斷做出決定。

洞察力：(過去) 不管受到多大的挫折、打擊，向別人的不畏艱難的精神學習，為自己打氣；(現在) 研究人性和人的性格特徵。

2. 是的。

3. 是的。

4. 按照常理來說不是明智之舉，但具體情況具體分析。

5. 按照常理來說，是的。

6. 不贊成他在太小的時候走，等長大以後也許會有可能。

7. 按照常理來說，不。

8. 完全必要。

9. 當然。

10. 當然。

11. 能力排第一位。只要想累積經驗就能累積到。

13. 按照常理來說，是的。但還得看男孩的個性如何。

15. 讀技術學校的好處毋庸置疑。

16. 當然。

17. 難說。

18. 首選做生意；其次是學手藝；最後是從事某種專業。主要取決於對男孩有影響力的父親或是其他人的職業如何。

19. 按照常理來說，是的。

20. 是的，主要看男孩的自身條件而非客觀條件。

21. 缺乏耐力和決心，不能持之以恆。

22. (a)《聖經》；(b) 莎士比亞的作品；(c)《華盛頓傳》（洛奇和福特著）；(d)《林肯傳》（莫爾斯和塔貝爾著）；(e)《裘力斯‧凱撒》（J. 安東尼‧弗勞德著）；(f)《亞歷山大傳》（班傑明‧愛德‧惠勒著）。

23. 是的。

24. 是的。

25. 先樹立正確目標再一往直前。做任何事都要持之以恆。凡事不要只依靠別人，要自力更生。

弗蘭克‧卡梅倫　哲學博士。

華盛頓哥倫比亞特區。化學家。美國農業部土壤專家。康乃爾大學物理化學研究助理，導師。

1 (a) 對工作專注、不懈的努力；(b) 良好的教育和對化學理論知識的全面學習；(c) 巧妙的處事技巧；(d) 生活或工作中遇到問題能夠客觀分析，而非主管臆斷；(e) 妻子的鼓勵、支持和幫助。

2. 總的說來是的。但不適用於任何時候。

3. 不是，但即使不是必備條件，也是一個重要因素。

4. 不是。

5. 總的說來，我不贊同，但還得看男孩的素養如何、周圍的環境如何。

6. 不。

7. 如果他的離開不會給他的至親帶來不便，就可以。

8. 不是，但暫且不論道德、宗教因素，也應該講誠信，把它作為一條經商原則來執行。

9. 是的，但不用一直這樣做下去，有時適當的休息也是很必要的。

10. 不是，但能促進其成功。

11. 能力。

12. 不會。

13. 有時會。一般讀完大學就可以了。

14. 有時會。一般讀完大學就可以了。

15. 是的。

16. 毫無疑問。

17. 不是。

18. 學手藝。

19. 是的。

21. 放任自流。

23. 等他十五、六歲以後可以讀。

24. 不。

25. 做人要誠實、彬彬有禮，懂得自我控制，要有意志力。學著客觀看問題、予以公正對待，不要忽視細節。

拉斯特斯·蘭塞姆

紐約市。前任紐約市遺囑認證法官、美國作家協會會長、律師。

1. 適應能力強；有節制的生活習慣；充足的睡眠；健康有營養的一日三餐；做事守時；虛心聽取他人意見；一諾千金，從不食言。

2. 是的。

3. 不是。

4. 不是。

6. 具體要看男孩自身的素養及兩地環境到底有何差距。

7. 不。

8. 是的，而且越講誠信越好。

9. 是的。

10. 不是。

11. 能力。

12. 會的，經驗可以後天補上。

13. 不。

14. 不。

15. 是的。

16. 是的。

17. 肯定不是。

18. 學手藝。

19. 是的。

21. 適用能力不強，不講誠信。

22.《雙城記》;《海角一樂園》;《箴言錄》;四部福音書;《撒克遜英雄傳》;《凱特‧特拉斯特》。

23. 是的。

24. 如果父親的事業很成功的話可以接手。

25. 工作、工作、再工作。誠實守信。

💬 查理斯‧格林利夫 ────────────

麻薩諸塞州波士頓。新罕布夏州白山 p ＆ F 旅館老闆、波士頓旺多姆旅館老闆。

1. 許多年前一位陌生的紳士告訴我說:「心在何方只有上帝才知道」我受他的話影響很深；我與年長的人交友或成為生意夥伴，從他們身上我學到很多寶貴的經驗，他們一直很支持我，這使我受益非淺；花銷上量力而行，每年都能做到收支平衡。如果非得借錢不可，那就向一個人借，向一個人借 10,000 元總比向二十個人每人借 500 元好。

2. 男孩應該向父母及成功人士請教。

3. 不是，很多成功人士都是在自己不熟悉的領域裡成功的。有能力、適應性強是他們成功的要訣。

4. 不是。如果男孩的意願使父母感到不滿意，他們應該想出個折中的辦法。

5. 如果他有堅強的意志去抵抗都市的誘惑、對未來充滿了憧憬，可以去試一試。

6. 不。他如果在小城市裡能獲得成功，在大點的地方也能獲得機遇。

7. 不，讓他在外面碰碰運氣。一旦失敗了，再回來也不遲。

8. 不是。不過靠不正當手段發財的人不會受到社會的認可和尊敬。

9. 是的，積極主動地工作可以節省大量時間，提高效率。

10. 不是。想要成功的欲望才是最關鍵的因素。

11. 經驗。有經驗的人知道如何與人交往，這是成功的訣竅。

12. 會的。有能力的人很快就能獲得經驗。

13. 他若想去那就去，不想改變他的初衷的話就別勸他，大學教育會讓他產生新的想法。

14. 不。儘管上大學很值得，但不如用上大學的時間來學門手藝，早點入行。

15. 是的。他會在那裡學到好多有用的東西，否則他得花好長的時間才能在實踐中摸索出來。

16. 是的。除了能學到知識外，還能使他在同事當中更具競爭力。

17. 不是。但是我會強制性地要求他去獨立謀生。應該有那麼一條制度要求身體健全的人必須參加勞動，正如得有那麼一條法律要求人得守法一樣。

18. 學手藝。他做生意或是從事某專業可能會失敗。花大價錢去培養一個價值小的人是個虧本的買賣。

19. 不。如果他真的有能力獨當一面的話，他可以要求加薪，稍後可

以以合夥人的身分繼續工作。

20. 不。應該讓他努力成為受薪一族中的佼佼者，存下資金，這樣一來他會有更大的成就。至於自己感興趣的工作可以留到業餘時間來做。

21. 慈母的溺愛。母親總是怕自己的兒子受苦，卻毀掉了很多男孩的美好前程。

22.《聖經》；喬賽亞‧斯特朗的《我們的國家》；埃爾伯特‧哈伯德的《致加西亞的信》；個人記帳本；還有他的語法書及《英語語法原理》。長期的經驗表明最後的兩本書對男孩來說是必讀的，無論男孩現在正就讀於大學還是將要去讀大學。

23. 是的。如果能找到一份中立的報紙，那讀一份就夠了；如果找不到，那就讀兩份，各代表一個主要政黨的主張。要想了解真相必須聽取雙方的觀點。

24. 如果是個有盈利的事業可以讓男孩接手。不要逼男孩接手已風雨飄搖的事業。如果是個盈利的事業，接手也是有條件的，不能對他有任何的特殊待遇。

25. 每天讀一遍《聖經》會使你受益非淺；加入基督教青年會，會使你充實地度過每段休閒時光；遵守承諾。在適合自己的地方發展事業。絕對不要與你的客戶發生爭執。絕對不要投機冒險。有實力的人才能在競爭中脫穎而出。不要空談，要腳踏實地。沉默是金。工作與娛樂要分開。發揚自己的優點，克服自己的缺點。做生意時很容易犯錯，別為了這一點點錯誤就垂頭喪氣，找出出錯的原因更重要。交友要謹慎。當情緒不好時，步行到遠方的朋友家去拜訪他，在走路的過程中你的情緒就慢慢平靜下來了。

💬 **喬爾‧伯迪克** ———————————————————

紐約州奧爾巴尼。德拉瓦＆哈德遜鐵路局客服部負責人、多家公司董事。

1. 我的成功在相當程度上歸因於機緣巧合，再加上與生俱來的責任感。

2. 是的。

3. 不是。多數孩子的喜好都屬於三分鐘熱血、一時的衝動。

4. 不是。

5. 如果他實力夠強的話，可以。

6. 如果他想這樣做，可以；一旦失敗了，他很可能會重回原地。

7. 不，如果他實在是無法愛上做農活，可以離開。

8. 是的。

9. 是的。

10. 是的，很必要。

11. 能力。

12. 會，但是經驗是在奮鬥過程中逐漸累積而來的，時間有長又短。

13. 是的。

14. 凡事有機會且願意讀大學的男孩都可以去上大學。如果他能上大學，可能就不會再想去當技工了。

15. 是的。

16. 是的。

17. 不是。

18. 學手藝。

19. 是的。

20. 是的。他可能會總得靠借錢進行周轉，否則無法將生意做大。

21. 懶惰，天生能力就差。

22. 《聖經》；羅斯金的《現代繪畫》，它可以使你逐漸愛上大自然和藝術；丁尼生的作品；此外，只要是好的文學作品都可以讀。此後，男孩就會自己挑選好的作品來讀了，稍後要讀的當然是莎士比亞和司各特的作品。

23. 是的。

24. 如果父親正在發展壯大該事業，兒子可以參與。

25. 上帝給予人類最好的恩賜就是勞動的能力。眼下盛行的「工作是魔鬼」的說法就是一種謬論。一個人做的工作再簡單也能展現出自身的價值。再沒有比完成工作後的那種成就感更讓人愉悅的事了。熱愛我們的國家，全身心地投入到國家建設事業當中去吧，把國家建設得更加強大。

💬 比廷神學博士

紐約市。莫里斯山浸信會牧師。

1. 工作態度嚴謹，遵守職業道德。無論在學習、交友、工作、休息還是道德等各個方面都注重細節。一個人一生都要致力於工作的職責、人生的理想及對身體健康、精神狀態、意志、時間的追求。

2. 不總是這樣。有時個人的喜好可能只是一時的衝動。根據這樣的喜好很難做出明智的選擇。人應該做自己能勝任的工作。構造決定了功能，無論是植物、動物、機器還是人類，都是如此。

3. 對工作的熱愛是獲得成功的要素之一。一個人不可能會把自己不想做的工作做到最好。有了全情投入才能創造奇蹟。

4. 不是。任何人強制性地規劃別人的生活都是不明智的。「教導孩子走他自己的人生之路」，而並非你的人生之路。

5. 不。如果你所說的成功就是指賺大錢的話，不建議這樣做。對金錢的狂熱讓人無論何時何地都會不擇手段地去斂財；但這麼理解成功是非常可悲的。

6. 不。

7. 「喜歡」的定義很難界定。有些人什麼工作都不喜歡；沒有哪個懶惰的人喜歡工作的。男孩也好，男人也好，女人也好，都是一種奇怪的

動物，他們總是喜歡一些不屬於自己的東西。

8. 是的。

9. 是的。

10. 是的。

11. 那你說鳥的兩個翅膀哪個更重要一些呢？

12. 那你說鳥的兩個翅膀哪個更重要一些呢？

13. 是的。

14. 是的。

15. 是的。

16. 是的。

17. 不是。自己的路自己走吧。

18. 把他喚醒、激發出他的潛能吧。只要不是傻子，沒有哪個男孩是「普通」的，重點在於要把他的潛能激發出來。

19. 是的。

21. 想成功卻不願付出任何代價。

22.《聖經》；一本好的字典；一本好的地理書；什麼書都可以讀，只要不是那些垃圾小說就行。

23. 是的，選份好的報紙來讀。

24. 根據上述的原則斷定吧。

25. 信仰上帝，相信人類。無論做什麼事都要全力以赴。千萬別虛度時光。注意自己的一言一行。樹立人生理想，並為之奮鬥，勇往直前。學會從失敗中吸取教訓。決不向謬誤低頭。找出自己的優勢，用它來建設你的人生。不要自私自利，心中只想著自己。

敘述：成功的定義：成功就是利用能力把不可能變為可能的過程，是收穫與理想之間的比例。它指的不是能賺多少錢，而是一種人格的發展。對於不同的人來說，成功意味著不同的事物。能力不同的人，其收

穡與理想的比例可能是相同的。這不是個體之間的相互模仿。每隻小鳥都唱著自己的曲調；每朵鮮花都有自己的形狀、顏色和香味；每棵樹都會結出自己的獨特的果實；每種天然能源都有自己的功能。人也是如此，每個人活在世上都有著自己的使命。當他的能力把不可能變成了可能，他就成功了；當他實現了他的理想，他就成功了。而這種理想是由他的自身特質決定的。鑒於此，違背他人意願強迫其做某事的做法就是一種犯罪。這種做法違背了上帝的意旨，因為人的生活和工作是由他自身的品質決定的，強行改變他的意願就如同強行改變小鳥的叫聲，改變天然能源的用途。各行各業都是神聖的，因為它們都是上帝因人的能力素養不同而設的。糾正男孩的錯誤想法，不要讓他誤入歧途，不要讓他錯把成功與金錢直接畫上等號，用上述的思想教育他們。

🗨 巴林頓‧布斯

紐約市。美國志願者協會會長。

1. 我成功是由於因為有自己的人生準則：(a) 一切的一切都要感謝上帝的賜予；(b) 做生意時絕對要講誠信；(c) 把困難看作是通往成功的階梯；(d) 做任何事都盡己所能；(e) 今日事今日畢。

2. 當然。

3. 是的，一直都是。喜歡這份工作，才能全身心地投入到工作當中去。

4. 肯定不是。這會毀掉他的前程，剝奪他在工作中的樂趣。

7. 當然不。

8. 要想獲得真正的成功當然得講誠信。

9. 是的，無論達到何種程度的成功都得這麼做。

10. 是的，全身心投入。

11. 經驗。

12. 很難，成功都是因經驗豐富而得來的。

13. 如果父母負擔得起，還是去上大學吧。大學生活也是一種經歷。

16. 非常確定。

17. 不是。強迫之下的男孩很少能獲得經驗的，也很少有成功的。

18. 我會耐心等待，等著男孩的心智完全成熟起來，再看看到底什麼是最適合他的。

20. 不！絕不！！一開始就借錢絕對不是什麼好事。

21. 不夠投入；性情不定。

22. 《聖經》；班揚的《天路歷程》;《華盛頓傳》;巴恩斯的《美國歷史》;斯邁爾斯的《自己拯救自己》等等。

24. 取決於 (a) 男孩從事的是什麼行業；(b) 父母周圍的環境如何。

25. 堅決要把上帝擺在生命中的首位；千萬別違背良知做事；做事要全力以赴，不要有所保留；前途一片大好，一切都會好起來的。

沃爾特‧湯普森

紐約市。沃爾特‧湯普森廣告公司經理、資本家、金融家。

1. 精力旺盛。

3. 不是。

4. 不是。

5. 是的。

6. 是的。

8. 當然是。

9. 當然是。

10. 很重要，但不是必備條件。

11. 同等重要。

12. 有時會成功。

13. 能去就去。

14. 能去就去。

15. 是的。

16. 是的。

18. 到農場去工作吧。

19. 等到了三十歲再做吧。

21. 考慮不周。

22. 馬登的《奮力向前》；科芬的《排除萬難》；司各特的《撒克遜英雄傳》；《伊索寓言》；《魯賓遜漂流記》；《海角一樂園》。

23. 等到了二十三歲再養成這個習慣。

24. 進入父親的公司工作倒是沒什麼問題，但要注意別和父親在同一個部門工作。

🐷 愛德華・約翰斯通

明尼蘇達州明尼阿波利斯。《明尼阿波利斯時報》總編。在美國墨西哥戰爭中，在哈瓦那和聖地牙哥的封鎖線基韋斯特及波多黎各，曾負責指揮通訊快船隊。

1. 有機遇，加上不懈的努力。

2. 是的。

3. 是的。

4. 不是。

5. 視情況而定，通常說來，不。

7. 不。

8. 當然是。

9. 是的。

10. 是的。

12. 會的。

13. 能去就去吧。

15. 最好是去。

16. 是的。

17. 不是。

18. 他應該有自己的喜好。

23. 當然。

25. 做個熱愛祖國、勇敢無畏、心地善良的美國人。

約瑟夫・賴斯醫學博士

紐約市。《論壇》編輯。醫生。作家。教育家。

1. 做事時全神貫注。

2. 是的。

3. 不是。

4. 不是。

6. 不。

7. 不。

8. 不是。

9. 是的。

10. 不。

11. 能力。

13. 是的。

14. 受的教育越多，對男孩的發展越有利。

15. 是的。

16. 是的。

17. 不是。

18. 經商。

19. 這取決於他的經商能力。好多既有能力又有經驗的人，在替別人工作時表現出色，但自己獨立經營時成就卻很小。

20. 不。

21. 經商能力不足。

23. 是的。

24. 不。

25. 做一行愛一行。

維克多・奧爾德森　文科碩士

伊利諾州芝加哥。伊利諾伊理工學院院長、理工科專題作家。

1. 工作勤奮。

2. 是的。

3. 是的。

4. 不是。

5. 是的。

6. 不。

7. 不。

8. 是的。

9. 是的。

10. 能力。

11. 是的。

12. 不會。

13. 是的。

14. 不。

15. 是的。

16. 是的。

17. 不是。

18. 經商。

19. 是的。

20. 是的。

21. 奢侈浪費。

22. 《聖經》；莎士比亞的作品。

23. 是的。

24. 不。

25. 認真工作。

💬 查理斯‧諾爾斯‧博爾頓

麻薩諸塞州波士頓。波士頓圖書館圖書管理員、作家。

2. 通常來說，是的。

3. 不是。

5. 除非男孩是太才華橫溢了，否則不要離開家鄉。好多男孩都棄農經商，真的是很可惜。

6. 不是非去不可就不要去。

7. 恐怕是不應該留下。

8. 從成功的具體細節上來看，是的；從大方面著眼則不然。

9. 是的。

10. 未必見得。一個男人若是愛他的家人，就應該珍視用來維持生計的工作。

11. 能力。

12. 通常來說，會的。

13. 是的。

14. 或許不會吧。

15. 應該會吧。

16. 是的。

17. 如果是書香門第，應該這麼做。

18. 學手藝。

19. 是的，不要錯過時機。

20.「一事如意，萬事順利。」

21. 缺乏責任感。

22.《致加西亞的信》；名人傳記。

23. 讀首頁和社論就足夠了。

24. 如果不必非得有「自力更生」的經歷，那就可以。

25. 好好讀一讀《致加西亞的信》吧。

💬 威廉・克拉克

康乃狄克州哈特福。安泰火災保險公司經理。

1. 勤奮工作，總是為老闆的利益著想。表現突出，當升遷機會來臨時，別人會感到這個機會非我莫屬。

2. 是的。

3. 不是。這種偏好很容易發生轉移。

4. 不是。

5. 難說。有些成功人士就是教育程度不高的農村孩子出身。

6. 不。

7. 不。

8. 完全正確。

9. 絕對如此。

10. 按照常理來說，是的；但也有例外。

11. 兩個都重要。

12. 會，經驗很快就能累積到。

13. 難說。上大學有上大學的好處；但是好多男孩等大學畢業後再從基層做起，就顯得有點晚了。

14. 不。良好的中學教育就足夠了。

15. 技術學校對他大有幫助。

16. 當然。

17. 不是。

18. 學手藝。

19. 如果他善於經營管理的話，可以。

20. 不。

21. 陽奉陰違；不珍惜時間。

22. 《聖經》；一份好的月刊；與自己的專業有關的報紙；其他各種優秀的書籍。

23. 當然。

24. 如果他喜歡這個事業，可以從父親那裡學到很多東西，可以。

25. 要注意你的老闆的利益所在；在同行中要做到出類拔萃；養成良好的習慣，建立良好的人際關係；守時；男子漢大丈夫，頂天立地；潔身自好，清白做人；無論何時都要以你的信仰為榮。

約瑟夫·莫爾

密西根州蘭辛。密西根高等法院法官。

1. 很早就樹立了奮鬥目標。做人誠實、專心、勤奮。

2. 是的。

3. 是的。

4. 不是。

5. 如果在農村有發展事業的廣闊天地，就不要去大城市；但如果在

大城市的前景更好，那就去吧。

6. 不。

7. 不。

8. 是的。

9. 是的。

10. 是的。

11. 沒有能力很難成就大事。

12. 經驗很重要，但對於一個有能力的人來說要想獲得經驗很容易。

13. 如果不是太勉強的話，還是去吧。

14. 同上。

15. 如果條件允許，就去吧。

16. 當然。

17. 不是。

18. 沒有理想抱負，做什麼都無所謂，這樣是無法成功的。

19. 不了解具體情況無法回答。大體說來，應該是可以的。

20. 同上。

21. 不良的習慣。

22. 《聖經》；莎士比亞的作品；愛默生的《論文集》。

23. 好的日報是可以讀的。

24. 他若能適應的話，可以。

25. 早點做好人生規劃；做個誠實、勤奮的人；勿驕勿躁；堅持到底，就是勝利。

☙ 權威廉・喬治

紐約弗里維爾。慈善家、喬治青少年社團創立者。

1. 母親對我的支持和祈禱。

2. 只要是正當職業就行。

3. 一般來說是這樣的。但是，我也知道一兩種特殊的情況，第一，是家庭情況所迫；第二，儘管孩子不喜歡這個職業，但是父母的工作涉及此領域而且有了一定的成就。

4. 以我看來，無論在哪方面，家長都沒有力干涉，應該讓孩子根據自己的喜好來做決定。

5. 當然會。前提是他不喜歡務農或是胸懷大志，想幫助家鄉人民擺脫貧瘠。

6. 很難說。這方面完全取決於孩子自己的能力和他的機遇。

7. 堅決不。男孩如果對科技農業感興趣，而身處傳統農業的環境中，留住他只會適得其反，只能讓他對農業感到厭煩。我深信那些在鄉村失敗或者僅有一點點成績的好男孩們，如果能夠在農業學校受到培訓，他們一定會很成功。

8. 確信如此。

9. 必須如此。

10. 當然。

11. 二者都是必要因素。

12. 不可以，只有將能力付諸於實踐，累積經驗，才能達到應有的效果。

13. 可能的的話，會這樣做，並非必須如此。這完全取決於孩子。

14. 這是一件好事，給孩子提供實現自己理想的機會。但這一點絕對不是孩子最後成功必不可少的因素。

15. 可能會這麼做。

16. 這條路是最好的。

17. 絕不是。

18. 很難在這一點上給出建議。最好讓孩子在三個領域都鍛鍊一下，

累積點經驗。可能這種方法會遭到質疑，但這確實可以確定孩子的秉性偏好。所有的男孩在他們早期的職業生涯中，或多或少都會有想改變職業的傾向。

19. 這一點則由這個男孩的性格和他現在的老闆來決定。如果兩者都不理想，那麼將來的前途只會黯淡無光。

20. 有時會的，不過會有很大風險

21. 很多原因，如果要一個標準答案的話，應該說是缺少堅持到底的精神。

22. 《聖經》；美國歷史；《悲慘世界》；《魯賓遜漂流記》；斯邁爾斯的《節儉》；《林肯傳》。

23. 當然會的。

25. 不要覺得有足夠的錢就會永遠過舒服日子，沒有不勞而獲的。

💬 查理斯・諾特

華盛頓。美國聯邦索賠法院首席法官、作家。

1. 雄心壯志和努力的工作

2. 如果確實是自己的偏好，那麼可以。要是當做好玩，就不可以。

3. 不是，格蘭特將軍（Ulysses S. Grant）就對自己的軍旅生活充滿了厭惡。

4. 當然不是。霍克賓尼的繼父強迫他成為一個偉大的律師，然而他還是選擇做了一名貧窮的醫生。

5. 不會，我會建議他去一個農業發展好的國家，不會建議他去大城市。

6. 同上。

7. 我必須了解這個男孩喜歡什麼，我對於男孩們不喜歡農業的原因知之甚少。

8. 不必要，但此種做法是正確的。

9. 是的。

10. 不必要。

11. 能力。

12. 用自己的能力去借鑑別人的經驗。

14. 不，因為機械方面的知識要求更早的掌握。

15. 是的。

16. 當然。

17. 大學並不是一個理想之地，因為學到的知識不能夠在實際中學以致用。

18. 所在領域越小越好。

19. 這可取決於這個年輕人自身和他的薪水多少。

20. 不。

21. 缺少遠見。

22.《布克·華盛頓自傳》；麥考利的作品；歐文的《華盛頓傳》；《斯托達德在白宮》（*The White House*）；班克羅福特的《美國歷史》；里普利和達納的詩

23. 不，別讀日報，最好讀週刊。

24. 是的。

25. 不要讓其他人認為你很愚蠢。

💬 **希歐多爾·恩·伊利　土木工程師，管理碩士** ————

賓夕凡尼亞州費城。賓夕凡尼亞州鐵路能源負責人。

1. 努力工作。

2. 是的。如果這孩子能夠充分意識到喜好的含義。

3. 不是，更多的應該是人格魅力

8. 果斷地說，就是這樣。

9. 是的。

10. 是的，目的不是為了賺錢，而是在過程中享受了快樂。

13. 盡全力讓他去。

14. 當然。

15. 如果大學和技術學校兩者不能兼得，那麼應該選擇後者。

16. 完全支持。

17. 是的。一年之後他就會明白。

18. 給予他鼓勵和勇氣，幫助他樹立信心，否則，他就會一事無成。

19. 一般說來，是沒有足夠認真地完成手頭上的工作。

23. 是的，由比他年長的人替他選擇報紙。

24. 是的。如果父親已經很成功，孩子也受過完善的教育，可以。

25. 為上大學做準備；即使借錢也要受大學教育；在學校刻苦學習，到工作職位更要倍加努力。

亨利・艾德蒙斯

賓夕凡尼亞州費城。費城教育部部長、美國委員會委員、公共圖書館董事。

1. 努力工作，守時，忠誠，這些都是事半功倍的要素。

2. 是的。

3. 不是。

4. 不認為這樣。

5. 是的。

6. 不。

7. 不應該。

8. 當然，沒有人能心安理得地占便宜。

9. 有必要。

10. 是的。

11. 能力。

12. 是的，雖然經驗也能起很大的作用。

13. 不必要。

14. 不。

15. 是的。

16. 是的。

17. 不明智。

18. 手藝。

19. 是的。

20. 是的。

21. 不誠實，虛偽，疏忽大意，精力不集中，強調客觀理由，缺乏基礎的教育，做事沒有原則。

23. 是的。

24. 是的。

25. 要誠實守信地完成工作。

威廉·赫蘭德

紐約市。《展望》（Look）雜誌經理及出納。

1. 工作。做好準備等待機遇；工作熱情及有效地與人共同合作的能力。

2. 當然。

3. 至少很重要。

4. 不是。

5. 如果可能的話，首選較小的城市。

6. 等在小地方再沒有發展空間的時候再走。

7. 不能強迫。

8. 有必要。

9. 當然。

10. 大多數的成功都是這樣。

11. 二者兼備。

13. 是的，若是他的家庭能夠負擔得起開銷或是自己能勤工儉學。

14. 如果他只想賺錢餬口就不必上大學；如果他想將來成為領導者，那就得去。

15. 想成為老闆就得這麼做。

16. 當然。

17. 不是。

18. 先把手頭的事做好，然後設定下一步的目標。

21. 沒有能力。

22. 《聖經》；莎士比亞的作品；《天路歷程》；《魯賓遜漂流記》；《富蘭克林傳》；《沒有國籍的人》。

23. 是的。

24 機會好，也可以。

25. 今日事今日畢。享受生活。清楚自己在做什麼。消費要有規劃，收入大於支出，記下每處花費細節。保持身心純潔。出席重要場合時，確定好時間、地點，以便在稍後的表現中大方得體。

🍃 約瑟夫・芬尼

麻省波士頓。美國印刷公司波士頓經理，董事。印刷專家。

1. 努力工作。

2. 是的，如果可以確定他的愛好是什麼。

3. 是的。

4. 不是。

6. 不會。

7. 應該。他應先弄清想要的到底是什麼。

8. 必要。

9. 需要堅持。

10. 是的。

11. 能力。

12. 能實現。

13. 是的。

14. 技術學校，技術學院或是技術性大學。

15. 是的。

16. 是的。

17. 是的。

18. 學手藝。

19. 是的。

20. 是的。

21. 發展過快。

23 是的。

24 是的，但必須等到掌握了足夠的相關知識也取得了一定的經驗的時候。

23. 誠實。對待工作有耐心，遇到困難不屈不撓。多做少說，事實勝於雄辯。

💬 **安德魯斯** ───────────────────────────

賓夕凡尼亞州費城。批發商協會主席。

1. 我四歲時父親去世，母親帶著我們四個孩子離開了農場，我們

不得不為了生活而拚命工作。但是母親的自強和自信給了我們極大的鼓勵，而我們也沒有辜負她。因此，我的成功沒有任何理由不歸功於我的母親。

2. 是的。

3. 不是。

4. 不是。

5. 這要取決於男孩，如果他有能力，那麼我會建議他去。

6. 要看男孩是否聰明，在城市是否會給他充分發揮的空間。

7. 只要沒有展示自己的舞臺，就可以離開。

8. 是的。

9. 應該堅持。

10. 是的。

11. 能力

12. 有能力足以。

13. 採取一切辦法爭取受教育的機會。

14. 不需要，讀大學的時間應該用來學手藝。

16. 是的。

17. 如果父母能夠處理好與孩子的關係，孩子本身對上大學不持抵抗態度，那麼應該去，孩子要是固執己見，那還是順其自然的好。

18. 手藝。

19. 是的。

20. 不是千篇一律，也有例外。

21. 炒股。賺錢心切。

23. 是的。

24. 不。

25. 誠實，遠離美酒和女人。

賈斯特‧科爾 ───────────────────

愛荷華州德梅因。愛荷華州法律學院院長、愛荷華州最高法院前任審判長。

1. 在哈佛法學院完成全部課程。為了生計，我終日不知疲憊地奔波。因此，我的成功歸結於我的貧困。

2. 是的，除非父母知道他的選擇會面臨嚴重的障礙。

3. 不絕對，但與其他因素相比，喜好可以幫助孩子取得更大的成功。

4. 不這麼認為。

5. 不，應該先在小地方打好根基，站穩腳跟，然後轉向大都市。

6. 不。

7. 在其他方面要給他同樣的鼓勵和承諾，這樣要比強迫他喜歡農業好得多。

8. 是的。

9. 是的。

10. 不必要，但是熱愛它才能滿腔熱忱地去完成它。

11. 經驗，擁有再大的能力也不能在新領域裡完全發揮、達到最大的成功。

12. 不完全是這樣，但也有可能。

13. 是的。

14. 是的。

15. 如果我正確理解了這個問題的話，我想不會。

16. 大體上會的。

17. 可能是的。父母的判斷力要比孩子的成熟得多。

18. 手藝。

19. 是的。

20. 不。

21. 沒有經驗，導致過分的自信。

23. 不。

24. 不。

25. 誠實，刻苦，勤儉，持之以恆。

柯里　文學博士，哲學博士

麻薩諸塞州波士頓。曾任波士頓演講教授、牛頓神學院演講教授、哈佛大學演講講師、哈佛和耶魯神學院講師、作家。

1. 堅定不移。努力工作實現自己的理想和願望，在實踐中摸索規律，遵循規律，穩步中求發展。著眼於自己的需要，找到自我，不一味單純的去模仿他人。

2. 是的，但是發現自己的愛好則需要不斷地去嘗試。只有找到真正的愛好才能喚醒你身體中的潛能。

3. 具備以上的條件就可以。

4. 不是。

5. 如果身邊有能幹的幫手，而自己也能把握尺度並且受過良好的教育的，這樣就可以。

6. 不。很少有人願意改變已經適應的生活，而有些人則認為，改變是通往成功的必經之路，這種想法應該被遏止。所有的一切都要取決於男孩自身，如果他害怕周圍的環境，不能適應，在這種情緒下，他就渴望改變，而每個男孩在某段時期都會有這樣的情緒，所以要克制自己，保持平和的情緒，凡事小心，遇事耐心。

7. 不。

8. 對於單純的經商賺錢來說，不必要；真正的持久的成功則另當別論。

9. 是的。

10. 是的。

11. 很難回答，因為很難解釋「經驗」是什麼。我認為，最大的成功就是要相信自己的直覺，堅定理想，達成願望。如果這些都歸之為經驗，那我認為答案就是經驗。相反，如果經驗只是我們普通的感覺，那我寧願選擇能力。

12. 當然不能。

13. 取決於他的學校和社交。

14. 可能不會去傳統的大學，現在有些學校針對不同年齡層的人開設課程，循序漸進，增加他們的知識庫，直到他們能夠完全適應正常大學教授的課程。

15. 是的。現在的技術學校有很多的種類，男孩總會在其中找到適合自己的。

16. 是的。

17. 不是。

18. 我會建議他就讀一所真正的學校，在那裡，能夠喚醒他的理想和願望，激勵他找到自我，那時他的偏好自然就會顯現出來。

19. 是的。

20. 當然，胸有成竹，取捨自如，毫無疑問就會成功。

21. 給自己錯誤定位，盲目模仿他人，不去試著實現自己的願望，自己的理想發生動搖，缺乏自信。

22. 《魯賓遜漂流記》（或是男孩們喜歡的浪漫一些的書）；《聖經》；莎士比亞的作品；《伊利亞特》或是《奧德賽》；《希臘羅馬名人傳》；好的詩作，寓言和故事。

23. 唯讀報紙，現在閱讀報紙的問題引起很大的關注。幾乎沒有人知道如何閱讀書籍，甚至不知道如何使用圖書館，更不用說報紙了。

24. 如果喜歡，可以去。

25. 多看積極的一面，有信心，別膽怯，努力讓自己做到最好，做事要有個人風格，不要刻意效仿他人，要有信心，耐心，愛心。擦掉現有的成績，從零開始，爭取取得更大的成就。

迪切特

紐約市。《絲織品經濟學家》雜誌執行編輯。

1. 嚴格地說，就一條準則：表面上我是被雇傭為別人工作，而事實上我在為我自己工作著。

在這個工作職位上，我可能收穫不到我想要的全部，但是透過我的努力讓我找到了最適合我的東西。其次，在尋求和運用某些機遇上，增長了我的應用能力和水準；完成了許多涉及新領域而且擁有豐厚報酬的工作；而一些讓我需要花錢才能學到的東西，在我處理工作中就能遇到，在增加收入的同時提高了我的能力。

2. 如果有喜好，那責無旁貸。問題是，有太多愛好，需要一一嘗試才能找出最終答案，其結果是浪費了大量的時間。

3. 確信如此。父母應竭盡全力找到男孩的喜好。

4. 這種情況是最糟的。

5. 最好到最近的小鎮上，在那裡能夠讓個性得以發展。

6. 同上。

7. 如果男孩天資較高，聰慧刻苦，就不需要。若是輕浮、懶惰、焦躁，無論走到哪，即使離開農場也還是一事無成。

8. 只有誠信於他人，才能成功。

9. 只要功夫深，鐵杵磨成針。

10. 享受工作的快樂，才能更有效率、更好地完成工作。

11. 經驗來源於能力，一個人不可能只有經驗而毫無能力。

13. 獲得的最好的能力就是能夠迅速地發現新問題然後及時解決。學

校中這種隨機應變的訓練是我們得到的無形的資產。

14. 是的。

15. 應該從最基礎開始，達到入門標準後，再進入技術學校學習。

16. 毫無疑問，是的。

17. 又回到老話題了。父母的義務就是幫男孩發現他的愛好。

18. 父母的社會地位會對他有很大的影響。

19. 如果能達到預期值，還是不錯的。

20. 需要有超常的能力來戰勝困難。

21. 厭惡工作，貪圖享樂。最好的克服方法就是把工作當成娛樂，讓工作成為最有趣的遊戲。

22. 愛默生的《論文集》；《父母的忠告》是對人性最好的闡述；培根的《論說文集》；林肯或是其他偉人的傳記。

23. 從對事業的促進角度講，報紙要更有益。

24. 在其他的地方得到長足的訓練後再參與父親的事業。

26. 找到最適合你的；不要自滿；堅信所做的一切都是正確的；勇於承擔更多的責任；要多付出，保持冷靜的態度；有禮貌；尊敬他人的意見；在發言前作深入研究；著眼新觀點；知之為知之，不知為不知，不可不懂裝懂；學會在公眾場合表達自己的觀點；謹慎行事，知己知彼；他人的言傳身教會比書本更有用。

💬 那頓・斯哥特

西弗尼吉亞州惠靈。美國參議員。

1. 全力完成本職工作。不要讓自己捲入債務危機，如果負擔不起一套奢侈華麗的套裝，就不要買，避免在年終歲末時發現自己沒有存款，要學會節約，因為節約就是財富。

2. 是的。

3. 不必如此。

4. 人之常情，父母的意見要比孩子的意見成熟得多。

7. 應該教會男孩們去工作，這是成功的基本要求。男孩們通常寧願去釣魚或是騎腳踏車也不願工作。

9. 不是三天打魚兩天曬網，而應該一如既往，天天如此。

10. 能好一些，但不是必需的。

13. 受過良好的教育的確會在生意上給予莫大的幫助，但大學教育並不是必要的。

14. 同上。

15. 是的，讓他做學徒，打下扎實基礎，得到許多實踐經驗。

16. 同 13 題答案。

18. 把他放在艱苦的地方磨練以形成自己的思想意識。

19. 絕對贊成。受薪水的左右，人們會變得膽小怕事。

20. 一大部分取決於他成功的前景。有債務危機的人往往比手頭寬裕的人能存下更多的錢。

21. 奢侈浪費，生意上粗心大意。

23. 不占用工作時間是可以的。

24. 通常不會。

25. 老闆的利益就是你的利益。上班要早來晚走，不久會就讓老闆覺得你是公司的核心，是不可缺少的一員。

赫伯特・皮爾斯

華盛頓哥倫比亞特區。美國助理國務卿、外交家、律師。

1. 我今天的成績主要歸功於堅持不懈的努力，當然更離不開那些細心教導栽培我的人。

2. 是的。

3. 我想是這樣的。

4. 絕對不是。

6. 如果沒有堅韌的性格，而且在那找不到適合自己的工作，那就別去。

7. 不應該，只要他能到別處找到工作就不該留在那裡。

8. 必要。

9. 是的。

10. 是的。

11. 主要是能力，也需要經驗作為補充，大多數情況下，有經驗，工作基本能很好的完成，但是如果沒有能力，則永遠都達不到真正的成功。

12. 有時可以，不過這種情況很少出現。

13. 是的。

14. 是的，只要他堅持始終在這個領域。

15. 是的。

16. 這毫無疑問，一定會。

17. 大多數情況來看是正確的，當然，也有例外。

20. 原則上看，不會；當然情況也會改變

23. 是的。

24. 如果是好機會，可以嘗試去適應

25. 選擇好適合自己的工作，全身心地投入，凡事要潔身自好

敘述：選擇好自己要走的路，之後全身心地投入相關的事業中，把所有的閒置時間都致力於這一目標，孜孜不倦地為老闆工作，不要夾雜任何不滿和厭煩的情緒。倘若在良心上實在容忍不下，可以選擇辭職。

學會好的禮儀習慣和說話技巧，觀察他人如何將事情處理得恰到好處、又不失禮節。要自尊自愛，這樣人家才會尊重你。切記，一個人的

成功不是自我標榜就好，要大家對他認可，如果沒有這種讚譽，就沒有成功而言。

吉福德　神學博士

紐約布法羅市。德拉瓦街浸信會教堂牧師。

1. 相信主，主與我們同在。

2. 是的。

3. 某些情況是，但不是所有都適用。

4. 不是。

6. 不。

7. 不應該。

8. 必要。

9. 必要。

10. 不需要。

11. 能力。

12. 很少能實現。

14. 不。

15. 是的。

16. 是的。

17. 不明智。

18. 學手藝。

19. 是的。

20. 是的。

21. 缺少自控能力。

22. 《聖經》；莎士比亞的作品；《天路歷程》；《希臘羅馬名人傳》；丁尼生的詩；美國歷史

23. 是的。

24. 是的。

25. 保持自己的身心純潔，思想獨立，最主要的要相信自己，要明白成功的關鍵就是 —— - 自我。

💬 威廉‧蓋奇 ────────────────

紐約薩拉託加溫泉酒店經理。

1. 一個是憲法，另一個是我的人生準則：己所不欲，勿施於人。

2. 是的。

3. 不是。

4. 不是。

5. 是的。

6. 不。

7. 不應該。

8. 必要。

9. 應該。

10. 是的。

11. 經驗。

12. 不能。

13. 是的，如果他願意去

14. 不。

15. 是的。

16. 是的。

17. 是的。

18. 學手藝。

19. 是的。

20. 如果前景好，可以考慮。

21. 缺少商業洞察力。

23. 是的。

24. 是的。

25. 信仰上帝，無所畏懼；努力工作。

💬 **喬治・布朗** ——————————————

伊利諾州芝加哥。普爾曼汽車有限公司總經理。

2. 是的。

3. 總體來說，不是。

4. 大體上來說，這麼做不正確。

6. 一般說來，不建議這麼做。

8. 是的，尤其是涉及到了人格的話。

9. 這毋庸質疑。

10. 必須這麼做，可以達到最大的成功。

11. 都是必要因素。能力和好的習慣加上經驗這一基本要素，就會達到成功。

12. 不會，除非這個男孩是個天才。

13. 取決於這個男孩自身和他的經濟情況。

14. 不，不過透過這方面的教育會讓他有很大的提高。

15. 是的。

16. 是的。

17. 不是。他去了，會不會學就無從而知了，正如你可以牽馬到水邊，卻不能逼它喝水。

18. 沒有動力做任何事都不會成功。應該學一門手藝。

19. 很難說，這要看他這段時間做出的成績怎麼樣。

20. 不。

22 重中之重的，就是《聖經》。

24. 是的。

25. 相信上帝，做事有自己的風格，謹慎行事，注重細節，能夠抓住機遇。

🗨 凱洛格　醫學博士

密西根州巴克爾特。巴克爾特療養院創始人、國際醫療傳教和慈善協會會長、美國醫學傳教學院院長、國際醫療衛生協會主席、醫療器械改良的宣導者、作家。

1. 我一生中所獲得的成功都來源於以下幾方面：

第一，當我十歲的時候，我就意識到，我必須要成為這個世界上最有用的人，而想達到這個目標就一定要始終不渝地刻苦努力學習，作充分的準備。

第二，在我早期的生活中開始對保健和戒酒改革感興趣，並將我全部的經歷投入到何這項事業的改革中來，而我的成功很大一部分都是來源於我在改革過程中的自我肯定。

第三，就是簡單的生活習慣和溫和的性格，夜以繼日的工作。這種生活從我 14 歲開始，到現在為止，我已經恪守了 37 年，除了每天平均 6 小時的睡眠，其他時間全部用來工作，而自己也根本沒有什麼假期。而缺少假期、長時間的身心壓力不會使我長壽，但就我自身而言，已經習慣了這種生活，不需要用做任何的調節。並且我的成功正是來源於我這日復一日，月復一月，年復一年的工作。我能做到這點不是因為我的身體很強壯，而是因為我有驚人的耐力，這是長期的良好的生活習慣養成的，還因為我把全部精力都投入到了工作當中去。

2. 這取決於孩子的機遇。我想父母應該先充分了解孩子的天賦到底

是什麼，然後因材施教，發展他們的才能，使之在將來的職業生涯中得到充分利用。一些年輕人對某些職業不感興趣，真正的原因是來源於這項工作的酬勞或是社會地位的影響，而不是因為其適應能力的原因。

3. 不是，我熟悉一些在自己的職業生涯中取得很大成就的人，他們並不是自願選擇，而是順從父母或親友的意見。當然，一個人應具備能適應他的職業的天分，這是一種本能，它比天賦更重要，是必不可少的。

4. 我認為，一個男孩不該被強迫做任何的事。我認為對孩子的武斷管理和強硬態度沒有什麼用。

5. 我的觀點是，住人煙稀少的鄉村孩子比城市的男孩更容易發展，相比之下，他們精力更旺盛，更有男人的陽剛之氣，而在商場上，擁有健康體魄的鄉村男孩會比城市男孩做出更大的成績。

6. 當然不會。

7. 如果農民的孩子不喜歡務農的話，那就是他可能沒有理解這個職業的真正含義，想放棄這最具興趣和滿足感的職業，是因為他根本沒有機會領會其中的美妙之處。我想建議這個男孩應該就讀農業大學，在那裡，能學到有關土壤和植物學，化學等學科，因此在農場快樂地生活遠比在單調乏味的工廠工作幸福得多。

8. 是的，誠信是取得成功的最基本的途徑。

9. 不確定，一方面，成功要求要長期堅持不懈地努力，另一方面，要快速掌握真理和規律，抓住時機。

10. 不必要。

11. 經驗。

12. 成功在某些方面並不全部依賴經驗，但在遇到特殊事物和緊急情況的時候可根據經驗隨機應變。

13. 這要看這個男孩在大學打算學習什麼和他將來工作的領域是什麼。自然科學課程在所有大學都是必修課，因為它為男孩的一生提供了

最有效的幫助，傳統學科就不會這麼有效了。當然，大學的培訓並不是必不可少的，在工作中長期歷練有時要比在學校裡學到的知識更加的實用。

14. 一個男孩受過大學教育對他來說是一種優勢，無論他將來做什麼，都會擴大視野，讓他的世界觀有更大的變化，但是可能對機械領域沒有什麼特殊的幫助。但是，當其他條件都相等時，受過教育的人也會比未接受教育的人更容易取得更大的成就。

15. 去技職學校接受培訓要比接受大學培訓更實用。

16. 以現在的情況看，一個男孩至少要接受部分的大學培訓，才能從事某專業，但不一定非得獲得學位。

17. 當然不正確。

18. 這樣的男孩應該去學習一門手藝。他不適合商業也不適合從事某專業。

19. 要看情況而定。我不建議一個孩子進入商業圈就單單為了做生意，只要有機會，就要利用自己的經驗把握機會，而且最好做足準備，這樣就能獨立承擔風險，當然這麼做不僅僅是為了自己的興趣而是為了整體的利益。

20. 這也要看環境。與借馬匹和房子相比，借錢還是比較合適的，借錢只不過是簡單的資金租用。

21. 僅僅是為了工作而工作，或是為了賺錢而工作，沒想過其他的。

22. 《聖經》；羅琳編寫的古代史；英國歷史，美國歷史，適合他的時代的人生哲學的書，《韋伯詞典》（*Webster's Dictionary*）。

23. 是的。

24. 是的。

25. 要努力做到誠實，善良，節制，刻苦，有男子氣概。牢記母親的教誨，聽取父親的忠告，對下屬要公平。

麻薩諸塞州波士頓。紐約，費城，普羅維登斯，華盛頓和倫敦基斯劇院老闆。

1. 首先，早期的家庭環境優越。其次，愛好自己所選擇的職業。最後，毫不猶豫，堅定不移。

2. 是的。

3. 我認為是這樣的，可是不是絕對的必要。如果想要成功，即使自己開始不喜歡，也要去學，而慢慢地在工作的需求中，也就喜歡了。

4. 不是。

5. 我想，要看男孩的志向如何及其他因素，所以對於這個問題，很難給出一個標準答案，如果一個男孩想要進入議會，那留在農村要比在城市裡的機會多，但是走進議會畢竟僅僅是有限的成功，只有少數人才能做到。我認為最基本的就是要清楚地了解這個男孩的志向，有那麼多種成功，有的農村可以提供條件，有的城市可以提供條件。

6. 我認為與其討論他是留在偏遠山區的家鄉還是走向大城市，倒不如著重研究一下他現在的環境、他能承擔多少責任，否則很難給出孩子正確的建議。

7. 不應該。

8. 絕對必要。

9. 必要。

10. 一般情況下是必須的，但是有時我也認為不必要。

11. 能力。

12. 可以，透過堅持不懈的努力獲取豐富的經驗。

13. 現在來看，是的。

16. 可以想像，那是最基本的。

17. 相比較而言，那是最不明智的。

18. 我想，一個男孩不可能不知道自己愛好偏向哪方面，也許他們會不確定是否要把自己的喜好立定為一生的工作，我會建議他按照當時的愛好來選擇工作，不管以後是否會繼續從事它。不過我想這個孩子會和其他孩子一樣，最終能夠達到成功。我不贊同要求一個沒有經驗的孩子讓決定自己的工作。隨著時間的推移、經驗的增長，他自然就能辨別什麼是自己喜歡的什麼是不喜歡的，然後再去設立目標，而不是早早地就確立。

19. 是的，我不贊成一個人為他人工作很長時間，這會產生強烈的依賴感，年輕人都不喜歡這麼做。我也看到很多有能力的男人，由於瞻前顧後而毀了自己可以有獨立事業的機會。

20. 能夠承擔得起就離開，承擔不起還是留下來吧。

21. 缺乏信用。

23. 是的，但是不要只讀報紙，從而忽略了其他的好書或是好雜誌，把它當做消遣，至少能對時事加以了解。

24. 從大方向看，我是不贊成的，除非他非常喜歡而且事業的前景很好，否則我建議他還是慎重考慮，免得日後騎虎難下。。

25. 遠離股票，一切別著急，也不要靜止不動，盡可能享受自己作為男孩的時光，該成熟時自然成熟。用自己的收入維持生計，最好是能有些積蓄，不要認為自己做不到以上幾點，如果驗證了真的做不到，那麼來找我，我們將一起努力。我能教你的只有一少部分，不要讓以前或者將來做過的害羞事或者愚蠢事而束縛住。開始時，不要在意太多，只記住自己做什麼是正確的，要堅持做下去。不要隨波逐流。要為自己的一切負責，同時也建議他人這麼做。

萊斯特・比爾茲利上將

紐約州利特爾福爾斯。美國海軍。

1.a. 很幸運進入海軍學院成為一名海軍學員。

b. 充分利用了各種機會展示了自己的才能。

c. 創造機會來展示自己

d. 沒有機會要學會自己多創造機會

2. 是的。

3. 是的。

4. 不是。

5. 不是所有的男孩都適合去大城市。

6. 是的，如果比家鄉的機會好，能夠充分發揮出自己的能力，值得去努力。

7. 如果只是懶惰，那就應該留在那裡。

8. 是的。

9. 是的。

10. 當然。

11. 兩者必須都具備。

12. 在某種程度上來說，可以實現。

13. 不。

14. 不。

15. 是的。

16. 是的，如果他真的想進入這個行業的話。

17. 不是。

18. 手藝。

19. 是的。

20 是的。

23. 是的。

25.「走自己的路，讓別人說去吧。」當你能確定的時候，要首先給予自己肯定。

約瑟夫・達林頓

賓夕凡尼亞州費城。工會聯盟俱樂部主席。

2. 是的。

3. 不必要。

4. 不是。

7. 不應該。

8 絕對要誠信。

9. 是的。

10. 是的。

11. 必須都具備。

12. 是的。

13. 是的。

14. 是的。

15. 是的。

16. 是的。

17. 不是。

18. 手藝。

19. 是的。

20. 如果資金是從陌生人手中借來的，就不建議這麼做；倘若與你合作的人十分相信你的能力並對此專案也感興趣，這麼做未嘗不可。

23. 是的。

24. 是的。

喬治・徹里

紐約布魯克林。自然主義者、布魯克林藝術科學學會會長、鳥類和哺乳動物學家、作家。

1. 執著。

2. 是的。

3. 不是。

4. 不是。

5. 如果他真的有特殊的天分，是的。

6. 不。

8. 絕對需要這麼做。

9. 有必要。

10. 要取得最大的成功，當然要滿腔熱情。

11. 能力。

12. 能成功，但很有限。

13. 是的。

14. 是的。

15. 是的。

16. 是的。

18. 學手藝。

19. 是的。

21. 不夠執著。

23. 是的。

24. 是的。

25. 做人要正直，做事要正確。

威廉·阿爾沃德

加利福尼亞州舊金山。加利福尼亞銀行行長。

1. 把工作當作自己的事業來做，做事專注、投入；升職快。

2. 是的。

3. 是的。

4. 不明智。

8. 我認為是這樣。

9. 有必要。

10. 是的。

11 經驗。

12. 隨著時間的推移，是可以做到的。

13. 不。

14. 不。

15. 是的。

16. 是的。

17. 不是。

18. 手藝。

19. 是的。

20. 可以，要是利率低的話。

21. 無能。

23. 是的。

25. 誠實守信。

白金漢

田納西州孟菲斯。國家銀行行長。

1. 愉快地接受上級交給的任務，並力求做到最好。

2. 是的。

3. 是的，否則男孩對此會失去興趣。

4. 不要強迫孩子做任何他不喜歡做的事。

5. 是的，讓他去他所認為最大的城市去發展。

6. 一般說來，是的。當然，有時要取決於這個男孩本身。

7. 不。如果他父親有能力的話還是要送他去大城市。

8. 當然，否則不會成功。因為謊言不會長久。

9. 沒有持之以恆就不會成功。

10. 是的，否則做任何事都沒興趣。

11. 沒有能力不可能成功，經驗是對能力的實踐考驗。

12. 能力占成功最大的份額，沒有能力的經驗只會量變，不會發生質變。

13. 是的，教育很重要。

14. 是的，教育可以擴大視野，改變大腦中的傳統觀念。

15. 是的，他將會因此受益終生。

16. 當然，教育會提供很大的幫助。

17. 不是，不要去強迫他。

18. 從事某種專業，這樣他可以接觸很多人，他們會幫他樹立他的目標。

19. 是的。

20. 是的，只要借來的資金充足，不會捉襟見肘，同時借款時間要長，利息要低。

21. 投資太多，資金不足。

22.《聖經》；本國的歷史；莎士比亞的作品；大仲馬的《三劍客》；博斯韋爾的《詹森傳》；丁尼生的詩。

23. 是的。

24. 不，男孩應該遠離他的家族生意，開創自己的事業。

25. 講實話。

🗨 湯瑪斯・瑪律佛將軍 ————————

維吉尼亞州林區堡。維吉尼亞軍事學院監事會主席。

1. 我不知道我現在算不算成功，但是我今天所獲得的成就都來自父母昔日對我的言傳身教，無論對人對事，都要誠實。

2. 當然。

3. 沒有興趣很少會成功。

4. 想方設法讓他流露他的喜好。

5. 如果有活躍的思維，前進的動力，那麼就給他一個機會。

6. 不，如果他有這種自信，在家也能成功。

7. 不，給他機會看看他喜歡什麼。

8. 比任何因素都重要，沒有什麼都不能沒有誠信。

9. 有必要。

10. 必須這樣。

12. 兩者相輔相成。

13. 是的，聰明的話他會慶幸擁有這個機會的。

14. 讀過大學的技工更容易成功。

15. 是的，有機會一定要把握。

16. 是的，讓他先學會服從，再學會指揮，最後就成功了。

17. 不是，浪費時間和金錢。

18. 應該鼓勵孩子說出自己的喜好，然後幫他一把。

19. 大多數有了經濟基礎的男人都會想這麼做。

20. 會有很大風險，但有時會成功。

21. 欲望和不自量力。

22《聖經》；荷馬（Homeri）；莎士比亞；《華盛頓傳》；傑弗遜・大衛斯的《邦聯政府之興衰》；《首席法官唐尼傳》。

23. 是的。

24. 是的，若是父親的事業很成功，可以。

25.「主與我同在」。「我所說，我所想，都在你的眼裡，主啊，我的救世主，請你賜予我力量」。「我做什麼都會快樂」。

💬 布萊恩・史密斯

紐約布魯克林。布魯克林儲蓄銀行行長。

1. 首先，要活著；其次，自立；最後，盡力堅持。

2. 是的。

3. 是的。

4. 不是

5. 是的。

6. 不。

7. 不。

9. 是的。

10. 必須。

11. 能力。

12. 是的。

13. 是的。

14. 不。

15. 是的。

16. 是的。

17. 不是。

18. 讓他自己選擇。

19. 是的。

20 是的。

21. 不誠實。

23. 是的。

24. 不。

25. 愛上帝，謹守諾言。

💬 約瑟夫・曼麗

緬因州奧古斯塔。奧古斯塔儲蓄銀行行長、《緬因州農民》出版公司董事長、多家鐵路及蒸汽船公司理事。

1. 刻苦努力，注重細節，誠實待人。

2. 當然。

3. 毫無疑問。

4. 不是。

5. 是的。

6. 是的

7. 不應該。

8. 絕對遵守。

9. 有必要。

10. 是的。

11. 能力。

12. 是的。

13. 是的，無論以後做什麼上大學都會有幫助的。

14. 是的。

15. 是的。

16. 是的。

17. 是的。

18. 他必須得有想成功的志向。

19. 是的，對個人發展有好處。

20. 是的，他必須誠實，勤奮，有理想。

21. 酗酒。

22.《新約全書》；本國歷史；本州的歷史；《華盛頓傳》；《亞歷山大‧漢密爾頓傳》；《林肯傳》。

23. 是的。

24. 是的，只要你喜歡，不要顧慮失敗，要知道自己能做什麼；充滿激情地投入工作，不要總考慮下班時間；今日事今日畢；誠實做人，待人公平；要寬容，不要苛責他人，要有紳士風度。

弗蘭克‧莫利

美國馬里蘭州巴爾的摩。約翰斯霍普金斯學院數學教授、《美國數學學會公報》（*Bulletin Of The American Mathematical Society*）編輯、《美國數學雜誌》（*American Journal of Mathematics*）編輯。

1. 保持熱情的基礎上要更加專注。

2. 是的。

3. 理解成功的含義比經濟上成功更重要。

4. 不是。

6. 不。

7. 總體上說，不應該。

9. 必要。

10. 是。

11. 能力。

12. 是的。

13. 時間充裕的話，可以。

15. 是的。

17. 不明智。

23. 是的。

💬 **查理斯・亞德裡・特納** ────────────────

紐約市。畫家。布法羅泛美博覽會藝術督導。

1. 需要一些天分和更多的刻苦。

2. 是的。

3. 大多數情況下是的。

4. 不是。

5. 如果他既有天賦又很努力。

6. 不是的。

7. 不應該。

8. 必要。

9. 必須堅持。

10. 是的。

11. 經驗。

12. 不能。

13. 沒必要。

14. 沒必要。

15. 是的。

16. 是的。

17. 不是。

18. 手藝。

19. 可以，前提是必須有很大的把握，前景樂觀。

20. 同上。

21. 不適合自己，卻強迫訓練自己去適應。

23. 是的。

24. 是的。

25. 嘗試找出自己適合做什麼，然後全身心地去投入。

肯塔基州柯芬頓。國家農商銀行行長。

2. 當然。

3. 是的。

4. 不這麼認為。

5. 如果他聰明，有理想，有好的生活習慣，會建議他那麼做。

6. 不。

7. 只要他有雄心壯志去尋求機會就可以離開。

8. 絕對是。

9. 確信無疑。

10. 是的。

11. 能力。

12. 兩者完美結合才能通向成功。

13. 獲得良好的關於商業知識的教育。

14. 我認為他沒必要。

15. 當然。

16. 是的。

17. 不是。

18. 參加海軍。

19. 是的。

20. 不。

21. 粗心。

23. 對此，我只能說，不建議。

24. 不建議。

25. 嚴格按照十誠去做，一定會是一個好基督徒，好公民，在你的工作領域取得成功。

💬 傑弗遜・大衛斯 ─────────────────

阿肯色州小石城。阿肯色州州長。

1. 目標明確。

2. 是的。

3. 不是。

4. 不是。

5. 是的。

6. 不。

7. 不應該。

8. 絕對必要。

9. 必要。

10. 是的。

10. 能力。

11. 是的。

12. 是的。

13. 是的。

14. 是的。

15. 是的。

16. 不是。

17. 學手藝。

18. 不。

19. 不。

20. 粗心大意。

23. 是的。

24. 不。

25. 誠信，真誠，不推卸責任。

歐賓　文學學士

麻薩諸塞州韋伯斯特。文學學士、歐賓父子鞋業有限公司老闆、資本家、金融家。

1. 始終刻苦努力，誠實，節儉。

2. 總體上說，是的。如果孩子十幾歲了還不能做出決定，為了在將來對自我的判斷有信心，就該這麼做的。

3. 是的。

4. 不是，那就意味著把毫無緣由的壓力轉嫁到父母的身上。

5. 只要他能獲得有益的幫助，那麼就可以。

6. 與其他地方相比，在有發展的小城市能得到更大的機遇和挑戰。

7. 最好留在農場，等待能更好展現自己的機會到來，在這期間，要使自己的眼界保持開闊，提升自己的水準。

8. 想要不斷地成功，這是絕對必要的。

9. 一定要堅持。

10. 沒有激情的工作可能也會有成績，但投入你的熱情，會增加你成功的機率。

11. 沒有能力就不要奢望成功。因為經驗可以看做是對能力的應用。

12. 同上。

13. 經濟條件允許，足以支付學費就一定要去讀。因為大學生活提供了事業成功的必要知識，當然，實際工作可以增加他的經驗。

14. 最好去。

15. 是的。

16. 是的。

17. 取決於男孩自身，就我個人而言，不同意這麼做。

18. 最好學一門手藝，因為就算失敗了，對孩子積極性的打擊遠小於其他二者。

19. 提出建議前必須了解男孩的情況。

20. 同上。不過借來的資金會有副面作用。

21. 過於自信，資金不足，缺乏經驗。

22. 能幫助他樹立遠大目標和形成穩定性格的書。

23. 是的。

24. 是的，不過也會有例外。

25. 思路清晰，生活簡單，言行誠實，必須意識到這些不僅對現在的生活必要，對將來的生活影響更為重大。

喬丹教授

緬因州路易士頓。培思大學教授、學校董事會主席。

1. 工作中踏實沉穩，公平做事，目標明確，對人寬容謙恭。

2. 是的，如果能讓他很高興並能促進他進步。

3. 不總是。

4. 不是。

5. 建議他去可以進一步發展的地方。

6. 是的。

7. 只要有合理的理由。

8. 必要。

9. 必要。

10. 很能可能是。

11. 必須二者兼備才能成功。

12. 是的，不過得等到有經驗後。

13. 是的，前提是這樣做不會讓他有太重的經濟壓力。

14. 建議他挑選輕鬆點的課程來學。

15. 是的。

16. 是的。

17. 如果他有公平選擇的機會，這麼做就是不明智的。

18. 建議他先樹立自己的理想。

19. 是的。

20. 是的。

21. 不關注事業，奢侈浪費或有不良習慣。

23. 可以讀報，但不要太多。最好多讀點書。

24. 是的，只要他自身條件允許就行。

25. 懂禮儀，誠實單純，對事認真、堅持。

哈洛德‧史蒂文斯

康士狄格州哈特福德。哈特福德國家銀行行長。

1. 聰慧，細心，維護自己的名譽。

2. 如果喜好合理，當然可以。

3. 是最具價值的因素。

4. 肯定不是。

6. 在大城市有更多的機會，當然同時也有更多的人尋求著機會，所以一切由男孩自身來決定。

7. 不應該。

8. 很遺憾，它不是，但應該這樣做。

9. 是的。

10. 一般說來，是的。

11. 能力絕對是獲得經驗最有效的因素。

12. 經驗是智慧的基礎。

15. 如果有用就去。

16. 是的。

17. 不是。

18. 建議他設立近期目標，如果連這點都做不到，那麼他將一事無成。

19. 是的，如果他覺得這是個機會。

20. 總體上說，不。

21. 對自己的工作缺少了解。

23. 毫無疑問。

24. 如果需要他，可以去。

25. 培養健康的體魄，擁有純潔的思想，善良的心。而且要銘記「世界賦予每個人一種生活方式，但是要靠自己努力去爭取、把握，因為機會只會留給那些做好準備的人。」頭腦要不停地思維轉動，因為所有事都是公平的，成功人士是集能力、智慧、堅韌的性格於一身的人。首先是要有能力，其次是會利用能力，第三就是實現理想，這些都是成功的必要因素。

🗨 安德魯・布萊克里

路易斯安那州新奧爾良。聖查理斯旅館老闆。

1. 雄心壯志。要有每件事都爭第一的願望：首先在學校班級做到最好，最優秀的跑步者，游泳者，拳擊手，男孩中的佼佼者，要擁有耐心和決心去做成每件事。

2. 不。

3. 不是。

4. 肯定不是。

5. 孩子有此傾向的話，會建議。

6. 要是機會不利於他發展，不建議他去。

7. 不應該。

8. 肯定是。

9. 是的。

10. 只要他有足夠的信心就夠了。

11. 能力。

12. 會的，如果能夠適當地應用。

13. 那就選些商務課程來學吧。

14. 是的，如果對他喜歡的專業有幫助。

15. 是的。

16. 是的。

17. 絕對不明智。

18. 找出哪項工作最簡單，最適合他。

19. 是的。

20. 是的，只要他有理想、有能力。

21. 入不敷出，透支將來的收入。

23. 是的。

24. 是的，如果家族生意很好，很成功。

25. 努力在每件事情上爭第一。

沃克·希爾

密蘇里州聖路易斯。美國匯兌銀行行長。

1. 首先要熱愛自己的事業，其次要對相關的每一個細節做仔細的研究。

2. 是的。

3. 不是。

4. 不是。

5. 不，留在家中創業。

6. 不。

7. 不應該。

8. 是的，誠信是最好的人生準則。

9. 是的。

10. 不是，全心熱愛你的事業會帶來更大的成功。

11. 二者都需要。

12. 是的。

13. 是的。

14. 是的。

15. 是的。

16. 是的。

17. 不是。

18. 手藝。

19. 是的。

20. 不。

21. 精力外流。

23. 是的。

24. 取決於這個男孩自己和他的父親，但是總體說來，和陌生人工作會更容易。

25. 誠實，有節制，只要你生活中有目標和願望，而且付諸於行動，上帝會保佑你成功的。

威廉‧馬希爾‧斯蒂文森

賓夕凡尼亞州亞利加尼。卡內基圖書館館長。

2. 是的。

3. 不是。

4. 不是。

5. 是的。

6. 不。

8. 是的。

9. 是的。

10. 是的。

11. 兩者都需要。

13. 不。

14. 不。

15. 是的。

16. 是的。

17. 不是。

20. 不。

21. 不稱職。

22.《聖經》；莎士比亞的作品（至少一部）；波普的作品；《魯賓遜漂流記》；《天方夜譚》，《自己拯救自己》（斯邁爾斯）。

23. 最好閱讀如《國家》（*The Nation*）這樣的週刊。

25. 說實話，就是「還自己的債，做自己的事」。

論述：現在是個性化的時代，米爾的建議是非常適用的，「凡事都要了解一點；每件事都要了解清楚。」成功只是一個含糊的定義，最普遍的想法就是在金錢和其他物質上的優越，而這樣看來，高等的教育反而成了障礙，因此我在回答 13 和 14 題的時候，選擇了否定。但是如果學手藝或做生意都是為了更好地完善自我，那麼絕對都應該上大學，這是我作為一個有著 20 年工作經驗的老師和圖書館館長的建議。

約翰·漢密爾頓

愛荷華州錫達拉皮茲。錫達拉皮茲儲蓄銀行行長。

1. 與其他原因相比，堅持不懈和節儉是我取得成功的最有效的途徑。許多年輕人開始的時候充滿豪情壯志，但是當遇到困難時，就發生了動搖，沒有堅持到底，最終導致失敗。

2. 大多數情況我會這樣做。

3. 不必要，但是沒有興趣的話，不久就會對工作厭煩。

4. 不是。

6. 絕不。

7. 不應該，因為這樣的工作不會有趣也不會改變，反而會更加枯燥無味。

8. 並不是所有成功的必要因素。

9. 是的。

10 如果成功意味著快樂和滿足的話，則需要；但如果目的只是完成任務的話，就不需要

11. 能力，堅持不懈和正直是成功的保證。而同時把經驗和能力有機結合在一起則會得到更多。

12. 可能成功，但要有數年的經驗，不要與社會大背景脫軌。

13. 不，一個男孩在 16 歲之前沒有成熟的技藝，也很少會了解自己想要的是什麼。但是一旦他過了 23 歲，他依然認為勞動還是可恥的，那麼他的一生只會一事無成。

14. 不，理由同上。一個人越聰明，他的工作也就會做的越好，這是規律。

15. 是的。

16. 是的。

17. 這樣做是不道德的。

18. 學手藝。

19. 是的。

20. 一般情況下不會。

21. 缺少興趣和不達到目標不甘休的志願。

23. 是的。

24. 只要他喜歡。

25. 誠實，真誠，刻苦。培養自己的能力，生活節儉不要入不敷出。尊重他人的權利。

🗨 喬治・蓋伊　醫學博士

麻薩諸塞州波士頓。波士頓市醫院高級外科醫生、哈佛醫學院手術講師。

1. 努力工作。

2. 是的。

3. 不是。

4. 不是。

5. 是的。

6. 不是。

7. 不應該。

8. 不是。

9. 是的。

10. 是的。

11. 能力。

12. 是的。

13. 是的。

14. 不。

15. 是的。

16. 是的。

17. 是的。

18. 手藝。

19. 是的。

20. 是的。

23. 是的。

24. 是的。

25. 誠實，真誠，工作努力。要有紳士風度，經營好自己的業務；節儉，不要入不敷出。

約翰‧伯福德

奧克拉荷馬州格思爾里。俄克拉薩馬州最高法院首席法官。

1. 首先，年輕的時候要聽父母的話「不做惹麻煩、讓父母蒙受恥辱的事情。」這些教誨一直縈繞我耳邊 30 餘年。第二，20 歲的時候，在農場辛勤工作，得到磨練。第三，誠實，勇於承擔責任，努力學習、有恆心。這些因素幫我越過重重障礙取得成功。

2. 是的，前提是他有體力和精力來掌握它。

3. 不是，有的人即使不喜歡自己的工作，也成功了，主要是環境所迫。

4. 不是，那麼做絕對是錯誤的。

5. 不，沒有這個必要，但可以去一些有機會的地方。

6. 不，除非他有這個能力了。

7. 這取決他的能力，如果他有能力就允許他選擇。

8. 不是，但是誠實卻是每個人都應遵守的準則。

9. 是的。

10. 不必要。

12. 能力源於經驗，沒有也不能過分地去要求。

13. 當然，他應該盡可能去學習讓自己受到教育，並堅持到底。

14. 如果他有意願並剛好有這個機遇，當然可以去。受到教育總是有好處的。

15. 那很好，但也可以透過在機械商店學徒獲得知識。

16. 是的，如果不想上大學，最好還是打消從事專業的念頭，除非他能精通幾種語言、數學，還有其他基礎學科。

17. 教育自己的孩子是每個父母應有的責任和義務，首先就是告訴孩子們受高等教育的必要性。

18. 仔細研究孩子的愛好傾向，然後培養他這方面的能力，充分利用他的天賦，提高他的資質。

19. 沒有人在能獨立經營的情況下還願意去為別人工作。

20 要看機會，如果前景好的話，未嘗不可；否則就不要去做。自己動腦去判斷吧。

21. 不會具體情況具體分析，對市場供需關係不了解，缺少敏銳的洞察力。

22.《聖經》；美國歷史；《富蘭克林傳》；《約翰‧馬歇爾傳》；《賓漢》。

23. 是的，如果可能，最好多讀幾份。

24. 自己能夠適應並且喜歡，可以的。

25. 信仰上帝，孝敬父母，同情弱者，勿忘貧窮，要讓母親開心，不要做罪惡的勾當，勤奮努力，堅持自己的追求。

敘述：不要用骯髒的語言說話；不去酒吧；不要隨便對女士品頭論足；思想純潔，待人真誠，不畏邪惡，拒絕任何卑劣行為；一個好的品格要比名利更重要。

多里默斯

紐澤西州紐華克市。美國火災保險公司董事長。

1. 首先是上帝對我父母為我做的祈禱做出了最好的回答。其次是我一如既往地付出艱辛和努力去追求我的理想。

2. 是的。

3. 不是。

4. 不是。

5. 是的。

6. 不。

7. 只要自己喜歡，而且還有能力就可以離開。

8. 是的。

9. 是的。

10. 是的。

11. 能力。

12. 不會。

13. 是的，只要他自己願意去做。

14. 通常不會。

15. 是的。

16. 是的。

17. 不是。

18. 學手藝。

19. 是的。

20. 是的。

21. 不能堅持不懈，忽略重要細節。

22.《聖經》；莎士比亞的作品；華盛頓．歐文的作品；美國歷史；麥考利的作品。

23. 是的。

24. 是的。

25. 要絕對地誠實，謙恭，刻苦努力。當然要有獨有的魅力，要謹記黃金法則：「老吾老以及人之老，幼吾幼以及人之幼。」

💬 約翰‧朱林

紐約市。法蘭西斯‧H. 萊吉特批發公司成員。

1. 做事盡職盡責，目的明確，努力工作認真學習，精力充沛，充滿熱情，力求不斷堅持向前。

2. 會建議他涉足能展示自己能力的領域。

3. 是的。

4. 不是。

5. 要看男孩自身和他的家境。

6. 要是有能力、有衝勁、值得信賴，還是在家鄉會得到更多的機會。

7. 不應該。如果他在其他領域有自己的專長，就可以去。

8. 是的，這關係到榮譽問題。

9. 絕對必要，那是成功的關鍵所在。

10. 沒有必要這麼做。

11. 能力

12. 有能力就能獲得經驗，有能力的人會研究什麼才是成功的關鍵。

13. 如果他有這門心思，是可以的。

14. 是的。

15. 是的。

16. 是的。

17. 不是。既然他不願意學習不妨讓他去工作。

18. 我建議去從軍，讓他在那裡受到嚴格的訓練。

19. 環境是可以掌控的，主要是看孩子的性格和脾氣，如果他精力充沛並且在金融方面有建樹，那麼當然可以。

20. 要依情況而定。

21. 無能，沒有動力，壞習慣。

22.《白十字圖書館》；19 世紀的歷史；英國歷史；《林肯傳》；馬可·奧理略的《沉思錄》；一本好的月刊。

23. 是的，這樣會有助於拓展視野。

24. 在其他地方獲得的經驗會更好些。

25. 盡職盡責，全身心地投入到工作中，言行正直，勤儉節約，相信自己會成功，因為那是你應得的。偉大的成功只會青睞那些會充分抓住機會的人。

🗨 威廉·克雷格

麻薩諸塞州波士頓。波士頓水果及農產品交易中心負責人。

1. 目的單純，誠實，擁有取得成功的決心，值得信賴，無論工作大小，都盡職盡責完成，做到最好。永遠記得這個世界上仍然還有很多不幸的人等待我們伸出援助之手。

2. 偶爾。

3. 不認為是這樣。

4. 不是

5. 是的，只要他能有堅定的決心，盡全力爭取成功。

6. 不。

7. 從我的角度來看，不贊成。

8. 真正的成功不能沒有誠信。

9. 是的。

10. 是的。

11. 經驗。

12. 不會。

13. 不是

14. 不。

15. 是的。

16. 是的。

17. 不是。

18. 做生意。

19. 是的。

20. 是的。

21. 沒有對成功的渴望和對自己的勉勵。

22. 《聖經》；《奮力向前》；《改變千萬人生的一堂課》；《男孩必讀》；《男青年必讀》；《45 歲男人必讀》。

23. 是的，這樣他會知道這個世界都在發生著什麼事。

24. 是的。

25. 不要總是原地踏步，要前進。「如果開始沒有成功，那要做再次的嘗試。」注意自己的言談舉止，要堅持不懈地努力，要有勇氣，要誠實。要充分去利用這些優點。

🍃 安德魯・邁克利時

伊利諾州芝加哥。卡森、皮爾、斯科特絲織品公司的成員。

1. 努力工作，精力全部投入到工作中，善於捕捉機會，目光長遠。

2. 只要他在自己的喜好方面有很大的天賦和才能，就可以。

3. 有時不是，有時必要，要依情況而定。

4. 不是。

5. 如果想要得到歷練，而自身的能力還不足，最好還是在小城市開

始的好。

6. 不管孩子將來做什麼，開始時不會建議他離開。一般在大的商業公司裡，一個新人經常從最基層做起。

7. 不應該，除非反對的理由是因為這個男孩懶惰或是他僅僅是處於好奇才想去大城市。

8. 必要。

9. 非常必要。

10. 至少應該是感到很適應。

11. 能力。

12. 有時會，但大多數情況二者都必要。

13. 是的，如果他渴望得到更高的職位，並具體接受知識以及精神文化洗禮的能力。

14. 建議他還是去一所最好的技術學校。

15. 是的，只要他足夠聰明而且有志向。

16. 絕對贊同。

17. 不是。

18. 這樣的男孩學點手藝或是做點小買賣也許會更好些。

19. 是的，只要他能找到一個好的起步點，如果能找到一個好的合作夥伴就更好了。

20. 如果條件合適，可以，參見 19 題答案。

21. 對事業不夠投入，不勤奮。

22. 莎士比亞的作品；達爾文的《物種起源》；華茲渥斯的作品；《悲慘世界》；《天路歷程》。

23. 每天用少量時間閱讀報紙，更多的去閱讀雜誌、評論和文摘，最重要的是多讀書。

24. 只要自己滿意同時又有公平的機會，就可以。

25. 信仰上帝，聽從上帝的旨意，把人格放在第一位，清清白白做人。

🗨 喬治‧法蘭西斯

羅德島普羅維登斯。土木工程師、波士頓火車站施工期間曾擔任工程師。

1. 無論什麼工作，都盡全力做到最好。隨時做好接受任務的準備，儘管萬事開頭難，但還是會努力去做好它。

2. 是的，只要自己能找到這樣的突破口。

3. 不是。

4. 不是。

5. 是的。

6. 不。

7. 不應該。

8. 是的。

9. 是的。

10. 不必。

11. 經驗。

12. 不會。

13. 是的，只要他肯學。

14. 是的，只要有機會並且他肯學。

15. 同 14。

16. 同 14。

17. 不是。

18. 學手藝。

19. 是的。

20. 不。

21. 懶惰。

23. 是的。

24. 是的。

25. 最重要的成功要素就是要誠實，同時學習洞察細節。

💬 湯瑪斯・博登 ─────────────

麻薩諸塞州福爾里弗。棉質產品生產商、福爾里弗市儲蓄銀行行長。

1. 留意他人在做什麼，為什麼這麼做。言行恰到好處，認真學習所從事領域的技能，潛心研究相關知識，盡量博得對方的信任。

2. 總體上來說，是的。

3. 不是。

4. 不是。

6. 等到在家鄉已再沒有可供發展的空間了，再去大城市也不遲。

7. 不應該。

8. 是的。

9. 當然。

10. 是的。

11. 能力。

12. 會，只不過得多花點時間。

14. 不。

15. 是的。

16. 是的。

17. 如果他對別的事感興趣，就不該強迫他。

18. 學手藝。

19. 是的。

20. 要看他的能力和經驗如何。如果是一流的，當然可以，否則不行。

21. 精力不足，不夠投入。

23. 是的。

24. 若他父親很成功的話，贊成。反之，不贊成。

💬 金洛克‧納爾遜　神學博士

喬治亞州亞特蘭大。佐治亞教堂主教。

1. 努力工作，堅持不懈。

2. 通常是的。

3. 不是。

4. 我認為不是。

5. 不。

6. 不。

7. 是的，除非男孩已明確了自己的奮鬥方向。

8. 不是。

9. 是的。

10. 不是。

11. 經驗。

12. 很少見。

13. 有可能的話，會的。

14. 同上。

15. 是的，去要好於不去。

16. 是的。

17. 不是。

18. 學手藝。

19. 是的。

20. 是的。

21. a. 只想不做 b. 不想就去做 c. 不想也不做

22.《新約全書》；祈禱書；馬太福音「如何在世界上與人相處得好」；薩克雷的《紐卡姆一家》（*The Newcomes, William Thackeray*）；陶德的《學生守則》，；德拉蒙德的《性格》。

23. 是的。

24. 是的。

25. 一生廉潔，「三思而後行」，不要衝動。守時，禮貌，不屈不撓。

麥克萊恩

紐約市。範德比爾特診所所長。

1. 健康的體魄，勤奮，堅定不移，凡事盡力做到最好。

2. 是的

3. 不必要。

4. 不是。

6. 不。

7. 不應該。

8. 是的。

9. 是的。

10. 是的。

11. 能力。

12. 能成功，但不是完全意義上的成功。

13. 是的。

14. 不。

15. 是的。

16. 絕對贊成。

17. 是。

18. 學手藝。

19 對此表示懷疑。

20. 不。

23 是的。

24. 大體上來說，可以試一試。

💬 愛德華・巴特勒

伊利諾州芝加哥。紐約，芝加哥，聖路易斯巴勒特兄弟公司成員、伊利諾州手工技能培訓學校校長、慈善家。

1. 認為自己所做的事是值得的，並找到做事的捷徑。

2. 不必，在這些事情上，孩子的判斷可能是錯的。

3. 不是。

4. 不要想違反孩子的意願來強迫他們做事，最好是試著勸服他們。

5. 是的，除非想讓他成為一個好農民。

6. 是的，只要他有好機遇。

7. 不，除非做些改變，能讓他對農場重新產生興趣。

8. 絕對必要。

9. 是的。

10. 不必要。

12. 一個人可以在向成功奮進的途中獲得經驗，但光憑能力是不能成功的。

13. 不。

14. 不。

15. 是的。

16. 是的。

17. 不是。

19. 是的。

20. 不。

21. 刻意模仿他人，對自己的事業卻漠不關心。

22.《超越奴役》。

24. 不。

25. 做你覺得值得做的事情，相信自己。誠實面對自己，學會思考。

愛德華・洛馬克斯

內布拉斯加州奧馬哈。聯合太平洋鐵路旅客票務代理總長。

1. 得到好的訓練，耐心，堅持不懈。

2. 是的。

3. 是的。

4. 不是。

5. 是的。

6. 不。

7. 不應該。

8. 是的。

9. 是的，要一直堅持。

10. 是的。

11. 能力。

12. 會。

13. 是的

14. 不。

15. 是的。

16. 是的。

17. 不是。

18. 學手藝。

19. 是的。

20. 是的。

21. 沒有耐心。

22. 《聖經》;莎士比亞;格雷的《墓園哀》;吉本的《羅馬帝國衰亡史》;司各特的小說,狄更斯的小說;《家庭的影響》。

23. 是的。

24. 不,除非他自己喜歡。

25. 如果開始沒有成功,不要氣餒,繼續努力,再次嘗試。

赫伯特・蓋特米森

紐約布魯克林。布魯克林《每日鷹報》商務總監、編輯、股東。飛鷹保管公司祕書兼會計、美國出版協會創立者之一、布魯克林公共圖書館館長。

1. 好父母,好身體,在大學好的教育,對每件事的堅持不懈。

2. 是的

3. 不必要。

4. 不是。

5. 是的。

6. 不。

7. 不應該。

8. 是的。

9. 是的。

10. 是的。

11. 經驗。

12. 不常見。

13. 是的。

14. 如果能負擔得起，可以。

15. 是的。

16. 是的。

17. 應該努力勸他去，而不是強迫他去。

18. 學手藝。

21. 對工作漠不關心，不投入，缺乏興趣。

22. 斯邁爾斯的《自己拯救自己》;《拿破崙傳》;《華盛頓傳》,《聖經》;美國歷史；莎士比亞的作品。

23. 是的。

24. 不一定，要看孩子是否喜歡，是不是適合他。

25. 有強健的體魄，受到良好的教育（最好是大學教育），認真學習你將來想涉足的領域的知識。要謙遜謹慎，努力工作，對雇主誠實，堅持自己的原則，保持對工作的熱情，不要有太大的野心，隨時為下一步做好準備。交友要慎重，誠懇待人。

羅伯特・莫裡

新罕布夏州。白山楓葉林酒店經理。

2. 是的。

3. 不必要。

4. 不是。

5. 是的。

6. 不。

7. 不應該。

8. 是的。

9. 是的。

10. 不必要。

11. 能力。

12. 是的。

13. 不。

14. 不。

15. 是的。

16. 是的。

17. 不是。

18. 經商。

19. 是的。

20. 是的。

21. 不專注。

23. 是的。

24. 是的。

25. 多去體驗，增加機遇。

以撒・蘭辛牧師

賓夕凡尼亞州斯克蘭頓。格林瑞治長老教會牧師。

1. 外在原因源於上帝恩賜了我虔誠的父母，他們給了我高尚的品格和理想。而內在原因來源於《聖經》的啟蒙形成了我的生命準則。因為這些，我總是被大家對我的關愛、人類所創造的東西、各種知識、對上帝的解讀、還有所學到所有有用的東西不斷地激勵著。早些時候，我注重的是和諧發展的重要性，包括我所擁有的能力、耐心的磨練，還有人們

351

物質文化和精神文化有機的結合。在物欲橫流的今天，我擁有永恆的虔誠的信念，用它去理解生活的真諦，作為自己人生奮鬥的目標，同時也作為鞭策自己不斷前進的動力。

2. 如果這個男孩還沒有成熟，我該等一等，看他是否會改變他的喜好，如果一直堅持，那就順從他的意思，如果不斷地改變，就不支持他。

3. 對於完全意義上的成功來說，是的。但也有很多小有成就的人其實並不真正喜歡它所成就的事業。

4. 不是。

5. 城市裡有很多成功的年輕人都是從家鄉起步的。當然，大城市吸引了很多年輕人，他們傾注了自己的全部，然而結果怎樣呢？他們在競爭中成為失敗的一方，然後像小河裡的浮萍，最終流入海洋消失不見。

6. 如果他能找到機會，可以去。反之不然。

7. 不能約束、壓抑、摧毀他的夢想

8. 成功卻沒有高尚的品格，他會為此付出昂貴的代價，這樣的成功是廉價的。一定要擁有高尚的情操。

9. 是的，總體來說，沉穩和耐心比與生俱來的天賦更重要。

10. 熱愛工作會集中一個人的全部精力，那些從沒把熱情投入到工作中的人真的很可悲。

11. 有能力沒經驗要比沒能力有經驗的人強得多，但是決策力和經驗看起來比天賦更有價值。

12. 沒有經驗有能力也能夠創造成功，當然同時也需要經驗作為補充，使成功更完美。

13. 去讀大學或者去技術學校。

14. 對此我有些懷疑，但我傾於贊同，要仔細來選擇課程。

15. 是的。

16. 是的。

17. 不是，但我會認真地說服他。

18. 學手藝，因為它的工作環境舒適同時又很獨立。

19. 如果他不滿足於為別人工作，那就試著為自己工作，但不是所有的人都能創業成功。

20. 不，除非他能找到願意為他投資的合夥人。

21. 缺乏節省時間、精力和金錢的理念。

23. 一天不超過 15 分鐘。

24. 實在是找不出讓一個男孩跟隨父親從事同一行業的原因。

25. 要有豐富多彩的精神世界。熱愛上帝。精神方面、智力方面、肉體方面都要保持在最佳狀態。要熱愛學習，知之為知之，不知為不知。珍惜機會，聽取老年人和智者的建議，徵詢父母的意見，如果他們不允許你這麼做，可以向其他長輩尋求幫助。謹慎交友，寧缺毋濫。不要隨波逐流，要懂禮貌。言談得體。自重自愛同時也尊敬他人。尊重婦女，並以此為光榮。愉快的地工作，不要把工作當做作苦差事。遇到麻煩困苦時，失去勇氣時，一定要堅定信念，因為生活是美好的，珍貴的，這是上帝賜予我們的禮物，他為每個人安排了美好的命運。

💬 威廉·莫里　哲學博士

麻薩諸塞州海德公園瑪莎葡萄園夏季學院院長、曾任羅德島教育學院院長、美國教育學院院長、全國教育協會高等教育部部長、作家。

1.（a）遺傳基因，天賦

（b）活力、動力

（c）教育

（d）靈感

2. 是的，但不總是，要看男孩的天賦如何。

3. 但不絕對。

4. 不是。

6. 沒有萬用法則。

7. 不應該。

8. 不是，有的人不講誠信也能成功，但從長遠考慮，應該是這樣的。

9. 當然。

10. 要想獲得極大的成功，答案是肯定的。

11. 二者都需要，我認為二者不能分開。

12. 你必須擁有經驗，而且需要在成功之前就獲得。

13. 有時候會。

15. 有時會。

16. 當然是。

17. 改變他的意願，要是改變不了，那就隨他去。

21. 沒有經驗。

💬 約瑟夫・奧爾登・肖　文科碩士

麻薩諸塞州伍斯特。高地軍事學院院長。

1. 見 25 題答案

2. 是的。

3. 必不可少。

4. 不是。

5. 不，除非他目的明確，知道自己在做什麼。

6. 同上。

7. 不確定。

8. 是的。

9. 是的。

10. 必須。

11. 二者缺一不可。

12. 經驗重要，能力其次。

13. 在很多情況下，是很有幫助的。

14. 同上。

15. 是的。

16. 是的。

17. 絕不該強迫。

21. 缺少勤奮刻苦的精神，沒有商業頭腦和能力。

22. 《聖經》；《魯賓遜漂流記》；《佳木鄰居》；《湯姆叔叔的小屋》；《織工馬南傳》；字典。

23. 當然。

24. 不。

25. 誠實，真誠，虔誠，守諾，言行一致。

喬爾·朗格內克

伊利諾州芝加哥。律師。

1. 對我所選擇的職業 —— 法律，我會始終堅持如一，而且做事不會忽視任何細節，對我的委託人坦誠，從不歪曲事實。

2. 是的。

3. 不總是，但是它能使人更容易成功。

4. 不是。

5. 是的。

6. 是的。

7. 不應該。

8. 是的。

9. 是的。

10. 是的。

11. 經驗。

12. 不會。

13. 要看從事什麼領域，許多大學的男孩應該走出來磨練，而有些校外的男孩應該走進大學去深造。

14. 不，除非是與技工行業有關的培訓。

15. 不。

16. 是的。

17. 不是。

18. 學手藝。

19. 是的。

20. 是的。

21. 對事業的不重視。

22. 《聖經》，其他書可由男孩自己來選。

23. 是的。

24. 只要他想做而且覺得非常適合自己，當然可以。

25. 誠實，不屈不撓，真誠，有志向，善良，有道德，能包容一切，愛國，勇敢。

🐾 查理斯・傑弗遜牧師

紐約市。百老匯教堂牧師、作家。

1. 我的成功來源於我身上一直有一種動力促使我不斷前進，從不懈怠，勤奮工作。

2. 是的。

3. 不必要。

4. 不是。

5. 是的。

6. 完全要看孩子的決定，有些孩子該去。

7. 不應該。

8. 不必要。

9. 按常理說，是的。

10. 有熱情能早些取得成功。

11. 能力。

12. 是的，在某些領域是可以的。

13. 是的。

14. 是的。

15. 是的。

16. 是的。

17. 不是。

18. 學手藝。

19. 是的。

20. 偶爾。

21. 沒頭腦、沒智慧。

22.《新約全書》;《華盛頓傳》;《林肯傳》;美國歷史;英國歷史及任何優秀的值得去讀的書。

23. 不。

24. 不。

25. 要相信上帝，相信他人，也要有自信。做事要盡心盡力，力求做到更好。不要對過去的失敗耿耿於懷，也不要恐懼將來的危險。

馬丁 ────────────────

紐約市。《電子世界》雜誌編輯。

1. 我的成功來自於從小就和電打交道，而且在我喜歡的領域堅持學習，努力工作。

2. 是的。

3. 是的。

4. 不是。

5. 是的。

6. 不。

7. 不。

8. 是的。

9. 是的。

10. 是的

11. 經驗。

12. 偶爾。

13. 是的。

14. 如果可能，是的。

15. 是的。

16. 是的。

17. 不是。

18. 學手藝或經商。

19. 是的。

20. 不。

21. 缺乏持之以恆的精神，但有時「失敗」也是某種程度的成功。

23. 是的。

24. 是的，只要適合他就行。

25. 要堅信機會會越來越多，在自己選擇的道路上堅定地走下去。

💬 查理斯·威廉姆斯　文科碩士，哲學博士

印第安那州印第安那波利。印第安那波利《新聞報》主編、曾任《紐約世界》文藝副刊編輯、森林湖大學希臘文教授。

1. 努力工作，堅持實現自己的目標。

2. 當然。

3. 想達到最大的成功，需要這樣做。

4. 不是。

7. 不該。

8. 就我眼中的成功而言是這樣的。

9. 當然必要。

10. 對於完全成功來說是必要的。

11. 能力很重要。

12. 能力使用不當，當然無用。

13. 如果他能負擔得起學費，可以。

14. 沒這個必要。

15. 是的。

16. 當然。

17. 不是。

19. 是的，如果有好機會。

20. 對此表示懷疑。

21. 不夠勤奮，缺乏奮鬥目標。

22. 《聖經》；莎士比亞；《華盛頓傳》；《自己拯救自己》，《魯賓遜漂流記》，司各特的小說

23. 是的。

25. 講實話，辦實事，認為不對的事就不要去做。

💬 **威廉‧華萊士**

紐約州奧爾巴尼。美國巡迴法庭法官。

2. 是的。

6. 不。

9. 是的。

19. 是的。

20. 是的。

💬 **塞繆爾‧阿勒頓**

伊利諾州芝加哥。家畜交易貿易創始人、資本家、畜牧業者、阿勒頓包裝有限公司前任董事長。

1. 父母教導我要成為一個正直的好人，在前進的路上不要害怕任何困難，要刻苦，節儉，堅持不懈。

2. 是的，生活像是一場遊戲，對它沒有極大的興趣，就不會取得好成績。

3. 是的。

4. 不是。

5. 不，一個男孩在離開家之前必須已形成自己的獨立性格及個人榮辱觀，並且已具有獨當一面的能力。

6. 幾乎在所有的大城市，成功人士都來自於鄉村，但他應先在家鄉做出點成績，然後再轉向大城市發展。

7. 等個性形成再走。

8. 在和一位老大哥一起在農場工作 8 年之後，我對他說我覺得自己可以在家畜貿易這行裡做得更好。他答道：「如果你想維持現狀，不久就會擁有鄉村中最大的農場，但是如果想做新的嘗試，我給出的建議就

是，要有好口碑，要有自己的個性，要誠實，這樣才能成功。」

17. 不是。

18. 學手藝。

19. 是的。

20. 是的。

21. 急功近利。

23. 是的。

24. 是的。

25. 培養良好的品格，做人講信用、待人真誠。

查理斯·迪基牧師　神學博士

賓夕凡尼亞州費城。伯大尼長老會牧師、長老會醫院院長。

1. 關心自己的事業，凡事要考慮到他人的利益，充分運用自己的能力和經驗，當然我所有的成績主要還是來自於上帝的恩賜。

2. 是的。

3. 是的。

4. 不是。

5. 是的，如果他知道自己在做什麼，且良機在握。

6. 如果只是抱著試試看的心理，就不要去；如果很有把握，就可以離開。

7. 一直等到好機會出現才能離開。

8. 是的，尤其對於取得最後的成功非常重要。

9. 當然。

10. 是的，這對獲得完全成功很必要；但也有的人儘管不喜歡本職工作，最後也成功了。

11. 能力奠定基礎，經驗締造成功。

12. 在某種程度上可以成功，但是經驗確實有很大幫助。

13. 絕對應該去，除非他傻到不在乎自己的事業。

14. 是的，讓他成為紳士，不斷進步。

15. 是的。

16. 絕對。

17. 不是，他若是不珍惜這樣的機會，那讀大學對他來說就沒什麼用了。

18. 首先要給他信心，等待他目標的確立。

19. 別太急於求成，在冒險投資之前先做好充分的準備。

20. 不。

21. 缺乏常識。

22.《聖經》；莎士比亞；朗費羅；美國歷史；狄更斯；通史。

23. 是的，最好找到一份內容健康的報紙來讀。

24. 是的。

25. 保持自己純潔的品行，信仰上帝，嚴守戒律，孝敬父母，尊重婦女，為人真誠講誠信。不要自以為是，以為自己無所不知。充分利用機會取得成功，不要妄想成功會自己降臨到你身上。

愛德格·班克羅福特

伊利諾州芝加哥。芝加哥西印第安那鐵路局副局長、律師、芝加哥環城鐵路公司副經理、後任託皮卡＆聖達菲鐵路局律師、作家。

1. 父母無怨無悔地做著奉獻與犧牲，其目的就是要讓孩子受到高等教育。我一直在努力工作，樹立更大的雄心壯志。

2. 是的，只要他有資質而且興趣濃厚。

3. 不是，對成功的渴望更重要。

4. 不是。

5. 是的，但是先當好農民再說。

6. 不。

7. 應該，等到弄清楚為什麼「不喜歡」農場，再離開。

8. 是的。

9. 必要中的首要條件。

10. 不是，但會非常有用。

11. 經驗加潛能可以產生能力，但是經驗是後天累積的，他的價值取決先天的能力，因此能力更重要。

12. 能力強的話，當然可以，將足夠的能力用於實踐就是經驗。

13. 當然，除非他只想賺錢，沒有別的追求。

14. 看他是否有能力上大學。

15. 是的。

16. 高等教育是必不可少的。

17. 明智，男孩根本不知道大學到底是什麼樣的。

18. 如果不能決定，最好不要去做。

19. 絕對可以，只要有良好的機會。

20. 同上。

21. 意志力薄弱，優柔寡斷，缺乏勇氣，沒有毅力，有酗酒等不良嗜好。

22.《高夫自傳》;《伊萊休・伯利特傳》;《林肯傳》;《富蘭克林自傳》;《希臘羅馬名人傳》;《華盛頓傳》(歐文或者威爾遜的作品)。

23. 不。

24. 是的，除非他特別反感。

25. 相信自己能夠完成任何想做的事，一旦確立目標，不要向任何困難屈服，持之以恆直到任務完成，繼而尋求下一個挑戰。

💬 **克萊・特朗布林** ────────────────────

賓夕凡尼亞州費城。《週日教育時代報》編輯、作家。

1. 要認清自己所處的位置，因為這是上帝的旨意，只要努力、盡職盡責，無論是成功還是失敗，富裕還是貧窮，都無所謂。自從我年輕時候起，我就從來沒有轉變過，因為上帝賜沒有賜予我新的任務。

2. 不。在田徑訓練中稱職的教練絕對不會因為運動員喜歡練肌肉、也最擅長練肌肉，就只讓他練肌肉。對於個人的偏好可以予以考慮，但不能完全受其左右。

3. 不是。對某事有偏愛多數是因為對它比較了解。

2. 如果父母非要強迫孩子，那麼日後只會給自己帶來麻煩，只有家長意識到這一點，他們才會做個稱職的父母，不會誤導孩子。

5. 這要取決於男孩肩負的使命是什麼。個人喜好也好、發財的良機也好，與使命相比都顯得微不足道。

6. 該在哪裡就留在哪裡，不管是大地方還是小地方都不重要，在條件較差的小地方履行職責要遠比在大城市裡逃避責任度日好得多。

7. 如果是他的責任，就必須去履行，不管喜歡與否。

8. 我不認為要向那些「成功人士」學習，看他們怎麼做，然後東施效顰。不管事業是成功還是失敗，誠信要擺在首位，用「做正確的事」和「事業成功」做比較，當然還是前者更有價值。

9. 堅持到底，不屈不撓是基本要素，也是責任。而放手也同樣是一種責任。「只要有食物有信仰什麼都阻擋不了」，認真的態度是做正確事情的必要因素。

10. 對工作的熱愛不是成功的必要條件。因為是你的工作，所以你才去熱愛。

11. 做事的能力是獲得經驗的必要條件。

12. 二者表面獨立，實質上又不可分。

13. 那取決於男孩自身和他選擇的大學，良好的校園生活和鍛練能夠提高學生的素養，受過這樣的鍛練與沒有受過鍛練的孩子相比前者在事業中會做得更好。

14. 即使是做個鐵匠，受過教育的男孩也會表現得比別人更加優秀。伊萊休‧博利特證明了這一點，在任何領域，如果有機會都應該補充精神食糧。

15. 要是職業學校能提供給學生好的精神訓練，那對他來說就是一個好地方。無論在任何領域要功成名就，就必須透過智力和精神方面的訓練。

16. 大學的訓練可以幫助任何職業的人做好準備，但是要清楚的是並不是訓練本身就是全部的準備。大學可以授予神學博士、醫學博士或是法律博士學位，但沒有一個大學能夠直接培養出牧師、醫生或律師。

17. 絕對不明智。不論讓男孩做的事是對是錯，強迫本身就不對。可以採取誘導的方式，將男孩領上正途。只有把孩子送進監獄才需要用強迫的手段，但那也是員警的權力，不是父母的。

18. 如果我了解這個男孩，我會給出中肯的意見；如果對每個孩子都提出同樣的建議，那只能說明我沒有能力。

19. 這樣的年輕人應該做點什麼。但是賺錢或是「成功」並不是人生唯一的奮鬥目標。

20. 這要看是什麼事業，男孩為什麼要從事它，還要看為他提供資金援助的人是什麼樣的人。

21. 失敗是成功之母。很多人失敗是由於無法成功地達到邪惡的目的；還有很多人是因為他們野心勃勃，想要踩著別人的肩膀向上爬，結果沒有達到目標，所以失敗了。

22. 建議他要熟悉《聖經》和裡面告訴我們的道理，我必須在了解這個男孩的需要和所處環境後，再為他選擇另 5 本書。

23. 一個聰明的男孩如果很忙，就不應該在讀報紙上浪費太多時間，只要大概了解每天發生的大事件和其中的意義就可以了。

24. 取決於三個因素，事業，父親和孩子。很多男孩很不明智因為他沒有參與父親的事業，他本來很適合做這項工作，並可以把它發揚光大；還有很多男孩也很不明智，因為他參與了父親的事業，然而他不思進取、原地不動，事業也不見有任何起色。不過在很多時候，天意總會使事情明朗化，避免我列舉的兩種現象的發生。

25. 對年輕人的建議，簡而言之，就是要清楚地履行自己的責任義務，不管出現什麼後果。「行得端，做得正，天塌下來也不要緊。」只有這樣做才能獲得真正的成功。

🐛 查理斯・阿特伍德　醫學博士

紐約市。布盧明代爾紐約醫院學會會員、哥倫比亞大學醫療科、神經疾病臨床助理。

1. 大多數的成功源於我的不斷努力。在 15 歲時，我不得不為自己決定，是否應該進入大學，而 18 歲大學畢業時，我再次需要做出選擇，選擇我將從事的職業。除了現在這份職業是被任命的以外，之前那些都是在競爭中取得的。

2. 如果偏好的事業是正經職業，且不是純粹為了錢，可以予以考慮。

3. 是的。

4. 不是。

5. 是的，尤其要確保開端良好。

6. 不，除非小城鎮的條件不適合他發展。

7. 不是。

8. 大多如此。

9. 是的。

10. 是的。

11. 能力。

12. 不。

13. 是的。

14. 是的，去合適的大學就讀（課程實用性強的大學），如科內爾大學或者去技術學校。

15. 是的，去科內爾大學或是與之相似的大學，他們教授的都是些具有實用價值的知識。

16. 當然。

17. 是的。

18. 經商。

19. 很難回答，要看個人情況來定，還要看其信譽如何，其他大公司是否具有競爭力及市場需求如何，如果條件適合，是可以的。

20. 不，除非擁有相當優越的條件。

22.《聖經》；莎士比亞；吉本的《羅馬帝國衰亡史》（縮寫本）；本國的歷史；普羅克特的《地球以外的世界》；狄更斯的《聖誕頌歌》（*Being a Ghost Story of Christmas*）；庫珀的《皮襪故事集》；金斯萊的《向西方》，格萊特的《和克萊夫在印度》，司各特的《魔符》，京斯敦的《三個船運工》；傅華薩的《聞見錄》。

23. 是的。

24. 是的。

25. 男孩們，要想在一生中取得成功，那麼就要有榮譽感，有良知，不要喝酒，也不要賭博，凡事只要去做，哪怕成績只有一點點也要好於不做。

艾莫爾・卡彭　神學博士，法學博士

麻薩諸塞州塔夫茨大學校長

1.（a）堅持到最後，不屈不撓。

（b）要努力工作，日復一日，踏實工作。

（c）有崇高的理想，定準目標去努力，同時不忘記要腳踏實地。

2. 我當然覺得應該，除非中途出現曲折坎坷。

3. 不是，因為人們通常做什麼工作，那麼就會強迫自己去發展什麼興趣。

4. 我想這麼做非常不明智。

5. 是的，只要他覺得自己能在城市找到更好的機會

6. 這個要他自己，他是否有足夠的能力，如果他有能力，卻在自己所在的地方找不到滿意的工作，那最好還是找一個更大的地方去尋求機會。

7. 如果他沒有興趣，就算強迫他去外交部也不會喜歡。

8. 任何成功都值離不開誠信。

9. 絕對是。

10. 不管喜不喜歡，一個人對工作的興趣是至關重要的。

11. 都重要，但在某些職業裡，經驗更重要些。

12. 很多情況下，確實如此。

13. 是的，只要他擁有足夠的時間和金錢，頭腦夠聰明，做什麼都需要知識。

14. 不管這個人最後從事什麼，受過大學教育是非常重要的。

15. 是的，可能的話最好上大學，然後再到一所技術學校進修。

16. 是的，只要在他開始自己的職業生涯時不覺得自己太老就可以。

17. 不明智。

18. 這樣的孩子可能做什麼都不會有太大的成就，也許他更適合學手藝。

19. 這得看他做的是什麼生意。如果風險太大，最好還是觀望一段時間再做打算。

21. 我認為世界上即使是最理智的人也不可能對於某件事只用一個理由來解釋，其實原因和失敗一樣千差萬別。

22.《聖經》，莎士比亞的作品（英文原版），一些經典好書，例如英國歷史和美國歷史，司各特，狄更斯和雨果的小說，之後可以讀一些優秀的散文或者是詩歌，也許他會沉迷其中。

23. 是的。

24. 是的，如果生意很好的話，可以。

25. 男孩們，快醒醒吧，這是一個偉大的時代，充滿了機遇，準備好去迎接挑戰吧，一旦準備好，就要把握住最適合自己的機會，充分加以利用。「時光稍縱即逝」。「注視、等待、充滿信心，堅定不移，表現得要像個男子漢一樣堅強。」

愛德華・戴爾森

紐約州錫拉庫紮。奧內達家鎮儲蓄銀行行長。

1. 我現在所取得的成就，要歸功於我的健康的體魄，不懈的努力，不屈不撓以及堅持到底的精神。

2. 是的。

3. 是的。

4. 不是。

5. 是的。

6. 我建議他去，但至少在去大地方之前要在自己喜歡的行業裡做一陣子的學徒。

7. 不應該。

8. 是的。

9. 是的。

10. 是的。

11. 經驗，其次是能力。

12. 有成功的可能，但機率不大。

13. 是的。有可行性就可以。

14. 是的。

15. 是的。

16. 是的。

17. 不明智。

18. 讓他跟隨一個有能力的老闆或是老師學一門手藝。

19. 按常理說，是的。

20. 最好是和一個信譽好的人合作，並且那個人信賴他的經驗、擁有足夠的資金願意為他去投資。

21. 沒有經驗和不屈不撓的精神。

22. 《聖經》；布萊克通史；《民法》;《刑法》;莎士比亞；美國歷史。

23. 是的。

24. 要是他喜歡並且是一項好的事業，我看沒有理由還去尋找其他職業

25. 做事要講效率，更主要的是凡事都要講誠信。

約翰・韋斯頓司令官

華盛頓哥倫比亞特區。美國海軍聯勤司令。

1. 我今天擁有成功是因為我了解本職工作，做人誠實、努力，堅持不懈。

2. 是的。

3. 不必要。

4. 不是。

5. 是的。

6. 不。

7. 不應該。

8. 我是這麼認為的。

9. 是的。

10. 不是。

11. 經驗。

12. 可能。

13. 不。

14. 不。

15. 是的。

16. 是的。

17. 不是。

19. 是的。

20. 是的。

21. 不夠專注。

23. 是的。

24. 是的。

25. 誠實，真誠，愛國。只要總統召喚，時刻準備報效國家。像男子漢一樣豁達，不自私，對不如你的人要寬容。

🗨 威廉·克拉克

美國俄亥俄州克里夫蘭市。教育委員會前任會長、美國退伍軍人委員會會長。

1.首先感謝我的母親給我的培養。其次，就是堅持不懈，待人誠懇。

2. 是的，如果這是他真實的想法。

3. 總體說來，是這樣的，但是也有例外

4. 父母知道孩子的脾氣、性格，能給出最好的判斷。

5. 是的。

6. 不。

7. 不應該。

8. 絕對必要。

9. 必要。

10. 是的。

11. 能力，因為有能力才能得到經驗

12. 是的，如果恰逢良機。

13. 是的。

14. 是的。

15. 是的。

16. 是的。

17. 是的，結局通常會很好。

18. 手藝。

19. 是的，因為獨立是取得成功的最佳動力。

20. 不，債務是一個人最大的障礙。

21. 急於求富，缺少平常心。

22.(a)《聖經》；(b)《蘇格蘭領袖傳》；(c)《湯姆叔叔的小屋》；(d)《魯賓遜漂流記》；(e) 狄更斯的《英國歷史》；(f)《林肯傳》和《華盛頓傳》。

23. 不會

24. 不，除非他表現出特別積極地態度。

25. 當父母衰老了以後，不要嫌棄他們。

羅賓遜　醫學博士

緬因州班戈。學校委員會主席、醫生。

1. 有一對好父母來引導我。

2. 只要是合法的有益的就可以。

3. 不必要，但是很有用。

4. 通常來說，不是。有時是情有可原的。

5. 取決於那個男孩，只要他聰明，有活力，有目標，有毅力並且受過好的教育就可以。

7. 除非他在其他方面做得更好。

8. 當然。

9. 是的。

10. 想獲得最大的成功就得熱愛本職工作。

11. 能力。沒有能力，經驗毫無用處。

12. 是的，經驗隨時可以有。

13. 是的。

14. 是的。

15. 如果他不能上大學，可以去技術學校。

16. 是的。

17. 要看他多大，為什麼不想去上學。

18. 理想遲早都會有的。

19. 是的，這有助於他成為更成熟的男人。

20. 不，最好要他自己攢錢去做生意。

21. 奢侈浪費。

23. 是的。

24. 是的，子承父業，對男孩的發展大有幫助。

25. 孩子，不管做什麼都要盡力而為。

💬 詹姆斯‧摩爾　醫學博士

明尼蘇達州明尼阿波利斯。外科醫生、西北醫院外科醫師、聖巴拿巴城市醫院外科醫生、外科學專題作家。

1. 在逆境中，要明確自己的目標，堅持不懈。

2. 是的。

3. 不必要，成功會讓你喜歡上事業。

4. 不是。

6. 如果在家鄉已感到英雄無用武之地了，再去大城市。

7. 不該。

8. 是的。

9. 是的，比什麼都重要。

10. 是的。

11. 能力，一個人有能力就會有經驗。

12. 不會成功，見上題答案。

13. 不。

14. 不。

15. 除非他才能出眾，否則不用去。

16. 是的。

17. 不是。

18. 讓他學一門手藝或務農吧，我們需要很多非技術人才。

19. 是的。

20. 不，只要他有能力，不久就會有資金，不必借錢。

21. 確立目標後不能持之以恆。

23. 是的。

24. 是的。

25. 保持身心純潔。無論在任何情況下都要盡全力做到最好。

敘述：我想告訴孩子們的父母，他們有責任教育孩子，讓他們知道他們可以憧憬一切，但是，沒有理想就不能取得巨大的成就。在他們沒有經驗和失敗時，告訴他們不要迷茫。相信他們會超過自己的父輩，一切會更好。許多男孩迷失了十年，就是因為沒有人告訴他「水滴石穿」的道理。

💬 弗蘭西斯・希爾斯

麻薩諸塞州波士頓。第三國家銀行行長。

1. 努力工作。

2. 是的。

3. 不必要，但是非常有用。

4. 不是。

5. 如果他有能力想去嘗試經商或者從事某種專業，可以去大城市。

6. 如果他決心要成就大事，可以去大城市。

7. 取決於他在其他領域的辦事能力。

8. 絕對必要。

9. 是的。

10. 不是。

11. 能力。

12. 可以，經驗可以後天獲得。

13. 是的。

14. 是的。

15. 是的。

16. 是的。

17. 不是。

18. 擁有穩定收入的工作是最適合他的。

19. 是的。

21. 沒有能力或沒有毅力或者兩者都不具備。

23. 是的。

25. 在生活方面，引用大衛・科波菲爾的阿姨的一句話：「不要犯錯誤，不要耍手段，不要殘忍」；在做生意方面，我要再補充一句：「智慧，正直，果斷，禮貌，精準，這些都是成功的基本要素。」

塞繆爾・伊士曼

新罕布夏州康科特市。新罕布夏州儲蓄銀行行長。

1. 忠於職守，不斷提高自身能力，以便更好地履行自己的職責。

2. 是的。

3. 不是。

4. 是的。

5. 是的，如果他祈求能夠取得更大的成功；但是所有的鄉村男孩都不能做到這點。

6. 長遠來看，男孩還是留在家鄉比較幸福。

7. 不應該。

8. 雖說有許多不誠實的人發了不義之財，但還是應該講誠信。

9. 是的。

10. 至少他必須喜歡或者有能力強迫自己去完成。

11. 能力。

12. 不會。

13. 是的，如果他能這麼做。

14. 可能不會，但多受點教育還是有幫助的。通常來說，想學技工的男孩都不想上大學。

15. 有時我會建議，但是有些男孩不會想去。

16. 是的。

17. 不是。

19. 是的，如果他能找到一個好的機會。

21. 粗心大意，忽略細節。

23. 是的。

24. 是的，只要他喜歡。

25. 「鎖定你的目標，困難就會落荒而逃，凡事要腳踏實地地做，空談不會有任何回報；發揮自己的才能，把你的對手擊倒。」

威廉‧克羅澤將軍

華盛頓哥倫比亞特區。美國陸軍軍需總長、發明家、海牙和平會議代表。

1. 對我的工作感興趣。

2. 是的。

3. 是的。

4. 不是。

5. 是的，如果他有能力和堅定不移的性格。

6. 還是呆在家中比較安全，但是有能力、有毅力的人在大城市發展會收穫更多。

7. 如果他有能力和堅定不移的性格就不應留下來。

8. 不必要，但是必須要自重。

9. 是的，尤其是要獲得巨大的成功或是面臨困難時，更要有鍥而不捨的精神。

10. 想有大成就，必須熱愛本職工作。

11. 能力。

12. 是的，除了有能力還要堅持不懈。

13. 是的，如果可能。

14. 不。

15. 是的。

16. 是的。

17. 不是。

18. 學手藝或經商。

19. 是的。

20. 是的，只要債權人充分了解其中的風險。

21. 缺少活力和堅持不懈的毅力。

23. 是的。

24. 是的，只要他願意嘗試。

25. 銘記這一生中沒有什麼能代替絕對的正直，也沒有什麼能像活力那樣對成功起著巨大的作用。活力來源於對工作的熱愛。

🗩 吉伯特・菲力浦斯

羅德島州普羅維登斯。普羅維登斯存款機構主席。

1. 堅持不懈。

2. 是的。

3. 不必要。

4. 不是。

5. 是的。

6. 只要他喜歡。

7. 絕對不該。

8. 是的。

9. 是的。

10. 是的。

11. 能力。

12. 是的。

13. 如果他能的話。

14. 是的。

15. 是的。

16. 是的。

17. 不是。

18. 學手藝。

19. 是的。

20. 不。

23. 是的。

24. 只要他喜歡。

25. 誠實，堅持，好的品格。

弗雷德里克·普拉特

紐約布魯克林。普拉特學會會員。

2. 是的。

3. 不是。

4. 不是。

5. 不，只要他有超凡的能力和頑強的毅力。

6. 不。

7. 不應該。

8. 是的。

9. 是的。

10. 不必要，只要堅持下去就能逐漸產生興趣和熱愛之情。

12. 是的。

13. 如果他有任何的愛好，建議；否則不然。

14. 不是每個男孩都可以。

15. 去技術學校或者能學到一門手藝的學校，不要去工程設計學校。

16. 是的。

17. 不是。

19. 是的。

20. 在大城市，反對；要是在小城鎮，就贊同。

21. 沒有毅力。

23. 是的

24. 是的。

波特

紐約長島。長島鐵路局總監。

1. 在任何條件下都要堅持不懈。

2. 是的。

3. 不是。

4. 大多數情況下是不明智的。

5. 是的。

6. 是的，我想男孩子應該離開家，出去闖闖。

7. 不應該。

8. 是的。

9. 是的。

10. 是的。

11. 能力。

12. 有可能。

13. 是的。

14. 是的，如果他能做到。

15. 是的。

16. 是的。

17. 不是。

18. 學手藝。

19. 是的。

20. 是的。

21. 做不到堅持不懈。

23. 是的。

24. 不。

25. 耐心、真實、忠實、誠實，不知疲倦。

埃爾南多‧馬尼

密西西比州卡羅頓。美國參議員、律師。

2. 是的。

3. 不是。

4. 不要強迫孩子。

5. 不。

6. 不。

7. 不應該。

8. 一些人可能用不誠實的手段取得了成績，但那並非是真正的成功。

9. 是的。

10. 不必要。

12. 是的。

13. 是的。

14. 是的。

15. 是的。

16. 是的。

18. 學手藝。

19. 是的。

20. 是的。

21. 缺乏自信。

23. 是的。

賀瑞斯・塔貝爾法學博士

羅德島州普羅維登斯。公立學校督導、教科書的作者。

1. 擁有好父母，好妻子。

2. 是的，如果喜好早已形成。

3. 不是。

4. 不是。

5. 是的。

6. 首先嘗試去小地方。

7. 不應該。

8. 不必要，誠實是道德的之首，在斂財方面不適用。

9. 是的。

10. 是的。

11. 能力。

12. 有能力，經驗可以後天獲得。

13. 不。

14. 不。

15. 是的。

16. 是的。

17. 不是。

18. 學手藝。

19. 經商，但不要同諸如標準石油公司（Standard Oil）這類的大公司競爭。

20. 不。

21. 沒有遠見。

23. 是的，但同時也要讀些好書。

24. 是的。

波比

緬因州班戈。土木工程師、保誠會會員。

1. 生長在信奉基督教的家庭，父母每天都在為我祈禱。

2. 只要是正經事就贊同。

3. 不總是。

4. 當然不是。

5. 除非他的性格已經形成；在大城市中，他會面臨更多的風險。

6. 不，除非他有能力，也有遠大志向。在美國，是金子就不會被埋沒，在哪裡都一樣發光。

8. 絕對是。

9. 是的。

10. 如果他把心思放在生意上，他一定會成功。

13. 有時，大學教育是好，但並不是非去不可。

16. 我覺得十分必要。

18. 學手藝。

21. 奢侈，不注重細節。

23. 如果他能找到一份好報紙，可以讀。了解時事新聞很必要。

24. 是的。

25. 聽從上帝的教誨，要誠實、真誠。

🐷 約瑟夫·拉尼德

紐約州布法羅。布法羅圖書館負責人、美國圖書館協會前會長、作家。

2. 是的，如果他知道自己喜歡什麼而且能夠盡力去做。但是小男孩的愛好通常只是一時的衝動。

3. 不是。大智慧家歌德曾說過：「你最熟悉的就是你手邊的事」，「無論做什麼都要用心去做」，這是取得成功的最好的原則。

4. 這種情況是不能被強迫的，孩子和家長應該心平氣和地磋商，解決問題。

8. 沒有什麼比這更重要的了。

9. 毫無疑問。

10. 至少懷有熱愛之心去完成工作，可以做到最好。

13. 上大學會使他受益非淺。

14. 同上。

15. 只要他能去。

17. 要是孩子是被強迫去的，很可能在學校學不到什麼，即使送他上大學也是沒有意義的。

23. 可以看報紙，但要適度地看，可以從每天的新聞中找到一些重要的訊息和知識，但不要把時間浪費在花邊新聞上。

25. 形成壞習慣要比得了天花和瘟疫還可怕，而養成適合自己的好習慣會比穿新衣服還要開心。時刻提醒自己想要成為什麼樣的人，你的後半生或者人生剩下的三分之二的時間，完全取決於你年輕時形成的習慣。思考問題是細心還是粗心，看待問題是片面還是全面，自己判斷還

是聽從別人的意見，態度是親切還是冷漠，慷慨還是自私，說話時是語法嚴謹的還是漏洞百出，態度是謙恭還是粗魯，這些都是紳士與市井小民的差別，這些差別是由他們年輕時形成的不同習慣造成的。現在就想一下自己要成為哪一種人。

約翰·懷特

紐約市。懷德萊特高中校長。

1. 謙虛地說我在某些方面並不是很成功。

2. 是的。

3. 不必要。

4. 不是。

5. 是的。

6. 大體上不會。

7. 不應該。

8. 是的，居心叵測的人是不會成功的。

9. 是的。

10. 是的。

11. 兩者都重要。

12. 沒有經驗不能成功。

13. 是的。

14. 最好去技術學校。

15. 是的。

16. 是的。

17. 無論如何都不能這麼做。

19. 當然。

20. 可能。

21. 賭博，任意妄為。

22.《聖經》；歐文的《華盛頓傳》；《希臘羅馬名人傳》；雨果的《悲慘世界》；惠蒂爾的詩；《魯賓遜漂流記》。

23. 是的。

24. 我傾向於否定。

25. 品格要建立在真實、有責任感、自律、正確的思考方式和謙恭的基礎上。

💬 傑生・尼科爾斯

密西根州蘭辛。英格拉哈姆公司，遺囑檢驗法官。密西根州教育委員會主席。

1. 工作。

2. 當然。

3. 是的。

4. 不是。

5. 是的。

6. 不。

7. 應該。

8. 即使再問一萬次也是必要。

9. 必須堅持。

10. 是的。

11. 是的

12. 努力工作就會成功。

13. 是的。

14. 是的，如果他能。

15. 是的

16. 當然。

17. 是的，因為在那裡他可以學會如何工作。

18. 手藝。

19. 是的。

20. 是的。

21. 粗心和懶惰。

22.《拿破崙傳》。

23. 可以，但讀報時間別太長。

24. 是的。

25. 選擇自己喜歡的工作堅持到底。工作，工作再工作。

伯吉斯

佛蒙特州伯靈頓。教育委員會主席、霍雷木材公司董事長。

2. 通常會。

3. 是的。

4. 不是。

5. 如果他特別聰明，可以；否則就不要走。

7. 不應該。

8. 是的。

9. 是的。

10. 必須

11. 沒有哪一個都不行。

12. 有時會。

14. 當然。

15. 是的。

16. 是的。

17. 一般說來是不明智的。

18. 學手藝。

19. 是的。

20. 偶爾，取決於這個人自己。

21. 奢侈浪費。

23. 是的。

24. 是的。

25. 決定自己想要做什麼，堅持下去，不要給失敗任何機會。

🗨 亞歷山大・艾博特　醫學博士

賓夕凡尼亞州費城。賓夕法尼亞大學衛生學實驗室衛生學教授、導師、醫療衛生委員會實驗室導師、醫學專題作家。

1. 凡事靠自己；結交能力出眾的人。

3. 那要根據個人情況來定，我的建議是肯定的。

4. 不是。

5. 如果他把幸福和成功都寄託在這上面，那麼我建議他去。

6. 不，除非這個小鎮不能滿足他的目標，達不到他的要求。

7. 不應該。

8. 應該是必要因素，但令人遺憾的是，事實並非如此。

9. 是的，要不間斷地努力。

10. 是的，只要你指的是完全成功的話，就需要這樣做。

11. 能力。

12. 可以，經驗是能力的實踐。

13. 是的。

14. 是的。

15. 是的。

16. 是的。

17. 要看情況，但是大多數情況是有理由這樣做的

21. 沒有能力，風險中不理智，急於暴富。

22. 男孩從 13-17 歲：吉卜林的《叢林之書》；史蒂文生的《金銀島》；金斯利的《向西方》；斯邁爾斯的《自己拯救自己》。

23. 不用養成習慣，要是找到一份好的報紙，可以偶爾讀一讀。

24. 事業基礎好，而且男孩自己喜歡的話，可以。

25. 學會一技之長，堅持做下去。

🗨 艾默里・布拉德福德　神學博士

紐澤西州蒙特克雷爾。第一公理會教堂牧師、《展望》雜誌副主編、美國基督教哲學學會會長、神學院講師、作家。

1. 良好的遺傳基因，我家庭的環境影響和兒時的理想，還有不懈的努力。

2. 是的。

3. 是的。

4. 不是。

5. 如果那孩子適合做農民，不建議這麼做，如果適合做銀行家或從事某專業，可以出去闖闖。

6. 等到小鎮已滿足不了他的發展需求再離開。

7. 如果那是他的永遠的追求就不用留下來。

8. 是的。

9. 是的。

12. 如果夠勤奮，可以成功。

13. 是的。

14. 要看那男孩，他若能學以致用，就建議他去。

16. 是的。

17. 有時是明智的，但有時不是。

18. 先激起他的雄心壯志。

21. 奢侈。

22.《聖經》；荷馬；《希臘羅馬名人傳》；《大衛‧利文斯敦傳》；《約翰‧霍華德傳》，丁尼生的《國王敘事詩》。

23. 是的。

25. 純潔，誠實，追求真理，忠誠。要做正確的事，不惜任何代價。團結友愛，相信上帝。

🗨 雅各‧格林上校

康乃狄克州哈特福德。康乃狄克州人壽保險公司董事長。

2. 是的。

3. 不是。有廣泛的興趣愛好並肯努力的人做什麼都會成功。

4. 不是。

5. 完全取決於那個男孩，不滿足，機會少，有這樣的想法就很危險。

6. 要看他的能力，一個人只有把身邊的事做好才是最基本的準則，其他地方需要他的時候，機會自然會向他靠近。

7. 對他人的責任，還有個人的傾向和天生的能力，這是幾大重要因素，孩子早期的喜歡和不喜歡只不過是兒時的一種衝動。

8. 我想，做不到絕對的誠實是不會真正成功的，不誠實只能贏取片刻之快，但是結果卻是毀掉自己。

9. 當然。

10. 不是必須的，但會讓自己的工作變得簡單容易得多，擁有與工作相關的知識比熱愛更重要。

11. 能力是硬體，經驗有利於硬體的應用。

12. 在這兩方面很難去找到平衡，每個人的工作過程也是學習的過程。能力是上天賜給我們的禮物，沒人能去改變，但是經驗是後天的培養，是對能力的應用。

13. 要看他有多大能力。

14. 一般說來，不會建議。

15. 是的，那裡會教他正確的方法，認真的學習習慣，對他進行合理的智力訓練。

16. 是的。

17. 不是，這樣對孩子不好。

18. 手藝。

19. 是的，每個人都應該追求自己的理想。

20. 沒有十足的把握就不要做。

21. 缺少自制力。

23. 是的，只要了解天下大事就足夠了，不用讀太多。

24. 沒有確定的回答，對於一些男孩來說很好，對於有些男孩來說就會成為問題，有很多複雜的因素，因人而異吧。

25. 清楚你自己想要什麼，或者應該做什麼，把自己的責任放在第一位，然後，快準穩地把它做好。

💬 **馬克思・託爾斯**

明尼蘇達州聖保羅。大北方鐵路局機械工程師。

1. 平常心，受過教育，有能力領導他人，首要一條就是懂得服從命令。

2. 是的。

3. 是的。

4. 不是

5. 是的。

6. 不。

7. 不應該。

8. 是的。

9. 是的。

10. 不必要，事實上熱愛就意味著要堅持到底。

11. 二者都需要。

12. 少見。

13. 是的。

14. 不。

15. 是的。

17. 不是。

18. 讓他自己選擇。

19. 是的。

20. 不。

21. 過分自信，奢侈浪費。

23. 是的。

24. 不。

25. 開闊視聽，守口如瓶。穩重，服從命令，不要開始就想得到回報。

🗨 史賓賽

康乃狄克州哈特福德。安泰國家銀行行長。

2. 是的。

3. 不必要。

4. 總體來說，不是。

6. 不。

7. 還是留下來比較好。

8. 是的。

9. 是的。

10. 不是。

11. 能力。

12. 可以。

16. 是的，只要有可能。

17. 不是。

18. 這不算什麼大事。

20. 不。

23. 是的。

24 這應該是最適合他的工作。

班傑明・惠勒　法學博士，哲學博士

加利福尼亞州伯克利。加州大學校長、作家。

1. 相信世界上還是好人多。

2. 是的。

3. 不必要。

4. 不是。

5. 是的。

6. 不。

7. 不應該。

8. 是的。

9. 是的。

10. 若無法熱愛工作，可以試著把工作當作一種習慣。

13. 是的。

14. 是的。

15. 是的。

16. 是的。

17. 不是。

23. 可以讀一本好的週刊，比如《展望》，這本雜誌就不錯。

25. 要勇爭上游。想什麼就去做什麼，當然要有耐心。努力工作，衣著整潔。做誠實的人。

約翰・弗萊徹

阿肯色州小石城。德國國家銀行行長。

1. 所有業務交往中嚴格遵守誠信原則，積極認真地履行合約。

2. 通常來說，是的。這樣他更容易成功。

3. 不是，很多人都是被迫從事了自己不喜歡的職業，但是之後他們應付自如而且取得了巨大的成就。

4. 不是，我想最好的途徑就是和孩子磋商，讓他選擇他自己喜歡的。

5. 是的，假設他有雄心和能力去領導其他人，但是卻因為是一個農村孩子，不能遇到這樣的機會，那麼只有離開那裡。

6. 是的，只要他有能力去做更大的事業，同時他也有信心會比在家鄉做得更好，我就建議他離開家鄉。

7. 不會，讓他去親自體驗，然後找到適合自己的職位。

8. 必要的，特別是對於真正的成功，誠信是非常重要的。

9. 必要，一定程度上，能把精力聚集到一起。

10. 不必這麼做。

11. 二者都是成功的基本因素，但是我認為經驗會更重要一些。

12. 不會。

13. 是的，大學教育對生意人管理自己的生意特別重要。

14. 是的，大學教育會增加自己的智慧，讓自己成為優秀的機械師、專家。

15. 不。

16. 是的，這會讓自己更強壯更有自信。

17. 不是，如果這麼做，會讓他誤入歧途的。

18. 學手藝或者做生意。

19. 是的，讓他按照自己的計畫做事吧，因為我還沒有聽說過哪個人是領著固定薪資去成就大事的。

20. 我想借錢取得成功要比領取固定薪資好得多。

21. 疏忽，不切實際，粗心，揮霍無度，賭博，放蕩不羈。

22. 美國歷史；市政管理方面的書籍；羅馬史；莎士比亞；成功人士的傳記；貿易發展史。

23. 是，讀報能讓他坐觀天下事。

24. 不，最好讓他自己選擇最適合自己的職業。

25. 男孩們，交友要謹慎。一生中要誠信，刻苦努力，正直。

敘述：我從小在人煙稀少的阿肯色州長大，那裡的男孩各方面都沒什麼特長，而且上學的時候，趕上農忙時節，必須回到田裡去幫助父親收割作物，收割完畢後，再回到學校上課，然後再回到地裡，把割下來的莊稼收起來，然後再返回學校繼續上課。所以，農村的男孩必須在農場工作六個月，在小木屋上六個月的學。這樣的情況還算好的，起碼孩子還念得起書，很多窮人家的孩子根本沒有上學的機會，而我受教育的機會是透過旅行，閱讀書籍和看報得來的。此外，每個男孩都應讓自己成為老闆的左右手，進而成為炙手可熱的人才。

💬 埃爾布里奇・基斯

伊利諾州芝加哥。大都會國家銀行行長、芝加哥結算所所長、銀行家俱樂部主席。

2. 是的。

3. 是的。

4. 不是。

6. 不。

8. 是的。

9. 是的。

10. 是的。

12. 不常見。

17. 不是。

18. 學手藝或者做生意。

19. 是的。

20. 不。

21. 缺少能力和經驗。

💬 約瑟夫・德博爾

佛蒙特州蒙彼利埃。國家人壽保險公司董事長。

1. 第一，向自己的奮鬥目標努力，不斷地工作，從事實中獲取真相；第二，讓自己具備的能力在工作中有所展現，在工作中取得成果。

2. 是的，特殊情況除外。

3. 不是，但是既然已經選擇了，在道德的約束下就應該忠誠自己的職業。

4. 不是，從孩子出生起他就有權利來做選擇，他的愛好應該得到尊重。

7. 不應該，既然已經不喜歡，就不應該再要求他留在農場了。

8. 是的，不講誠信就無法獲得真正的持久的成功。

9. 是的，每個人都應該遵守這個準則。天才例外。

10. 想成就大事就得熱愛工作。

11. 在腦力勞動方面更需要有能力；在手藝活方面則更需要經驗。經驗可以促使能力不斷增長。

12. 是的，經濟學教科書的作者就是一個例子。

13. 是的，我會建議有機會上大學的男孩去上大學。讀書只為他自己，與將來的工作無關。

14. 是的，但是最好是選擇一所技術學院來讀。

15. 是的，原因詳見 13 和 14 題的答案。

16. 是的。

17. 我從不認為強迫這種做法是正確的，除非國家需要。

18. 一個普通的男孩，沒有什麼喜好，也沒什麼目標，最好就近找到一份工作，形成自己的生活軌跡。

19. 是的，自己做自己的「老闆」，「統治自己的靈魂」

20. 是的，只要遇到好的機會。

21. 不道德，疏忽。

22. 《聖經》；《美國國會》。這兩本書分別是關於道德和公共教育的，至於其他書籍，要看男孩自己的愛好了。

23. 是的，如果可能的話，最好是三份不同觀點的報紙，中立派，共和黨和民主黨的。

24. 是的，如果事業興旺而且他自己也喜歡。

25. 很多年後，透過不同領域的工作，你會磨練成為一個男人，精通手工業，商業和某種專業，成為家中的棟樑。保證自己無論做什麼事都要遵守摩西十誡，並以公民身分看看你的行為有沒有損害國家利益。請記住，生活的終點是幸福的，而最大幸福是在任何時候都能夠誠信工

作，正如羅斯福所說的「要堅持到底」。此外，堅信這條真理去努力，誠實的勞動無論在哪裡都會得到尊重，使你更具競爭力，特別是在我們這個強調個人權利與義務的國家，更是如此。同時，要有一定的積蓄。不要勢利，在工作中和生活中要堅持真理，像個男子漢大丈夫。

🗨 馬文・文森特牧師　神學博士

紐約市。聯合神學院《新約全書》闡述、評論教授；作家。

1. 上帝的保佑，平穩、規律的生活，努力工作，做任何事都盡力而為，多與比自己博學的人交流。

2. 是的，只要弄清是男孩的一時興起還是真正的喜好就行。

3. 不是，有很多人成功不是來源於他明顯的愛好的。

4. 不是。

6. 是的，只要男孩能夠遇到好的機會。

7. 看他是否還適合其他的職業。

8. 沒有誠信，我認為就沒有什麼成功可言。

9. 毫無疑問。

10. 不是絕對地必要，其他條件相同的情況下，熱愛自己的工作的人會獲得最大的成功。

11. 二者不可分。

12. 能成功，但程度有限。

13. 是的。

14. 是的。

15. 是的，先上大學，再去技術學校學習。

16. 毫無疑問。

17. 有時候是正確的。管束過多會讓孩子失去自己的主見；但有的時候「不打不成器。」

18. 沒什麼太大區別，這樣的男孩做哪一行結果都差不多。

19. 當然。

20. 要看他能力的大小和經驗的多少。

21. 不能作答，原因多種多樣，缺乏能力，壞習慣，懶惰，輕浮不踏實，不夠專注等等。

23. . 是的，找到一份好報紙來讀。

25. 信仰上帝；履行承諾；保持思想純潔；杜絕骯髒的念頭，諸如偷盜或者搶劫；愛惜自己的身體；多看好書多向成功人士學習；受到別人的認可，不要自滿；培養最簡單、最好的生活習慣。就算沒有成功、沒有智力上的優勢，也要讓自己像個紳士。善待他人，絕不向罪惡妥協。不努力工作，沒有人能夠成功。工作時需要全神貫注。祈求上帝保佑你。要記住最適合自己的才是最好的，如果你適合在低職位，那就不要沒完沒了往上爬，否則會毀了在原來職位上取得的成功。

何西·阿米諾爾頓

麻薩諸塞州波士頓。麻薩諸塞州總檢察長、律師。

1. 我取得的任何成功都歸功於我的努力工作。工作需要必要的節制和身心健康做保證。

2. 當然。

3. 某種程度上，是的。

4. 從來不認為這麼做是正確的。

5. 是的，除非他對自己所在的地方很滿意。

6. 不必要。

7. 不應該。

8. 絕對應該。

9. 是的。

10. 從廣義上理解應該是這樣。

13. 如果他能的話，可以。

14. 是的，但是要選擇與將來工作有關的課程來學。

15. 去技術學校會好一些。

17. 那得看男孩的「意願」是否是指他的懶惰。

21. 懶惰和壞習慣。

22. 盡可能多讀些書。

23. 有選擇性地讀。

25. 努力工作，腳踏實地。保持健康，志存高遠。

💬 查理斯・普拉特

賓夕凡尼亞州費城。北美保險公司董事長、費城動物協會會長、海洋保險業全國委員會主席。

1. 勤奮，隨時準備接受任何工作，即使是不在計畫之內的也可以。永遠保持禮貌謙恭。熱愛運動，喜歡娛樂活動。

2. 不，除非這個男孩有很強的能力。

3. 不是。

4. 不認為。

5. 是的，只要有好的起點就行。

6. 不。

7. 不應該。

8. 是的。

9. 是的。

10. 是的。

11. 能力。

14. 是的。

15. 不。

16. 是的，只要時間允許。

17. 不是。

18. 學手藝的可能性大些，有目標很重要。

19. 不，除非有好的建議。

20. 不。

21. 沒有目標又不勤奮，急於暴富。

22. 很難說，要廣泛閱讀。

24. 是的。

25. 誠實，勤奮。有決心成功。「處事公正，仁愛，虔誠地跟在上帝身旁。」

💬 斯開福特　文科碩士，哲學博士，神學博士。

賓夕凡尼亞州蘭卡斯特。公共教育部學監、賓夕凡尼亞州醫務委員會主席、曾任基石教師學校校長、作家。

2. 是的。

3. 不是。

4. 不是。

8. 是的。

9 是的。

10. 是的

12. 是的，經驗可以日積月累。

13. 是的，如果他有時間，有頭腦，有足夠的錢。

14. 是的。

15. 是的。

16. 是的。

17. 不是。

18. 學手藝或做生意。

19. 是的。

23. 是的。

24. 是的。

25. 真實。

💬 德福里斯特・理查茲

懷俄明州夏安。懷俄明州州長、道格拉斯第一國家銀行行長。

1. 有毅力，合法經營，堅持到底，不屈不撓。

2. 是的。

3. 不是。

4. 不是，非常不明智。

5. 取決於他的個人特質。

6. 偶爾會。

7. 不應該。

8. 是的。

9. 非常必要。

10. 是的。

11. 能力。

12. 是的，可以累積經驗。

13. 不學傳統的課程，學習對將來事業有幫助的課程。

14. 不。

15. 是的。

16. 是的。

17. 不是。

18. 沒有理想，寸步難行。

19. 是的。

20. 是的。

21. 採取不合適的運作方式，自然也不會有什麼成效。

23. 不。

24. 是的。

25. 信守合約，辦事有效率。今日事今日畢，不要拖到明天。這樣會使你博得美譽。

🗨 小柯帝士・吉爾德

麻薩諸塞州波士頓。《商業快訊》雜誌編輯、演說家。

1. 毫不鬆懈地努力工作

2. 是的。

3. 是的。

4. 不是。

5. 不，除非他目標明確，否則家鄉就是他最好的出發點。

6. 絕對不，留下來建設家鄉。

7. 不應該。

8. 很遺憾，誠信不是成功的要素。

9. 是的。

10. 不必要。

11. 經驗。

12. 很少見。

13. 是的，除非他滿足於現狀，不想有任何作為。

14. 是的，或者至少多讀些有用的書籍，不要只看技工類的書。

15. 絕對會。

16. 當然。

17. 是的，上大學不是絕對必要的，但若想從事某種專業，還是得讀大學。

18. 哪個都不合適，讓他參加陸軍或者海軍，這樣，即使他沒有足夠的能力發展自己，也可以報效祖國。

19. 是的，但是「足夠」的資本在當今形勢下意味著相當多的錢。

20. 不，但是我父親會建議這麼做。

21. 原因是多方面的。

22.《新約全書》；莎士比亞；狄更斯；美國歷史；《希臘羅馬名人傳》；奧爾德里奇的《壞男孩的故事》。

23. 是的。

24. 是的，除非他有自己喜歡的工作了。

25. 讀內容健康的書，衣著整潔，每天在戶外鍛鍊身體，三思而後行，不要沒有想法就去做，做了總比不做強。

💬 查理斯・鐘斯 ——————————————

麻薩諸塞州波士頓。聯合鞋業公司董事長。

1. 健康的體魄和辛勤的工作。

2. 是的，如果覺得那是個機遇。

3. 不是。

5. 當然，如果家裡不需要他幫忙的話可以走。

7. 不應該。

8. 不是。

9. 一定是。

10. 不是。

11. 能力。經驗是後天累積的。

12. 是的。

13. 不可行，除非家裡人或者其他朋友有什麼生意讓他做。

14. 不。

15. 是的。

16. 是的。

17. 不是。

18. 只要是他身邊的工作，哪一個都可以。如果家裡人都是技工，那他當然也是個技工。

21. 缺少商業洞察力。

23. 應該讀啊。

24. 可以從事的。

25. 工作有百利而無一害。每天一定要做到最好。

威廉·貝克

伊利諾州芝加哥。資本家、金融家。

2. 一般來說是的，但是要在正確的引導下。年輕人的喜好是易變的，有時會發展成優勢。

3. 是的。

4. 不是明智的。

5. 成千上萬的年輕人湧進大城市尋找工作，可我並不建議他們進城就業，除非他們能非常適應城市的氛圍。

6. 我不宣導。

7. 沒有年輕人看起來是喜歡務農的。但我堅信對於多數人來說，這無疑是個最好的職業選擇。

8. 當然是必須的了。

9. 是的。

10. 一定要。

11. 二者缺一不可。倘若只有能力而無經驗，是需要時間來獲取經驗的。

12. 是的。

13. 學校的任何一門課程對於任何職業都會有幫助的。

14. 學校裡的理科課程是非常有幫助的，比如說機械工程學。

15. 如果可能的話，就去啊。

16. 我贊成。

17. 這很不明智。

18. 這樣的年輕人需要有能力的人去引導。

19. 是的。

20. 絕大部分要取決於這個年輕人。有時是可行的，有時則不然。

21. 缺少幹勁和毅力，精神上的惰性也是其中的原因之一。

23. 是的，但千萬別矯枉過正，讀的太多比根本不讀還糟糕。

24. 不必，男孩沒必要非得子承父業。

25. 怎樣選擇職業並不重要，關鍵是看你在工作中表現如何。無論你的職業是什麼，只要做到誠實，忠誠，勤勉，你都會取得成功，獲得幸福。

約翰・藍道夫　採礦工程師，文科碩士

紐約市。採礦顧問工程師。曾從事日本、中國、美國政府的事務管理工作。技術類專題作家。

1. 良好的教育。

2. 當然可以了。

3. 有自己的喜好是優勢，但不是一定要有。

4. 不明智。

5. 至少他應該留在家鄉先學完基礎教育。

6. 在 25 歲之前，他最好留在他的小城鎮尋找機會。

7. 等他的個性已經形成，並已學完基礎教育再離開。

8. 對持久的成功這是毋庸置疑的。

9. 是的。

11. 能力是根本基礎，經驗是上層建築。

12. 經驗取決於細節的處理，而成功取決於經驗。

13. 偶爾，這要看那個年輕人了。

14. 他應該去個教授手藝的學校。

15. 同 13 題答案。

16. 這樣肯定沒錯。

17. 沒有孩子主動願意上學的。對於不願上學的孩子來說，學到 16 歲就可以了。

18. 做點小生意或學些手藝。

19. 贊成。

21. 選擇的事業不適合自己，缺少專業知識，失敗的可能性高達百分之九十九。

23. 應該讀報紙。

24. 非常不錯的選擇。

25. 在事情到來的時候就要爭取它，一定要拿出你的智慧，超常發揮。做人要誠實、坦蕩。

約翰·坎貝爾　神學博士

紐約市。萊星頓大道浸禮會牧師、作家。

1. 上帝的保佑，個人的努力。

2. 或許吧，如果那是個有發展的工作。

3. 是必要的。

4. 不是。

7. 不應該。

8. 是的。

9. 必須要有。

10. 當然了。

11. 經驗。

12. 沒有經驗何談成功呢？

15. 建議這樣做，但不是非做不可。

17. 這樣不好。

18. 那就物盡其用吧，總會有適合他的地方的。

19. 一般來說，是的。

20. 通常不要這樣做。

21. 缺乏專注。

22.《聖經》和《天路歷程》。

23. 只要不占用他太多的時間就好。

25. 懷著崇高的理想，用你聰慧的天資去做那些值得你打拚的事吧。清白做人，豁達樂觀。

喬治・麥克貝思

賓夕凡尼亞州匹茲堡。燈罩製造商。

1. 敏銳的洞察力和不懈的努力，再加上在機械方面的天賦及對化學知識的精通。

2. 是的。

3. 是的。

4. 最好不要這樣。

5. 要是他真的嚮往到大城市，沒什麼不可以。

6. 還是剛才那句話，沒什麼不可以。

7. 那就不要留在那了。

8. 這是千真萬確的，錢財可以透過其他方法獲取累積。

9. 是必需的。

10. 一定要熱愛。

11. 能力與經驗，二者相輔相成。

12. 簡直不可想像那樣也能成功！

13. 沒必要。

14. 沒必要。

15. 應該去學習。

16. 是的。

17. 不是明智之舉。

19. 可以。

20. 這樣不行。

21. 不能全方位地考慮到周遭的狀況。

23. 讀吧。

25. 誠信、勇敢、刻苦。做好更多的工作。

🗨 亨利・威廉・布雷爾

新罕布夏州曼徹斯特。前美國參議員、美國勞工部憲法修正案和法案起草組成員、律師。

1. 也許我還沒有做到極致的成功。我最大的成就就是幫助其他人成功。

2. 是的。

3. 是的，即使是強烈的責任感也替代不了對工作的熱愛之情。

4. 不是，這會使父母成為孩子的敵人。

5. 應該的，除非是家裡需要他照顧。

6. 這沒有一定之規，一些年輕人具有著發展潛質，他們是屬於大城市的。

7. 不要留下了，但要說的是經營農場一定會成為最誘人最享受的工作。每個農場都是一座學習本領的學校。

8. 不是。很多不法之徒都成功了，只不過後來下了地獄或是銀鐺入獄。

9. 通常來說是的，但有時也要靠運氣。

10. 不需要，可他一定得全力以赴，無論喜歡與否。

11. 能力啊，有幾個有經驗的愚蠢人能成事啊。

12. 能的，很多，時勢造英雄。

13. 當然，如果他有時間也有意願想提高自己的水準，但別讀傻了，太多的文憑不一定能證明什麼。

14. 就像上個問題的回答一樣，大學生當技工沒什麼丟人的，他的本領越大，在本行業成功的機率越高。

15. 如果可以的話建議他去；但他別想當然地認為這樣就會成為個技工。

16. 是的，他要是能去就行。在開始之前，他要了解自己的狀況，用未來的眼光去衡量自己，這樣會及早地得到鍛鍊，獲取知識，取得進步。

17. 不是，但在我放棄之前會苦口婆心地勸他的，也許還有其他的辦法，如果揍他一頓能有效的話，我會那樣去做。

18. 讓他讀讀《聖經》和讚美詩，做做農業勞動，告訴他要像共和黨那樣腳踏實地，讓他在力所能及的範圍內，做到最好，這樣他才會幸福。

19. 做吧，但要謹慎、誠信，看準時機選好位置，重壓不會擊倒他的。到了一定時候他會做好他自己。

20. 不。如果他有能力償還，可以考慮；但還要度量而行，什麼時候該借，什麼時候不該借。

21. 懶惰。

22. 我建議讀一讀《聖經》；莎士比亞的作品；《希臘羅馬名人傳》；一定要看看美國史，對其他國家的歷史也要有所了解；看看頂級的雜誌和一流的日報。

23. 應該的，但別受那些垃圾文章的影響，那會毀了他的。

24. 如果事業不適合他就不要去做；但他也要了解父母的苦心，不要盲目詆毀父親的基業。

25. 確信自己是對的那就前進吧，永遠為自己的國家而奮鬥，不要倒下，除非為祖國而亡。要充分意識到：這個世界是屬於你的。

🗨 亞伯特·懷特先生

西維吉尼亞州帕克斯堡。西維吉尼亞州州長。

1. 努力工作並堅持下去。

2. 在多數情況下是的，但也有例外。喜好一定得是明智的。

3. 不是必要的。

4. 不明智。

5. 沒有必要一定要去「大城市」。小城市或者興盛的城鎮會經常為人們提供好機會的。

6. 答案同上，偶爾換個環境也是件好事。

7. 有時候我們要在多年後才明白自己的職責所在。

8. 我覺得是，如果你指的是透過合法手段獲得的成功。

9. 是的。

10. 如果他是成功的，或渴望成功，那他一定會熱愛他的工作。

11. 能力是天生的，而經驗是後天培養的，但對於卓越的成功來說都是不可或缺的。

12. 這是不可能的，沒有經驗就沒有成功的保證。

13. 要是負擔的起就沒問題了。

14. 可以，也可以是個技術培訓機構。

15. 同上。

16. 是的。

17. 有時有必要對反感高等教育的人予以糾正。

18. 取決於男孩自己，有時那些說客、編輯或是政客就曾經是這類的孩子。。

19. 擁有足夠的資金、不凡的能力和豐富的經驗就可以所向披靡了。

20. 有時會。

21. 缺乏應有的判斷力。

22. (不包含歷史)《我眼中的野生動物》；布魯克的《富蘭克林傳》《大衛‧科波菲爾》；《湯姆‧布朗求學記》；奧爾德裡奇的《壞男孩的故事》；達納的《船上的兩年生活》。

23. 是的，要選精華部分讀。

24. 為什麼不呢？

25. 誠實，有活力，忠誠，信守諾言，勇於挑戰，做個真正的男子漢。

🗨 塞繆爾‧卡達曼牧師　神學博士

紐約布魯克林。中央公理會牧師。

1. 我的出生與成長都是在順其自然地進行著。我早期的努力都是源於貧窮。

3. 多數情況下，是的。當然也有不喜歡自己的工作卻還能做得很好的人。

4. 這當然不可取了。

5. 這似乎是大勢所趨，總的來說是可取的。

6. 留在家鄉也可以做出成績。

7. 不應該。

8. 當然需要了。

9. 當然了。

10. 如果熱愛工作，他會在其中找到更大的樂趣，但有時候為了完成工作會違背自己的心願的。

11. 能力。經驗只是對失敗或者微小的成功的記錄，而且經驗會使某些人畏首畏腳。

12. 我覺得如果能力當中包含了敏銳的判斷力，那就可能會成功。

13. 是的，學習那些對工作有利的東西。

14. 是的，要學以致用。

15. 是的。

16. 當然。

17. 有時候是行得通的，孩子們的目光還很短淺。

18. 做點小買賣吧。

19. 我覺得可以，前提是競爭不是很激烈。

20. 那是個更冒險的想法。更多是取決於個人能力。

21. 由漠視和厭倦引發的粗心是罪魁禍首。

22. 笛福的《魯賓遜漂流記》；班揚的《天路歷程》；金斯利的《向西方》；休斯的《湯姆‧布朗求學記》；吉卜林的《叢林之書》；《聖經》。

23. 要讀的。

24. 只有在合適的情況下才可以。

25. 相信自己，相信夥伴，相信上帝。

敘述：要有主見，不要隨聲附和，不要隨波逐流。這樣生命才屬於你自己。了解自己的個性，這樣在做決定時才能揚長避短，人們往往只注意外在的保養卻忽視了對內在的了解。不要讓偏見矇蔽雙眼，每天做一些身邊份外的事情。每天早上醒來發現自己又有了一個新的進步。而有些人恰恰相反，他們抱怨了一生，一直到死。不要誤以為成功就是指物質上的收穫，品格才是人一生的財富。

🗨 甘諾・鄧恩　理科碩士，電機工程師

紐澤西州安培。克羅克特 —— 惠勒公司總工程師、技術指導、紐約電機協會會長、美國電機工程師協會副會長。

1. 除了天賦之外，還有對事業的專注及別人對自己的信任。

2. 是的。

3. 是的。

4. 這很不明智。

5. 這取決於他到底有多少能力。

6. 我不贊成。

7. 如果他有能力，想做其他的工作，那就沒有必要讓他留在農場了。

8. 是的。

9. 是的。

10. 是的。

11. 能力。因為沒有能力，經驗上就無用武之地了。

12. 會的，他很快就會有經驗了。

13. 贊成。

14. 如果可能的話。

15. 贊成。

16. 贊成。

17. 我想施加點壓力是明智的。

18. 學手藝或做生意。

19. 按照一般規律來看我覺得不可行。

20. 還是不行。

21. 不懂得量力而行。

23. 我建議讀。

24. 先在別的地方累積經驗，然後再參與父親的事業。

25. 在漫長的道路上，個性決定你能達到什麼程度。

米洛·伯克

俄亥俄州辛辛那提。土木工程師、鐵路建設者、作家。

1. 堅忍不拔，條理分明，專心致志。

2. 一般來說是的，只要這個青年的判斷力足夠成熟。

3. 不需要。

4. 這樣是很不明智的。

5. 通常情況不建議，但也要看他做什麼工作。

6. 不建議。

7. 照理來說是的。

8. 是的。

9. 是的。

10. 是的。

11. 沒有經驗，就不會有能力了。

12. 不能成功。

13. 可以。

14. 只要拿得起學費沒什麼不可以。

15. 沒有什麼職業學校是值得去的。

16. 是的。

17. 不能這樣做。

18. 學手藝。

19. 條件允許就行。

20. 不行。

21. 對細節的漠視。

23. 只要讀一些和工作有關的新聞就好，不要讀那些花邊新聞。

24. 如果條件較好，男孩也比較感興趣，可以去。

25. 為人誠實，擁有智慧，堅定意志，彬彬有禮。

💬 查理・斯萊克

伊利諾州芝加哥。雜貨批發商、零售商。

1. 身體健康，認真地履行職責，勤儉持家，仔細閱讀和職業有關的書籍。

2. 如果身體條件允許就好。

3. 競爭激烈的地方需要這樣。

4. 如果身體健康，選擇也是令人信服的，就別強迫他了。

5. 他要是非常聰明就可以。

6. 不建議。

7. 我認為不應該。

8. 是的，而且要始終如一。

9. 不需要。

10. 還是那句話，競爭激烈的地方需要這樣。

11. 經驗促進能力提高。

12. 如果對手不是很厲害的話，或許可以。

13. 不要去。相反的，去個技能培訓班吧。

14. 如果是他希望的就行。

15. 我贊成。

16. 贊成。

17. 這是不明智的。

18. 最好先學點手藝。

19. 可以，如果條件是很樂觀的。

20. 可以，如果條件很好，且競爭沒那麼激烈。

21. 在激烈的競爭中資金不足或能力不夠。

22.《聖經》；莎士比亞的作品；《荷馬史詩》；柏拉圖的《對話》；韋伯的演講精選；達爾文的《人類的由來》(*The Descent of Man*)。

23. 可以。

24. 如果正好是孩子想做的而且公司的基礎較好，就可以。

25. 尊重父母，待人誠懇，對每個遇見的人都彬彬有禮，用你優秀的教育去武裝自己。

💬 布魯斯特　牧師，神學博士

康乃狄克州哈特福德。康乃狄克州主教、作家。

1. 我所能做到的就是持之以恆。

2. 當然可以了。

3. 是的，除非他是個非凡的天才。

4. 不是明智的。

5. 應該啊。

6. 留下來吧。

8. 那是必須要有的。

9，一定要。

10. 需要。

11. 能力。

13. 是的。如果除了工作他還想過得更好，應該去。

15. 我贊成。

16. 應該。

17. 不是。

19. 我自己就想這麼做。

21. 惰性和放縱。

23. 唯讀半小時就好。

25. 你們當中的每一個人，只要不是寄生蟲，是個辛勤的勞作者，就要記住最重要的是展現自己的人生價值。堅強，有實力，展現出男人應有的風采。

💬 **喬治・金柏**

麻薩諸塞州薩魔維爾。土木工程師、波士頓協會會長、城市汙水處理委員會會員。

1. 堅持不懈。

2. 贊成。

3. 是的。

4. 不是，讓孩子們自己選擇吧。

5. 可以。

6. 不贊成。

7. 不應該。

8. 是的。

9. 當然。

10. 是的。

11. 能力更重要。

12. 是的。

13. 我贊成去學習。

14. 可以。

15. 可以，大學也是不錯的選擇。

16. 可以。

17. 有時是可行的。

18. 我也不知道，得把他放在能培養他理想的地方，要不他將一事無成。

19. 行得通。

20. 可以，只要他是做生意那塊料就行，讓他去做最能展現自身價值的事吧。

21. 沒有敏銳的判斷力。

22. 名人傳記，尤其是男孩所從事的行業裡的名人傳記；阿博特寫的歷史書。

23. 我贊成。

24. 不。

25. 誠實，把全部精力都放到工作上，抓緊時間。

霍華德·富勒

南達科他州皮爾。南達科他州最高法院首席大法官。

1. 我從沒想過我有沒有成功。我的一些朋友說，成功是靠精力與本能的判斷力。

2. 一般都這樣。

4. 不要強迫孩子做什麼，愛他們就給他們自由的空間。

7. 不。

10. 應該熱愛。

15. 去學吧。

16. 學吧。

17. 不要強迫孩子。

19. 可以啊。

20. 有時候是可行的。

23. 是的。

奧斯卡・奧斯丁

華盛頓哥倫比亞特區。美國財政部統計局局長、作家。

1. 對自己選擇的事業充滿興趣，全身心地投入。

2. 當然可以。

3. 不用那樣，一旦你適應了工作，並且用心去做，興趣自然會增加。

4. 我認為這不是明智之舉。

5. 如果有著良好的教育和品行並且對工作有明確的目標那就去吧，否則最好別。

6. 如果良機在握且有朋友相助，那就去吧。

7. 怎麼也要等到他長大成人，且清楚自己到底喜歡什麼再離開。

8. 這是無可爭議的。

9. 毋庸置疑。

10. 心思花在工作上自然會增加成功的可能性。

11. 能力。

12. 能成功。

13. 是的。

14. 選個理工科學校吧。

15. 是的。

16. 當然。

17. 不是。

18. 學點手藝吧。

19. 可行。

20. 如果機會非常難得就做吧。

21. 信譽問題。

23. 當然。

24. 是的，父親的事業既可為他提供豐富的經驗，又可以提供較成熟的事業基礎，何樂而不為呢？

25. 對自己，對朋友，對家人，對上帝都要誠實。人憑藉聰明頭腦可以獲得成功，但若憑藉不懈的辛勤工作可以獲得百倍的成功。如果你很聰明，努力工作會使你更加成功，如果你不是很聰明的話，努力工作會為你帶來成功的機會。

💬 **喬治・迪科** ————————————————

加利福尼亞州舊金山。聯合鋼鐵廠經理、太平洋沿岸技術協會前任會長、加州科學學會董事、科技專題作家。

1. 我並不覺得作為工程師，我在我的領域有什麼成功之處。我所做到的，也就是我朋友所認為的成功，都是源於我的努力，這都要歸功於我健康的體魄，和一些能讓別人忘記我犯過的錯誤的小技巧。但自己一刻也沒忘記自己曾犯的錯誤。

2. 只要目標是明確的就好。

3. 是的，對本行業的偏好加上努力工作的意願是成功的必要因素。

4. 不明智。

5. 如果他下決心要在大城市有所作為的話，我想他是好樣的。

6. 我不建議。

7. 不應該。

8. 是的。

9. 是的。

10. 我贊成。

11. 經驗是透過能力得來的。

12. 這樣的成功不能持久。

13. 是的，如果他時間夠用的話。

14. 我想他要是先學習些手藝會好更好。

15. 可以。

16. 我贊成。

17. 不要這麼做。

18. 這樣的年輕人一定要讓他做一些他能看得到希望的事情，如果能這樣長時間地磨練，他就會想做你說的這些事情了。

19. 可以，如果機會恰當。

20 不。

21. 好逸惡勞。

22. 當他讀懂《聖經》後，其他五本他就知道該讀什麼了。

23. 不，除非時間夠用。

24. 在我手下有 5 個年輕人，他們在不同的部門工作。有時候我想他們要是能選擇做其他的事情也許會更好。

25. 如果我有勇氣在這麼莊嚴的場合說點什麼，我想建議年輕人下定決心去尋找一個你喜歡的地方，不要懼怕那是個高起點，然後努力工作，無論這個工作裡你所期望的有多大的差距，只要方向正確，那就堅持做下去。不要浪費時間和你的朋友討論你未來的前景，或是想方設法結識能人，希望他能助你一臂之力；但一定要有個親密的工作夥伴；他會給你帶來更棒的建議。工作中一定要有方向。透過細緻的觀察去累積

經驗，總有一天這些不可或缺的經驗會有用武之地的。你不需要尋尋覓覓，需要你的人會自己找上門來。當他找到你時，他會如獲至寶。在人生的戰場中，你的位置就是你所選擇的工作職位，你有權擁有它，因為這個權力是上帝對你的勤奮的嘉獎。

🗨 喬治・莫哈菲

麻薩諸塞州波士頓。全國青年基督徒聯合會祕書。

1. 持續的努力，加上對自己工作的熱愛。

2. 一般來說是的。

3. 對於最大程度的成功是非常必要的。

4. 不是。

5. 這取決於那個孩子，也許當個農民要比在城裡當個行政人員或是技工好得多。

6. 我不建議。

7. 如果他適合做別的事情就讓他去吧。

8. 是的。

9. 是的。

10. 要想取得更大的成就，就得這樣。

11. 天然的能力是成功的基礎，經驗是成功的構架。

12. 可以成功，但代價太大了。

13. 如果可能還是去學吧，不去學他也可能成功，但學了前景會更樂觀。

14. 是的，如果他想在這個領域有進一步的發展就應該去。

15. 是的，也可以去當個學徒，但去技術學校會更好一點。

16. 是的。

17. 有時候是可以這樣做的。許多人都很後悔當初放棄了上大學的機會。

18. 先學一門手藝，然後再決定未來想做什麼。

19. 如果條件有利的話就沒什麼不可以。有時擁有自己的公司、對自己的事業一直持有濃厚的興趣，對他來說不能說不是件好事。

20. 不，除非他能有個好的合作夥伴迫切需要他的經驗。

21. 投機取巧。

22.《聖經》;《走向成功》;《奮力向前》（馬登）;《男孩必讀》;《男青年必讀》（斯托）;《勤奮的生活》（羅斯福）;《超越奴役》（華盛頓）。

23. 他應該與時俱進，但別看那些駭人聽聞和不堪入目的報紙。

24. （a）若想鍛鍊自己，我想在別人的公司、商店、辦公室工作會更好。（b）若是工作，可以去父親的公司。

25.「書中所寫的內容，你不必讀出聲，但你要用心去揣摩，然後根據書中的道路去做事，你的前途會變得分外光明，你也會獲得巨大的成功。」（約書亞。I：8）

💬 **鄧恩** ────────────────────

伊利諾州芝加哥。芝加哥海灘酒店經理。

1. 誠實，謹慎，注重工作細節。

2. 絕對贊成。

3. 這樣對成功當然會有很大幫助。

4. 我不贊成這樣做。

5. 這沒什麼可質疑的。

6. 我覺得不應該去。

7. 不應該。

8. 我覺得很正確。

9. 這無可爭辯。

10. 當然了。一個人如果對自己的工作不滿意，那就不會對工作傾注

心血，也就不能取得成功了。

11. 沒有能力的經驗無用武之地。

12. 二者缺一不可。

13. 生意上成功，不一定需要大學的教育。

14. 不贊成。

15. 同意。

16. 贊成。

17. 我覺得是不明智的。

18. 如果是這樣的話，那他做什麼事都將一事無成。但非要我選，那就學點手藝吧。

19. 我認為可以。

20. 在這種條件下就別做了。

21. 投機取巧，不夠謹慎。

22.《雙城記》；《賓漢》；麥考利的《英格蘭歷史》；美國歷史；古代史和近代史；《最後的男爵》。

23. 可以。

24. 我贊成。

25. 做任何事都不要衝動，誠實做人。

威廉・考克斯

北卡羅萊納州佩內羅。棉花種植者、北卡羅萊納州農業協會會長。

1. 正直，有目標。

2. 我贊成。

3. 不是。

4. 這種事情通常來說是不明智的。

5. 主要取決於人而不是人所工作的地方。

6. 不，即使在家鄉需要更長時間的奮鬥也不要離開。

7. 是的，直到他改變初衷。

8. 對於短暫的成功是不需要的。

9. 這裡有句諺語「一分耕耘，一分收穫。」

10. 不必如此。

11. 我更想指望經驗，儘管擁有天賦會比僅有經驗的人更容易成功。

12. 同上。

13. 是的，不是因為能學到書本知識，而是因為可以擺脫家長的管制到外面的世界看一看。

14. 是的，選個自己想學的課程吧。

15. 是的。

16. 是的，一定要學好這些課程。

17. 如果他意志堅定，就別強迫了。

18. 學點手藝吧。

19. 可以。

20. 我很擔心人一旦習慣了借錢就不再勤奮了。

21. 一夜暴富的思想作祟。

22. 《聖經》；布萊克史東的《英格蘭法律評論》；莎士比亞；《約翰·馬歇爾傳》；休姆的《英格蘭歷史》；密爾頓的《失樂園》。

23. 可以。

24. 如果他父親還健在並且同意這麼做就行。

25. 在上帝面前做個公正、仁慈、勇往直前的人。

艾米爾·伯利娜

華盛頓哥倫比亞特區。留聲機和麥克風的發明者、電話和電報的宣導者。

1. 極大的耐心和節約。

2. 我非常贊同。

3. 不是。

4. 不明智的做法。

5. 不，去個有發展的小城市也很好。

6. 可以去一段時間，但最後還是要回到家鄉的。

7. 除非他在其他事情上有很強的才能，要不然就讓他留在農場吧。

8. 不是，但對社會很有利。

9. 百分之九十九的成功都需要鍥而不捨的精神。

10. 是的。

11. 能力是首要的。

12. 可以成功。

13. 非常好，只要他能負擔得起。

14. 去技術大學吧。

15. 是的。

16. 當然。

17. 不明智。

18. 學手藝是首選。

19. 是的。

20. 如果要做的生意有特色可以一試。

21. 缺少耐心和指導，生活奢侈。

22. 關於自然的任何六本書就行。

23. 每天 15 分鐘，週日兩個小時就行。

25. 不要停留在功勞簿上，為下一個成功努力。

💬 **愛德華・比格勞　文科碩士，哲學博士** ────────

康乃狄克州史丹佛。自然學講師、戶外科學文化專題作家、《聖尼古拉斯》雜誌自然和科學版編輯、後任《流行科學月刊》編輯、曾任《觀察家》編輯、紐約教育協會和馬薩葡萄園教師進修學校自然學講師。

1. 志向遠大，帶著滿腔熱忱不懈地努力工作。

2. 我贊成。

3. 是的，最傑出的成就要包含百分之九十的熱愛。

4. 我不贊成這樣做，但這是父母的本性，他們總會這樣要求孩子的。

5. 這要看他具體到哪個城市，而不是他的適應力怎樣。

6. 無論是在什麼地方工作，都要竭盡全力。

7. 不必把他留下來。但一定要確定他的確不喜歡留在農場，可能他只是一時的衝動。

8. 是的。

9. 是的，但不能無限制。過度的加班是不可取的。

10. 不需要。但年輕人要是想取得最大的成功就要熱愛自己的工作。

11. 適應力要比其他更重要。

12. 是的。

13. 如果條件允許的話就可以。

14. 一定的技能手藝是需要職業學校的知識作指導的。

15. 我贊成。

16. 支持。

17. 不明智。

18. 手藝。

19. 可以。

20. 贊成。

21. 缺乏對環境的適應性，這就是人們常說的「造化」吧。

22. 這六本書要能給予他激勵和幫助。

23. 可以，讀一些他感興趣或有對他幫助的新聞。

24. 不。除非他能比其他人更好地適應這個圈子。

25. 做一個真正的男人，這個世界最高的要求就是要為成為一個真正的男人而奮鬥。

敘述：生活就像是在爬山陡峭、多曲折、又溼滑。每往上走一步都需要熱忱、機警、小心及用腦、用心、認真的態度。儘管再小心，也會有些小失誤，但這些小失誤都是正常的，不可避免的。那些小道上的危險，路邊上的障礙都要比故意倒退容易戰勝。路途上不可避免的落後，可以用時間來彌補，讓人吃驚的是故意倒退會使人落後一大截，還會有摔傷、劃破衣服、甚至骨折出現。所有人千萬不要站在這樣的險坡上。

💬 史密斯

華盛頓州西雅圖。西雅圖公共圖書館管理員。

2. 是的。

3. 是的。

4. 不明智。

5. 如果他認為有必要這麼做，那就做吧。

6. 同上。

7. 不。

8. 對於任何成功都是必要的。

9. 這是不可少的。

10. 毫無疑問。

11. 沒有能力只有經驗只能做技工。

12. 他會很快擁有經驗取得成功。

13. 如果他想要學，就建議他去；他要不情願就算了。

14. 同上。

15. 如果可能的話，建議。

16. 和 13 題答案一樣。

17. 不明智。

18. 學手藝吧，還得讓他想想是否想要轉行。

19. 如果未來前景是很好的，可以。

20. 同上。

21. 缺少堅定的志向。

22. 英語版《聖經》；《天路歷程》；莎士比亞的作品世界史；斯邁爾斯的《自己拯救自己》；斯托的《男孩必讀》。

23. 每天讀 10 分鐘就好。

24. 孩子不喜歡做這個事情那就不要了。

25. 身體的每一處的功能都是神聖的，每個想法都會對你的習慣、個性、乃至命運產生影響，因此一定要保持身心健康。做任何事情都有規律可循，幸福是你所有的動力，所以不要剝奪身體、思想、精神的功能，充分利用好他們。成功是讓世界變得更好，因此盡你所能做到比別人更好，一直堅持下去。自私是惡中之惡，不要做損人利己的事情，盡量設身處地為他人著想。

🌰 **保羅·麥侖·張伯倫**　————————————————————

伊利諾州芝加哥。劉路易士學院機械工程學教授、發明家。

1. 首先要有個適宜的工作。其次要和一些優秀的夥伴共事，這樣我才能努力工作。最後就是要勇於堅持不懈地承擔和完成任務。

2. 應該。

3. 不是。

4. 不太明智。

6. 不用嚮往那裡。

7. 不應該。

8. 大家可能都認為不誠信的人會比較富有。

9. 對普通的人來說是的。

10. 不是。

11. 能力。

13. 不用把全部課程都學下來。

14. 不。

15. 是的。

16. 不必修滿四年。

17. 不是。

18. 經商吧，或許可以激發出他的抱負。

19. 可以。

20. 可以。

22.《富蘭克林傳》。

23. 不需要。

24. 可行。

25. 培養你的記憶力。養成良好的習慣，保持思想健康、純潔。每天都要有個新起色。

威廉‧科迪上校

懷俄明州科迪警報器公司。牧場主、布法羅市比爾西部節目的主管。

1. 當我還是孩子的時候，聽從母親的建議。

2. 是的。

3. 是的。

4. 不是。

5. 遠離城市吧，去乾燥的西部，像羅斯福一樣為你的健康打好基礎。

6. 不。

7. 不。

8. 一定要的。

9. 偶爾小憩一下是可以的，但一定要專注你的工作。

10. 是的。

11. 能力。

12. 如果你能把握住，可以。

13. 良好的教育很有用，但要確信你能學到東西。

14. 不，中學教育足夠了。

15. 不。

16. 如果他可以的話。

17. 這個問題我不好回答。

18. 他總可以做一些事情的。

19. 為別人工作是沒有前途的，讓他自己去打拚吧。

20. 這取決於工作本身和自己的興趣。

21. 怠忽職守。

22. 《聖經》；歷史；《知識就是力量》；《我能，我願意》；美國概況；《最後的了不起的偵察兵》。

23. 應該讀的。

24. 如果父輩們已經有所成就了，可以試試。

25. 相信自己的能力，願意做新的嘗試。

威廉・吉福德

麻薩諸塞州劍橋。公共圖書館圖書管理員。

2. 是的。

3. 不是。

4. 不明智。

5. 是的。

6. 不必了。

7. 一般來說，不應該。

8. 很遺憾地說，不是。

9. 是的。

10. 想獲得完全意義上的成功，是的。

11. 能力。

12. 能成功，每個人多多少少都會累積些經驗的。

13. 是的。

15. 是的。

16. 當然。

17. 這沒有一定之規，但我從沒見到什麼人讀完大學後悔的。

18. 學點手藝也好。

20. 行不通。

21. 如今那些小公司都逃脫不了被大財團兼收合併的命運。

22. 書嘛，都是不錯的，很難說哪本最好。《富蘭克林自傳》；休斯的《湯姆‧布朗求學記》；笛福的《魯賓遜漂流記》；司各特的《艾凡赫》；歐文的《見聞札記》；庫柏的《皮襪故事集》。

23. 應該。

24. 當然，如果事業基礎好，男孩又沒有別的奮鬥目標，當然可以。

25. 誠實、勤奮、守時，同時爭取超額完成任務。

💬 **愛德華・傑弗瑞** ————————————————————

紐約市。丹佛＆里奧格蘭鐵路局局長、巴黎博覽會負責人、世界哥倫比亞博覽會地面建築委員會主席。

1. 健康的身體、勤奮的工作、高度的責任心、持久的努力，對專業的專注，每件事做到最好，誠信和適度的慷慨，尊重上司。

2. 是的。

3. 對於完全的成功來說，是的。

4. 不是。

5. 要是他不滿足，想尋求更好的工作，可以。

6. 如果他在家鄉能取得一定的成功的話，就不用離開。

7. 不。

8. 廣義上的成功需要誠信。

9. 是的。

10. 是的。

11. 能力。因為有能力就能獲得經驗。

12. 是的。

13. 我建議他們去。

14. 是的。

15. 是的。

16. 是的。

17. 不要全盤否定孩子們的想法。

18. 學手藝。

19. 可以。

20. 這個僅限於很小的範圍。

21. 缺少持久的耐力。

23. 是的。

24. 適度地看是可以的。

25. 熱愛和尊重你的父母，信仰上帝；熱愛國家，遵紀守法。學到老，工作到老。自重而不虛榮，贏得他人的尊重；誠實，正直，有男子漢氣概；尊重權威，懂得自製；永遠不要灰心，積極樂觀地面對人生的挑戰。

🗨 雷夫‧普拉特

伊利諾州芝加哥。普拉特＆巴克斯特公司糧食經銷商。

1. 我所取得的一點點小成績都是透過努力工作得來的，用我知道的常識，對事業付出巨大的關注。

2. 我會這麼做，除非我認為那是個沒前途的工作，而且他以後會後悔他自己的選擇。

3. 不是。

4. 不是，除非那個孩子逆反心極強。

5. 如果他能適應的話。

6. 至少也要等有大量經驗以後吧。

7. 先打好基礎再走吧，也許在別處不會有什麼好機會。

8. 不講誠信也是可以賺到錢的，可成功永遠不會透過非法手段獲得的。

9. 我會這樣做。

10. 是的。

11. 經驗。

12. 成功之前他一定會有經驗的。

13. 不。

14. 不。

15. 應該。

16. 應該。

17. 不可取。

18. 不知道。

19. 可以。

20. 如果能做好合理的籌畫，可以一試。

21. 不按常規辦事。

23. 是的。

24. 不。

25. 值得做的事情就要好好去做，一直做下去吧。堅持下去會讓你收穫頗豐。

別忘了手腦並用。你不會失敗的，人生的字典裡沒有「失敗」這個詞。

🗩 羅素・康韋爾神學博士

費城。浸禮會牧師、神殿學院的創立者、校長、作家。

1. 永不動搖的決心。

2. 是的。

3. 必須要有。

4. 這樣不明智。

5. 如果他做不來農活的話，就去吧。

6. 多數的收穫都是在小城鎮獲得的。

7. 孩子的想法是多變的。

8. 對於真正的成功來說，是的。

9. 當然了。

10. 應該熱愛。

11. 經驗．

12. 不會。

13. 是的。

14. 是的。

15. 是的。

16. 是的。

17. 不要這樣。

18. 做個體力勞動者吧。

19. 當然。

20. 不要借太多，在自己有能力償還的範圍之內。

21. 不動腦，不用心。

22. 《聖經》;馬太福音;歷史;莎士比亞;有關他所從事的專業的書籍、禮儀方面的書籍。

23. 應該讀。

24. 可以。

25. 培養自己在學習與工作上快速精準的思考能力。

艾什頓

伊利諾州芝加哥。芝加哥＆西北鐵路局總監。

1. 健康與體力，專注於事業。

2. 是的。

3. 不是這樣的，喜好是由經驗而來。

4. 不是。

5. 可以。

6. 不要去了。

7. 不。

8. 是的。

9. 是的。

10. 是的。

11. 能力，因為沒有能力的經驗是沒用的。

12. 能成功的。

13. 不。

14. 不。

15. 應該。

16. 應該。

17. 不是明智的做法。

18. 做手工勞動不錯。

19. 可以。

20. 不可以。

21. 債臺高築，入不敷出。

22. 一本暢銷書；《節儉》；《林肯傳》；羅默拉；培根的《論說文集》；《喬治‧史蒂芬遜傳》。

23 可以。

24. 不。

25. 如果你得不到你想要的，那就爭取你能得到的吧。為老闆的利益著想，然後努力去做。

💬 **約翰‧蓋茲**

伊利諾州芝加哥。資本家，金融家。

1. 時刻關注著我的事業，當有緊急事情要處理時，我會每天工作 16 個小時。

2. 是的。

3. 不是。

4. 不是。

7. 不。

8. 是的。

9. 是的。

10. 是的。

11. 能力。

12. 可以。

13. 不一定要。

14. 不用。

15. 是的。

16. 是的。

17. 不是。

18. 從事某種專業吧。

19. 如果可能的話，就為自己而工作吧。

20. 行啊。

21. 粗心與無知。

23. 是的，只要有現成的報紙就行。

24. 如果父輩的工作還有發展的空間的話，可以；否則就別做了。

25. 時刻關注你的工作；知己知彼，百戰百勝，與對手競爭不如與他們合作；居安思危；注意收入狀況；做個有信譽的人；永遠不要因貪圖享樂而耽誤工作。

🗨 約翰・波義耳 ————————————————

紐約市。雕刻家。全國雕刻協會執行委員會會員。

1. 不屈不撓的精神。

2. 是的。

3. 不必要。

4. 不是。

5. 留在家吧。

6. 同上。

7. 那就走吧。

8. 不是。

9. 當然了。

10. 不必。

11. 都一樣重要。

12. 不能。

13. 沒這個必要。

14. 同上。

15. 是的。

16. 是的。

17. 肯定不是。

18. 做生意或是學手藝。

20. 絕不。

21. 不真誠。

22.《聖經》；莎士比亞；美國史；法國革命史；科學發明和文學藝術軼事。

23. 當然。

25. 做真實的自己。

亨利・巴特利特

麻薩諸塞州波士頓。波士頓＆緬因州鐵路局動力能源部負責人。

1. 健康的體魄、良好的教育，普通的智力，辛勤的工作。

2. 一般是這樣的。

3. 不一定都如此，一般是這樣的。

4. 不明智的。

5. 可以。

6. 先不要去，以後慢慢來。

7. 不要留在那了。

8. 是的。

9. 是的。

10. 應該是吧，但不總這樣。

11. 能力重要。

12. 不會。

13. 是的。

14. 是的。

15. 先上大學，再去技術學校。

16. 是的。

17. 不是。

18. 手藝。

19. 行不通。

20. 行不通。

21. 缺少努力。

23. 可以。

24. 不。

25. 謹慎地選擇未來的職業，為工作做好準備，時刻為老闆的利益著想。

🗨 湯普森・蘭登　神學博士 ─────────────

紐澤西州博登敦鎮。博登敦鎮軍事學院院長。

1. 不管是在講道，學習還是講課，都要對自己的工作用心。

2. 我當然同意了。

3. 不熱愛工作也能成功，但不會達到頂峰。

4. 當然不是。

5. 如果為人正直，能抵擋住誘惑就行。

6. 在自己的小鎮上也能取得小小的成功，等有了經驗再去繁華的大城市吧。

7. 不應該，儘管留在農場一段時間是他的職責所在。

8. 當然，我就是這麼想的。

9. 是的，但有時候也要看運氣。

10. 還需要更多因素。

11. 能力經驗都重要。

12. 有能力卻長期無法累積到經驗，有這樣的人嗎？

13. 是的。

14. 是的。

15. 是的。

16. 是的。

17. 千萬不要。

18. 學手藝或是做生意。

19. 為什麼不呢？

20. 可以，如果不用借很多的話。

21. 某些方面懈怠。

22. 首先是《聖經》，其餘要看那個年輕人喜歡什麼了。

23. 可以，有報紙就讀吧。

24. 我不建議他這麼做，但也不會阻止他。情況隨時都在變。

25. 信仰上帝，他會賜予你一切。

💬 亨利·柯丹　神學博士

華盛頓哥倫比亞特區。美國眾議院牧師。

1. 勤奮與毅力。

2. 是的。

3. 不是。

4. 不是。

6. 不必。

8. 是的。

9. 是的。

10. 不一定要的。

11. 能力更關鍵。

12. 能成功。

13. 是的。

15. 如果可以的話，當然行了。

16. 如果行就去學吧。

17. 不可取。

18. 學手藝或做生意。

19. 可以。

21. 對工作缺少專注。

23. 我建議讀。

24. 不。

25. 用心、誠實、努力。

🗨 萊特

密西根州阿爾瑪。木材商、薩基諾銀行行長、阿爾瑪糖業公司董事長、無敵波特蘭水泥公司董事長、辛辛那提、薩基諾＆瑪奇諾鐵路局局長、萊特木材公司經理、大衛斯·萊特公司經理、阿爾瑪學院會計。

1. 節儉，對事業的投入。

2. 是的，只要喜好是合理明智的。

3. 是的，但也會有例外。

4. 不可行。

5. 不，除非他有做生意的頭腦，在城裡還有些朋友。

6. 不。

7. 不用留下來。

8. 是的。

9. 是的。

10. 是的，有時候人經過長期努力獲得成功後自然會愛上這份事業。

11. 經驗。

12. 是的。

13. 可以。

14. 是的，國家需要受過良好教育的人才。

15. 是的。

16. 是的。

17. 不是，個例除外。

18. 學點手藝吧。

19. 可以做。

20. 可以先存錢，再創業；迫不得已，可以借點錢。

21. 奢侈浪費。

23. 是的。

24. 不。

25. 誠實，對工作高度用心；愛惜名譽；今日事今日畢；辦事有效率。如果向別人借了東西，要比對自己的東西還要精心，還要及時歸還。

戈德諾

伊利諾州芝加哥。密爾瓦基＆聖保羅鐵路芝加哥總負責人。

1. 精通本專業的知識，目標明確，堅定不移的追求。

2. 如果值得的話。

3. 一般來說是的，但不總是。

4. 我認為那樣不明智。

5. 是的，如果他有良好的素養和理想等等。

6. 這要看那個年輕人。如果他雄心勃勃並有清晰的目標，認為他有必要去大地方看一看，那他就去吧。

7. 他有明確的理想，那就走吧；要不就老老實實待在農場。

8. 是的。

9. 是的。

10. 是的。

11. 通常來說是經驗。然而有能力的人一年中獲得的經驗相當於有經驗沒能力的人在幾年中累積的經驗。

12. 什麼事情都不是一蹴而就的。有能力就能獲得豐富的經驗。

13. 不，但他必須接受過良好的中學教育。

14. 不。

15. 是的。

17. 不可取，但得讓孩子意識到如果不上大學，他將錯過什麼。

18. 應該先和供應商做好溝通，做點小買賣。

19. 可以的，這個選擇的前景十分樂觀。

20. 如果他知道自己在做什麼就行。

21. 如果是有關做生意的，我想應該是缺少經驗和資金。

22. 我認為應該廣泛地閱讀，尤其是那些告訴我們怎樣從小事做起，堅持不懈而達到成功的書。還要讀一些狄更斯、薩克雷、艾略特的作品。

23. 是的。

24. 如果他的興趣在那裡就行。

25. 持之以恆，尤其是要做行動的巨人。

尤金・布萊特福德

紐約布魯克林。貝德福銀行行長、美國打字機公司董事長、紐約冷春生物學校校長、聯合打字機公司副董事長、布魯克林科學藝術學院院長、商人。

1. 在每件事上我都做到最好，無論我是剛進公司的新人，還是行政人員，或是圖書管理員，商人。做為商人，我總是要引領而不是追隨。在最早 15 年的經商中，我每天都是在清晨 2 點到 4 點鐘就起床。我總是去結交那些對我品行、社交、資金有幫助的人。

2. 我會的。

3. 並不是每件事都是這樣。

4. 我不認為這樣行。

6. 我不支持。

7. 不。

8. 這是顯而易見的。

9. 當然，這是成功最重要的元素之一。

10. 是的。

11. 沒有能力，經驗就沒什麼大用了。

12. 同上。

13. 我不建議。

14. 我不建議。

15. 可以。

16. 當然。

17. 這是不行的。

18. 手藝。

19. 可以，但絕大部分取決於他要做什麼生意。

20. 不，除非有良好的環境。

21. 揮霍，入不敷出。

22. 《聖經》；美國歷史；莎士比亞的作品。

23. 當然可以。

24. 如果他有這個意向，想從父親那學到更多的經驗，可以。

25. 誠實，節儉，勤奮，做人清白，珍惜時間，做好事業，竭盡全力，尊重別人的工作。

🗨 羅立夫·布林克霍夫

俄亥俄州曼斯費爾德。銀行家、慈善家、曾任曼斯費爾德儲蓄銀行行長、全國慈善和改造委員會前任主席、美國全國監獄代表大會前負責人。

1. 有兩件事對我影響至深。

a. 冥冥之中有種天意阻礙我去選擇我曾想從事的職業。

b. 我愉悅地接受了這些，想辦法在這種情況下去創造我最大的成功。我做過漁民，農場主人，教育者，律師，編輯，士兵，銀行老闆，我相信每一樣工作都為我的成功打下了基礎。當然我也很高興也很滿足這些工作。西元 1873 年起我的工作僅限於銀行老闆。拋開我的事業、我

的成功不談，我堅信我取得了比事業上的成就更有價值的東西，這些東西是博大的，是我隨時準備回饋給我身邊人的禮物。

2. 如果是正經的職業，可以考慮。

3. 不是。

4. 我覺得不明智。

5. 除非他在城裡有朋友能幫助他創業，要不最好別去。

6. 我不贊成，在小城市總是比大地方更能享受生活。生活比錢更重要。

7. 不，讓他受到良好的教育，然後給予他們善意的建議，讓他們飛吧。

8. 這是必不可少的。

9. 需要，如今競爭更加激烈，要比以前更需要。

10. 不一定要，但要是不熱愛工作，要想成功會很費力的。

11. 二者都是，能力是不可或缺的。

12. 是的，但只是因為運氣好。

13. 如果能負擔得起學費就行，這是做生意的事前準備。

14. 他應該去職業學校學個手藝。

15. 當然，讓他成為個行家。

16. 這會讓他了解專業人士的工作。

17. 不要這樣做。不願上大學的男孩用不著非上大學不可。

18. 讓他去學校學習，直到培養出他的興趣愛好。

19. 如果前景是可觀的那就可以。

20. 一定要在很好的條件下且深思熟慮後才能做。

21. 缺少能力、經驗、或是不夠誠實，總之會有好多原因。

22. 不了解這個孩子我就無法給出建議。一般來說，我會建議他在圖書館隨意選些書，也可以參考一下管理員或是夥伴的意見。

23. 可以讀一些有益的週刊和月刊。

24. 如果這個是正當行業，他也不是很討厭就行。

25. 按照十大戒律的指導去生活，你一定會有所成就，而且你期望的生活也會來到。

敘述：一般來說年輕人不太知道什麼行業更適合他，與其讓他匆忙作出決定，還不如給他最大的空間讓他學習，並且了解老闆最大的喜好在哪。完成這些後，讓他想想他有什麼事情可做。平時工作要專心，有時為了老闆的利益著想，當情況緊急時，需要加班。老闆不是冷酷無情的，他會欣賞給他帶來效益的年輕人並提拔他。如果堅持下去，他會很快發現自己到底適合做什麼工作。一旦這樣，他就應該不停地往前走，除非是因為環境發生了巨大的改變，逼不得已才改行。有句諺語是這樣說的「萬事通的人其實什麼都不會」，「轉業不聚財。」

🗨 喬治・科茨・阿什姆醫學博士

俄亥俄州克利夫蘭。衛生學和預防醫學教授、西部預備大學藥學院教務主任。

1. 良好的遺傳，非凡的能力。

2. 贊成，如果孩子有成熟的判斷力可以尊重他的意願。

3. 不是。

4. 不是。如果孩子的選擇前景十分光明，幹嘛要這麼做呢？

5. 過了 16 歲就可以了。

6. 別去了，除非城市能讓他大展拳腳。

7. 不，儘管等到了他知道自己喜歡什麼、不喜歡什麼的年齡，才能決定，但也不用強留。

8. 那樣才是完美的成功。

9. 對多數人而言，是的，但也有例外。

10. 是的。

11. 能力加經驗吧。

12. 大部分情況下，不可能。

13. 如果不需要借錢就行。

14. 選好課程就行。

15. 是的。

16. 是的。

17. 是的，這要看他能真正學到什麼。

18. 手藝。

19. 我贊成。

20. 這要看機會如何。

21. 不用功，身體不行。

23. 我建議這樣做。

24. 當然，如果能證明這是可行的。

25. 要學聰明，讓人信賴，每次機會都要好好把握，既是為了自己，也是為了別人。

🗨 弗蘭克・希爾 ────────────────

紐約布魯克林。公共圖書館主管。

1. 教育，用心。

2. 一般來說是的。

3. 是的。

4. 不明智。

5. 不建議，除非在城裡有更好的前途等著他。

6. 不建議。

7. 這要看還沒有其他的機遇。

8. 是的。

9. 一定要。

10. 如果全心全意地工作，那會有更大的成功。

11. 二者有機地結合在一起。

12. 二者缺一不可。

13. 我贊成。

14. 職業學校也許是最好的選擇。

15. 同意。

16. 同意。

17. 不明智。

19. 我贊成。

20. 不，除非他有勇氣和膽量。

21. 很難說，缺乏自信是失敗的根源。

22. 《富蘭克林傳》；《撒克遜英雄傳》；《魯賓遜漂流記》；《湯姆·布朗求學記》；《天路歷程》；《聖經》。

23. 可以，讀好的日報。

24. 如果父子雙方都認可的話，就沒什麼問題了。

25. 驕傲自大不可取，一定要虛心請教。

● 查理斯·達尼　哲學博士

田納西州諾克斯維爾。田納西大學校長、時任農業部副部長。

1. 我沒取得什麼成功，如果說有一點點成績的話，那就要歸功於我的虔誠的母親和博學的父親對我的諄諄教導。。

2. 是的。

3. 起先不會很明顯，但後來會很有幫助的。

4. 永遠都不要這樣。

5. 不，先找個地方求學，然後再選擇合適的地方安定下來。

6. 永遠不要，除非他家或環境有什麼特別的原因。

7. 不。

8. 完全正確。

9. 當然需要了。

10. 當然了。

11. 能力。

12. 不會。

13. 如果有天賦，當然要上大學。

14. 如果他有能力就去職業學校吧。

15. 是的。

16. 當然，學點真知識吧，已經有太多濫竽充數的人了。

17. 不要這樣。

18. 手藝。

19. 可以。

20. 如果他認真刻苦，有基本常識，懂得開源節流就行。

21. 無知還懶惰。

22. 《聖經》；莎士比亞的作品；其他的四本不要是課本，最好從盧貝克的 100 本書裡選。

23. 我建議這樣做。

24. 這應該由他自己決定。

25. 愛上帝，愛人如愛己。

達德利・布克

紐約布魯克林。風琴演奏家、作曲家、太陽神俱樂部指揮。

1. 相當程度上取決於「天賦」，這種天賦是靠日積月累得來的。

2. 我建議。

3. 我贊同。

4. 這是一種愚蠢的做法。

6. 不建議。

8. 當然。

9. 當然。

10. 是的。

11. 能力。

12. 只能成功一半。

13. 我不建議。

14. 不贊成。

15. 可以。

16. 可以。

17. 永遠不要這麼做。

18. 第一個、第二個行業都行，第三個不行。

23. 我贊成。

24. 我不建議。

25. 誠實。

🗨 華萊士・拉德克里夫　神學博士

華盛頓哥倫比亞特區。紐約大道長老教會牧師。

1. 優秀的蘇格蘭 —— 愛爾蘭父母對我的指導；年輕時在教堂受到的薰陶；信仰；努力，適宜的工作。

2. 是的。

3. 一般是的。

4. 這樣不太好。

5. 我建議這麼做。

6. 我不贊成。

7. 我贊成離開農場。

8. 從長遠來看這會取得更大的成功。

9. 毫無疑問。

10. 是的。

11. 二者缺一不可。

13. 同意。

14. 不。

15. 同意。

16. 同意。

17. 不明智。

18. 做生意。

19. 可以。

20. 可以。

21. 注意力不集中。

22. 《聖經》；《天路歷程》；《希臘羅馬名人傳》；斯邁爾斯的《自己拯救自己》；還有關於大自然的書如；《我眼中的野生動物》；《愛麗絲夢遊仙境》。

23. 可以的。

24. 我贊同。

25. 第五戒律。

💬 約翰・坎貝爾

科羅拉多州丹佛。科羅拉多州最高法院首席大法官、科羅拉多大學法律講師。

1. 勤奮，正直，公平。

2. 我同意。

3. 是的。

4. 不贊成這樣做。

5. 可以。

7. 不。

8. 的確如此。

9. 是的。

11. 能力。

12. 是的。

13. 贊同。

14. 贊同。

15. 贊同。

16. 可以。

17. 這就得看孩子的「意願」到底是固執己見還是合情合理的。

18. 我不能很明確地回答，但可以是做生意或者是學手藝，這就得看他的天資在哪一方面了。

19. 可以。

21. 放縱。

22. 《聖經》；莎士比亞的作品；柯爾律治的作品；愛默生的《論文集》；格林的《英國歷史》；密爾頓的作品。

23. 我建議這麼做。

24. 可以。

25. 誠實，勤勉，仁慈，勇敢，有同情心；在事業穩定之前不要涉足政治；娶個好老婆。

尤金・蓋瑞

南卡羅來納州阿比維爾。南卡羅來納最高法院法官。

1. 忠誠，對生意的迅速反應，在財政上一絲不苟。

2. 我建議這樣。

3. 通常是的。

4. 不是。

5. 要是有特殊的才能就可以。

6. 一般說來，我不建議。

7. 不明智。

8. 很多事業的成功都是靠不講誠信換來的，對此我感到很遺憾。

9. 我想是的。

10. 是的。

11. 能力。

12. 是的。

13. 是的。

14. 是的。

15. 是的。

16. 是的。

17. 是的。

18. 那要看他到底適合做什麼。

19. 贊成。

20. 不贊成。

21. 揮霍無度。

22. 《聖經》；莎士比亞；《吉爾・布拉斯》；《唐吉訶德》；《天方夜譚》；《魯賓遜漂流記》。

23. 我贊成。

24. 我建議這樣做。

25. 穩步前進，忠誠可信，成為家中的棟樑。

約翰・狄龍

紐澤西州遠山。律師、密蘇里州太平洋鐵路局首席律師、西部聯合電報公司首席律師、曼哈頓高架鐵路顧問、作家。

1. 忠誠，努力。

2. 我同意。

3. 不是必要的。

4. 不明智。

5. 不。

6. 我不建議。

8. 是的。

9. 是的。

10. 不是一定要的。

11. 能力是不可或缺的。

12. 這不是完全意義上的成功。

14. 如果孩子真想去學，就應該讓他去。

15. 他能行就學吧。

16. 贊成。

17. 這樣做是不正確的。

18. 也許做小買賣或學手藝都挺好的。

20. 有時是可行的。

21. 不能全心全意。

23. 可以。

24. 如果他能勝任就行。

25. 忠誠，誠實，真實，勤奮，認真，全心全意。

丹尼爾·莫爾斯

紐約市。莫爾斯&羅傑斯公司董事長，主要做鞋子、靴子、橡膠套鞋、鞋輔料等的批發生意。克勞福德鞋業製造廠財務主管、愛德溫·伯特鞋業公司董事長、塔特爾鞋業公司董事長、阿柯萊特俱樂部前主管、布魯克林林肯俱樂部前財務主管、莫爾斯協會財務總監。

1. 努力、更努力地工作。

2. 我建議要這樣。

3. 不是。

4. 不明智。

5. 是的，但持保留意見。

6. 我想說「三思而後行」。

8. 是的。

9. 是的。

10. 是的。

11. 能力。

12. 有了能力，就很快有了經驗。

13. 還是有所保留。這要看人了。

14. 同上。

15. 是的。

16. 是的。

17. 不明智。

18. 手藝。

19. 基本同意。

20. 這要視人而定，許多成功人士都是這樣成就事業的。

21. 能力的匱乏。

23. 贊成。

24. 這要依人而定。有的人以此成就了事業，而有的人卻荒廢了事業。

25. 思考，工作，專注。

💬 路德・伯班克

加利福尼亞州聖羅莎。自然學家，種植新品種水果，花朵，堅果，蔬菜的發起者

1. 生活有節制。生活中的失望和挫折教會我要兼顧自己和他人的利益。關注事業；像關心自己一樣關心他人。拋開那些迷信，虛心聽取大自然的教誨。

2. 通常是的。

3. 不總是。但最偉大的成功是需要這樣的。

4. 多數情況下都是不明智的。

5. 這要看年輕人發展事業的方向了。

6. 不贊成。

7. 不應該。

8. 是的。我認為在事業上絕對的誠實是通向成功的必經之路。

9. 真正的成功需要這種精神。

10. 要想有大成就就必須做到這點。

11. 必須有運用經驗的能力。

12. 沒有經驗的能力很少能達到穩固的成功。

13. 永遠也不。應該把寶貴的時間用來學習更重要的東西。

14. 永遠不。

15. 這要視人、學校、要從事的職業而定。

16. 通常來說，是的。

17. 不明智。

18. 從這三個中選，我會讓他做點手藝活。

19. 這對他的品格培養和素養的提高有利。

20. 很少見有這種情況，我不建議。

21. 沒有先見之明。

22. 優秀的作品有雷夫‧沃爾多‧愛默生和羅伯特‧英格索爾的，他們的文章能開拓你的視野，讓思想與自然和諧統一。

23. 最好是讀報，因為可以獲得其他的知識。

24. 不可取。我認為人們的生活要在幾代之內有所改變。

25. 做你自己，無論在什麼情形下，都要為了健康有所節制。做到誠實，真誠，無私，這樣你才會在這個世界上擁有更多的朋友，更多的財富和更多的幸福。

💬 **威廉‧塔克　神學博士** ───────────

新罕布夏州漢諾威。達特茅斯學院院長。

2. 是的。

3. 只有在缺少主見的情況下才需要。

4. 不太明智。

5. 如果他能適應城市的氛圍就行。

6. 不，除非他能證明自己具有超凡的能力。

7. 他要是下決心離開就不要挽留了。

11. 能力。

12. 是的。

13. 當然，傑出的青年就要有一流的事業。

14. 不，職業學校可能會更好。

15. 是的。

16. 是的。

17. 不是。

21. 缺少創新或是意志力。

23. 可以。

24. 如果其他職業他能做的更好，就不建議。

🗩 約翰・摩爾 ─────────────────────────

紐約市。曾任助理國務卿、巴黎和平委員會祕書、律師、哥倫比亞大學國際法與外交學教授、作家。

1. 忠於職守、不懈的努力。

2. 是的。

3. 並不一定是這樣。

4. 不明智，除非能證明男孩的偏好是不明智的。

5. 這取決於他的想法和能力。

6. 同上。

7. 見 4 題答案。

8. 如果你指的成功是能賺錢的話，那不需要。

9. 這是一定要的。

10. 人若想成功就得對本職工作有興趣，有了興趣，才能喜歡它。

11. 能力經過反覆操練才能獲得經驗，不可能先有經驗，一定是能力在先。

12. 同上。

13. 我同意。

14. 如果條件允許，並且不需要花費大量的時間，可以。

15. 可以，有時大學裡也會有很好的技術專業。

16. 當然了。

17. 如果他僅僅是因為懶惰才不願意上大學，那父母的做法就是明智的。

18. 做生意或學點手藝。

19. 可以。

20. 如果前景是可觀的，可以。

21. 漫不經心。

23. 當然可以。

24. 是的。

25. 快速、無畏、圓滿地完成任務。

密爾頓・布蘭得利

麻薩諸塞州春田郡。布蘭得利公司董事長、布蘭得利色彩教學系統創始人、作家。

1. 貧困與膽量。

2. 是的。

3. 不必要，但它對結果會有很大影響。

4. 不是，除非他的喜好非常的不好，即使這樣，父母強迫的效果也收效甚微。

5. 在這種情況下，年輕人無需什麼人的建議就會去。

6. 我會建議他先在家鄉學習一些手藝或如何做生意，這樣即使他的願望都沒實現，他也會過得不錯。

7. 不，除非他的家裡需要他暫時留下一段時間。

8. 這要看成功的標準是什麼了。

9. 是的，除非天上能掉餡餅。

10. 不必要，但一般來說是的。

11. 沒有經驗有能力要好於沒有能力有經驗。

12. 可能吧，但可能性很小。

13. 如果父母有能力也願意，與其讓他輟學還不如讓他繼續學業。

14. 現今從職業學校裡能學到很多的知識。

15. 如果學校能教授當今最新的高水準的知識，他應該學習更多的機械方面的技能。

16. 是的，去學吧。

17. 這種行為是不對。

18. 那取決於許多因素，要是可能的話，先要讓他有自己的目標。

19. 具備這些條件了，我就沒什麼建議了。他不需要什麼建議，抓緊時間去做吧。

20. 不，我不希望他冒這個風險。

21. 好高騖遠，不切實際。

23. 是的。

24. 如果這個生意不錯，條件也很好，可以。

25. 每一次都要做到最好，永遠不要說「不」。

約翰・亨利・查普曼

伊利諾州芝加哥。浸禮會青年社團長。

1. 如果要說我成功有什麼祕訣的話，那就是耐心，用功，持之以恆，還有上帝的保佑。

2. 不總是，有了喜好還應具備其他條件。

3. 不是，但有了會更好。

4. 不是，父母不能替孩子做決定，孩子要是成熟的話會參考父母的意見。

6. 不，個別情況除外。

7. 那就走吧。

8. 講誠信，才是真正的成功，擁有財富並不代表就擁有什麼成就。

9. 對，很對。

10. 不必要。

11. 能力，沒有能力，經驗是無用武之地的。

12. 有經驗才能成功。

13. 是的。

14. 是的。

15. 是的。

16. 是的。

17. 這不對，也是不可行的。

18. 他做什麼都沒關係（中等城市會接納他的）。

19. 是有這樣的例子。

20. 有時是可行的。

21. 魯莽、武斷。

22. 《聖經》這是指導生活與事業最好的書籍；《約翰·哈利法克斯先生》；約翰·斯圖亞特·米爾的《政治經濟學》；《大衛·科波菲爾》；《怒海餘生》。

23. 是的。

24. 如果和自己的興趣相符的話，可以。

25. 無論何時都要潔身自愛。正直地生活，並相信真正的成功和幸福一定會來到，「正直能使民族發展」，個人也是如此，背離道德是條不歸路。

敘述：認準方向，一直朝前。「永不停息的走下去你就會成功。」

紐約市。長島鐵路局局長。

2. 是的。

3. 不是，但對工作是要有選擇的，有了興趣才能成功。

4. 在任何情況下都不要。

5. 這完全要看這個年輕人。在城鎮學習科學務農會更好，除非他非常適應待在城市。

6. 如果他是非常傑出的青年，可以。

7. 不，但他應該知道什麼是真正的農業，而不是從父親那得到結論。

8. 當然，這就是我理解的成功。

9. 這是首先要具備的，幾乎無一例外。

10. 在工作中才能獲得快樂，必須要「熱愛」選擇的工作，這樣才能做到最好。

11. 經驗。

12. 有時會吧，但只透過能力獲得的成功是暫時的，不能長久。

13. 答案是肯定的。

14. 去個專業的技術學校吧。

15. 當然。

16. 是的。

17. 永遠都不要這樣做，但他有權利知道去上大學到底是怎麼一回事。

18. 做生意。

19. 這不好說。這要看他做的是什麼生意，一定要有競爭力才行。

20. 如果條件成熟是可以的。

21. 缺少堅忍不拔的精神與膽量，總是在關鍵時刻退縮。

23. 可以。

24. 是的，如果父親的事業很成功，而且父子很投緣，可以。

25. 你要是喜歡你的工作，那就好好做吧。如果不是，那就找個自己最喜歡的事情做。無論你教育程度如何，都要從底層做起，忠於職守。記住挫折只是對自己的考驗。加油吧，超越那些躊躇不前輕易放棄的傢伙。一定要誠實，尤其是要一視同仁。

約翰・謝波德

麻薩諸塞州波士頓。謝波德＆諾維爾絲織品公司負責人。

1. 我小小的成功歸功於我的勤奮和早年節約，還有誠實與真誠也是占主導地位的。

2. 是的。

3. 是的。

4. 不是。

5. 可以。

6. 不。

7. 不。

8. 是的。

9. 對。

10. 不總是這樣。

11. 經驗和能力都是不可或缺的。

12. 可以成功的。

13. 不建議。

14. 不建議。

15. 是的。

16. 是的。

17. 行不通的。

18. 學點手藝吧。

19. 可以。

20. 可以。

21. 不夠勤奮，不夠節儉。

23. 可以。

24. 他要是願意就行。

25. 要是想過得最幸福快樂的話，一定要保持真誠與無私的精神。

弗雷德里克・鄧恩斯牧師

麻薩諸塞州菲奇堡。喀爾文主義公理會牧師。

2. 是的。

3. 通常是的。

4. 永遠不要這樣。

5. 個人的想法很重要。如果自己認為能夠在家鄉過得很好，並有發展前途，那留下來也未嘗不可。

6. 不。

7. 不。

8. 是的。

9. 是的。

10. 是的。

11. 能力。

12. 這樣不能成功的。

13. 如果覺得有所收穫，並能樂在其中的話，就去學吧。

14. 如果他想在事業上達到頂峰的話，就應該去上大學。

15. 贊成。

16. 是的。

17. 不明智。

18. 做生意或學手藝吧。

22. 《聖經》，除此之外有太多的好書可以讀，很難選擇。這也要看孩子們以前都讀過什麼。

我的建議是讀西頓的《我眼中的野生動物》；《唐吉訶德》（兒童版）；卡彭特的《地理讀者》；佩立的《鋼鐵男人》。

23. 可以讀頭版頭條。

24. 如果事業的基礎不錯，男孩也喜歡的話，可以。

25. 學習身邊所有的知識，學以致用，努力工作並要相信沒有什麼物質上的成功能和擁有最完美的品格相比的。

💬 布拉德伯里　文科碩士，法學博士

麻薩諸塞州劍橋。拉丁學校校長、美國教育協會會長、韓德爾&海頓社團祕書、24 本教科書的作者。

1. 早期的貧窮；努力的工作；遠大的理想；誠實；對數學的痴迷；堅持；在上學的時候就能養活自己。

2. 沒錯。

3. 不是。

4. 不可取。

5. 可以。

6. 不。

7. 那就離開農場吧。

8. 是的。

9. 是的。

10. 不一定。

12. 會有經驗的。

13. 如果能負擔起學費的話，就可以。

14. 是的。

15. 是的。

16. 是的。

17. 應該這麼做，我就曾經強迫我的孩子去上大學，一年半後，他很慶幸我逼他上了大學，他一直為此心懷感激。

19. 可行。

21. 愚蠢，缺少魄力。

22. 可以選擇《聖經》；莎士比亞；麥考利的《英格蘭歷史》；雨果的《悲慘世界》；還有狄更斯或卡萊爾的作品。

23. 是的。

24. 是的。

25. 利用聰明才智和理解力好好工作。

💬 詹姆斯·鮑德溫　醫學博士

俄亥俄州哥倫布。曾任格蘭特醫院的外科醫生、工會主席、作家。

1. 首先是不斷的努力和辛勤的工作。其次是天生擁有一雙靈巧的雙手。

2. 通常來說是的。

3. 是的，但也會有例外。

4. 一定不要。

5. 可以。

6. 不。

7. 不，除非他沒有什麼好機會適合他。

8. 是的。

9. 是的。

10. 不是，但要想成功一定要付出巨大的努力。

11. 能力。

12. 如果他以前接受過培訓，應該可以的。

13. 他要是能唸的起就唸吧。

14. 是的，能唸得起就唸，但沒有必要非得這麼做。

15. 是的。

16. 毋庸置疑。

17. 不是。

18. 他應該做手藝工作，否則肯定會失敗。

19. 是的，除非是受到托拉斯的威脅，那對他來說簡直是滅頂之災。

20. 不，但如果條件允許，前景可觀的話，還行。

21. 不夠用心。

23. 可以，但他最好早點養成略讀的習慣。

24. 可行。

25. 謹慎選擇就業方向，一旦選定就勇往直前地衝吧。個性影響著真正的成功。

敘述：現今，年輕人最大的障礙就是聯合壟斷，也就是托拉斯（Trust，商業信託）。巨大的財富掌握在少數人的手裡，導致在群眾中產生不安和不滿的情緒，激起他們的不平等感，導致了公開抗議和騷亂。這種氛圍與當年法國革命前的氛圍是一樣的。更為嚴重的是托拉斯是個人奮鬥不可踰越的障礙，他們會毫不留情地將小企業排擠出局。在一個大的集體裡，每個員工都是單一的個體，通常是不重要的元素，除非他們有不尋常的才能，否則不會有什麼晉級的空間，他們還要看著那些不如自己或是自己的手下因為得寵，而能往上爬。現今的財富壟斷就像個人成長道路上的蛇怪一樣難纏，這使大家都虔誠地祈禱珀斯神來降妖除魔，拯救自己。

紐約市。勒亥谷鐵路局總工程師。

1. 優秀的教育和勤奮的工作：在大學裡學習了專業技術知識。曾學過寫作，後來撰寫了技術調查報告和鐵路基本問題的報告。在大學期間，自修數學，從而有了處理數學問題的能力及推理分析的能力。此外，還學了一些經典課程及外語，並累積了大量的國內外旅遊見聞。與那些精明的商人、律師、鐵路主管人員和經理的交往讓我受益非淺。正式進入職場後，不斷努力工作，不斷學習新技術跟上時代發展的步伐。

2. 是的，如果男孩的喜好不是心血來潮的話，可以。

3. 是的。

4. 如果孩子們選擇並適應其他工作且合情合理，即使不與家長的意見完全一致，也不應該強迫孩子。

5. 是的，如果聰明，受過良好的教育且精力充沛可以去闖一闖。

6. 如果他的家鄉環境良好，且前景樂觀，擁有幸福的家庭和真正的朋友要比去大城市賺錢過得更幸福。

7. 不明智。

8. 是的。

9. 是的。

10 是的。

11. 這是個很難回答的問題，經驗使人具有了一定的能力。非凡的能力很快就能在工作中顯現出來，並可以在短期內獲取經驗。剛開始時，能力差經驗豐富的人會表現得更出色；到了後期，有能力的人一旦獲得了經驗就會遙遙領先。

12. 不會。

13. 如果是個商業學院且他的父母讓他接受這樣的教育，建議他去。有些大學是由淺入深地講授商務知識。

14. 對於想學手藝的人我想沒有必要。但要是想學一些專業知識，就可以上大學去。稍後還可再接受些研究生技術培訓。

15. 要是想學點手藝，就去技術學校學習，要是想了解機械專業知識，就去有關的技術學院吧。

16. 是的。

17. 難說，視情況而定吧。

18. 這在相當程度取決於環境和父母讓他受到的教育。

13 到 18 題都是因人因事而異的，涉及到周遭的環境，父母提供教育的能力等因素。

19. 經過深思熟慮、權衡利弊之後，可以試一試。

20. 不可行。

21. 做事缺少恆心。

23. 只要不是什麼駭人聽聞的新聞就好。

24. 起步時永遠都不要這樣做。首先先在同類行業中累積經驗，然後等有了優勢再進入父親的公司，

25. 剛入行時，能力都很差，但無論你的工作看起來有多麼微不足道，都要做到最好。這會使你的老闆見識到你的才能，機遇來臨時，你才會更進一步。說的再多一些，不要吝惜於花在工作上時間，如果加班可以使你圓滿完成當天的工作，何樂而不為呢？

🗨 查理斯・法韋爾

伊利諾州 芝加哥。約翰・V. 法韋爾公司董事長、服裝批發商、曾任美國參議員。

2. 是的。

3. 不是。

4. 不是。

7. 不。

8. 是的，如果年輕人還沒有這個優點的話，就把它當成個準則吧。

9. 是的。

10. 不需要。

11. 能力。

12. 是的，因為經驗會隨著年齡一起增長的。

13. 同意。

14. 同意。

15. 同意。

16. 同意。

17. 這是很不對的做法。

19. 贊成。

20. 贊成。

21 缺乏判斷力。

23. 可以。

24. 我覺得可以這樣做。

貝克

紐約市。曼哈頓鐵路局主管。

1. 健康的身體，嚴格的訓練，辛苦的工作。

2. 是的，如果他已很成熟，明瞭自己的喜好，對某些行業也很熟悉，可以尊重他的選擇。

3. 不是。

4. 不要強迫孩子。如果父母認為孩子適合做某一工作，就應該試圖說服他，而不是武力解決。

5. 我不建議這樣，除非他有什麼特殊的原因或能非常適應城市生活。

6. 除非城市裡有很好的機會等著他，要不還是留在家鄉發展比較好。

7. 如果他不想留下來那就讓他走吧。

8. 是的，但一定還要機智些。

9. 顯然是的。

10. 不需要。

11. 沒有能力的經驗是沒什麼用處的。

12. 是的。

13. 可以。

14. 我不建議。

15. 可以。

16. 可以。

17. 不明智。

18. 做生意或是學點手藝。

19. 可以。

20. 可以。

21. 缺少一絲不苟的精神。

22. 《魯賓遜漂流記》;《羅賓漢》;《撒克遜英雄傳》;《太平洋中的沉船》;《奇書》（霍桑）;《約翰・哈利法克斯先生》。

23. 我不清楚什麼是好日報。

25. 每天與見多識廣的人聊天，這樣能夠截長補短。

💬 丹尼爾・普拉特・鮑德溫　法學博士

印第安那州洛根斯波特。資本家、律師、作家。

1. 堅持不懈。我天生很笨，但從沒有放棄工作中的任何一樣事情。

2. 當然。

3. 不是。

4. 家長不應該這麼做。

5. 這要取決於這個年輕人。

6. 我不贊成。

8. 這是無可爭辯的。生活中成功需要「絕對的誠實」，但很難做到「絕對」，因為我們得經常和狡猾的人打交道，不敢以誠相待，害怕會被反咬一口。另一方面，在和無賴打交道時既不能也採取卑鄙手段，又不能讓他們利用我們的誠信占到便宜。在市風日下的社會裡，不要過於直率，正所為「害人之心不可有，防人之心不可無。」

9. 毋庸置疑。

10. 不需要。

11. 一分為二來看，有能力可以獲得經驗，但經驗不一定能夠累積經驗。

12. 是的。

13. 不。

14. 不。

15. 是的，如果代價不是很大。

16. 不需要，在家鄉高中畢業後，18 歲就可以到診所或律師事務所工作了。

17. 不明智。

18. 做生意或學手藝吧。

19. 可以。

21. 涉足太多的領域。一心不可二用，想成功，就得一門心思只做一件事。

22.《新約全書》；莎士比亞；愛默生的《論文集》；富蘭克林的《窮查理年鑒》；格林的《英國人的歷史》；布萊斯的《美利堅聯邦》。

24. 這要看父輩的生意是什麼。

25. 膽量，禮貌，知足者常樂。

💬 詹姆斯·巴頓　神學博士

麻薩諸塞州波士頓。美國對外傳教委員會會長、土耳其哈普特發拉底學院前任院長。

1. 不做無意義的事，但一旦做了就不要虎頭蛇尾。

2. 當然，只要他確信他的興趣有廣闊的發展空間。

3. 不是。但最好有，否則生活就會變得枯燥無味。

4. 不明智。

7. 不。

8. 對於名副其實的成功，那是必需的。

9. 是的。

10. 不是。

11. 能力，能力是可以掌控經驗的。

12. 可以，一個沒有經驗卻有能力的人，是會很快獲得經驗的，甚至還會有些成功的機會。

13. 是的。

14. 不。

15. 是的。

16. 我會建議他去。

17. 不明智。

18. 學手藝。

19. 可以試試，但這取決於一些不確定的因素。

20. 要是沒什麼好機會就別做了。

21. 不夠專注。

22. 《聖經》；《天路歷程》；《魯賓遜漂流記》；《林肯傳》；美國歷史；一本好的外國旅遊書籍。

23. 可以。

24. 可以。

25. 不要試圖欺騙任何人，尤其是不要自欺欺人。凡事盡力而為。保持高尚的情操。

💬 奧利弗・巴恩斯 ———————————————

紐約市。土木工程師、紐約聯合鐵路局局長兼總工程師。

1. 首先無論做什麼事，都是雄心勃勃。另外，在洞悉了數學的本質、發現土木工程學是在此基礎上發展起來的學科後，選擇此專業。這個工作無論從哪方面講對我來說都是最好的選擇。

2. 我建議這樣。

3. 是的。

4. 我認為強迫孩子是不明智的，除非他的興趣在這上面。

5. 除非他有某方面的天賦，否則就不要去了。

6. 不贊成。對於一個人來說在自己家鄉達到成功總會更好些。

7. 不。

8. 是的。

9. 是的。

10. 是的。

11. 能力。

12. 可以成功。

13. 不。

14. 不。

15. 一些最優秀的技工取得的成就，都要歸功於他們在職業學校多年的學習。

16. 是的。

17. 不可以這樣強迫孩子。

18. 學手藝或做生意，因為對於成功和賺錢的嚮往以會後會慢慢有的。

19. 可以。

20. 不，因為替人工作時他對於他的老闆來說，是很有價值的；但一旦做生意沒有本錢，就必須得和同伴合作了。

21. 缺少做生意的才能。

22. 《富蘭克林傳》；《華盛頓傳》；英國歷史；美洲和美國歷史；《喬治‧史蒂文生傳》；還有關於農業的書籍．

23. 可以。

24. 可以。

25. 環顧四周，看看自己最擅長做什麼工作；一旦選定，就一如既往地做下去。剛起步的時候別太計較薪酬的高低，等你站穩腳步後，自然會得到等值的回報。

💬 弗雷德里克‧布斯‧塔克 ───────

紐約市。美國救世軍司令官。

1. 信仰上帝，為人正直，按照上帝的旨意做事。富有同情心，把「人樂所以己樂」作為自己的座右銘。我的生活離不開手錶、鋼筆和記事本。手錶能提醒我，自己的一生是在為上帝而活；鋼筆和記事本用來記錄上帝給我的旨意，激勵我虔誠地為了上帝而努力工作。

2. 不，讓孩子虛心聽取有經驗、有智慧、有判斷力的人的建議。

3. 這種偏好如果只是一時的衝動是很危險的；如果是理智的，應該是可取的。

4. 通常來說，年輕人缺少經驗和判斷力，不能做出明智的選擇；即使是再優秀的父母也可能是一知半解，因此他們需要聽取內行的見解。

5. 這取決於：

（a）這個年輕人的性格和天賦。

（b）周遭的環境。從男孩的實際情況來看，十有八九我會建議他離開家鄉，除非能找到更適合發展的地方。如果去城市，還要注意能抵制住邪惡的誘惑。

6. 如果其他計畫都不成功，我認為每個孩子都應該熟悉農活，以便為自己和家人留條謀生之路，每個城市孩子也應該對農業有所了解。

7. 應該盡一切努力把生活變得更有吸引力，並向他展示如何獲得更富裕的生活，以此來說服他留在農場。

8. 完全正確。不誠實的人總是作繭自縛。不講誠信會使人道德敗壞、失去自尊。一個人不自重，不講信用，一旦事情敗露，勢必會遭來世人的唾罵。

9. 的確如此，做艱難的工作，即使是天才也有一定難度的。成功和失敗的不同之處在於，一個人怎麼利用業餘時間。

10. 對工作的熱愛不是成功的必備條件。一個熱愛上帝的年輕人，總是能強迫自己做好自己討厭的工作。

11. 成功是一個相對的概念。有些成功既需要能力，又需要經驗。二者各有各的長處，相輔相成。經驗替代不了能力。

12. 時有發生。有時候經驗會使人謹小慎微。同樣，開拓創新往往和過去的經驗無關。

13. 有許許多多的大學可供選擇。讀書越多越有益，因為：

（a）精神上能得到滿足。

（b）能更好地為上帝和人類服務。

（c）能學到一技之長。

14. 他想從事的行業經常會有技術上的革新，因此為了不被淘汰出局，最好多掌握些知識，做兩手準備。

15. 要能夠抵制住不良影響。

16. 要有些資格才行。

17. 這沒有一定之規。各家有各家的做法。

18. 教他務農養家。讓他意識到「笨」或者「普通」並不是罪。不聰明不要緊，但要做個好人。

19. 如果是在農場裡那就可以，他至少可以過得很舒服；如果是做生意，那我不支持，激烈的競爭和資金的壓力都會使人步履維艱。

20. 不，除非他才能出眾，或資金方面能得到友人的鼎力相助。

21. 自私自利，不信仰上帝，不服務於人類，而是以自我為中心。

22. 《聖經》；布斯的《醜陋的英格蘭》；《查理斯·芬尼傳》；《約翰·衛斯理傳》;《日常的信仰》;《芬尼談復興》。

23. 讀一份就夠了，用不著每天都讀。一般是要看每週的宗教性報紙，《基督教先驅報》或《獨立報》，它會提供世界各地的新聞。

24. 這是很好的計畫，他能使年輕人成為業內高手，印度人都是子承父業的。

25. 年輕人：不能無目的地生活，按照上帝的指引去做事，不要喪失你的靈魂，否則會成為行屍走肉；同時，你也要盡力去拯救他人。不用效仿他人，做你自己。永遠讓上帝伴你左右，去救贖那些在深淵中賺扎的靈魂。

敘述：從人之將死的角度審視自己的生活，人死時可能會難過，但不應有遺憾。我相信以下簡單的規律會對你有幫助：

(a) 每天的生活都像是你在地球上的最後一天，然後做到最好。

(b) 你是由以下幾方面構成的：靈魂，思想，身體。靈魂是主人，思想是僕人，身體是二者的寄居之所。三者相互關聯，牽一髮而動全身。

(c) 靈魂的食糧是上帝，祈禱是他吃飯的時間，聖經是他的藥箱。

(d) 知識是思想的食糧，獲取你能獲得的所有知識，這會對你服務上帝和人類大有幫助的。別被小說裡的不切實際的東西腐蝕了頭腦。不

要東施效顰，就做你自己。

(e) 學會一技之長養家餬口。親近大地，那是上帝賜予你的財富，當你走投無路時，別忘了你還可以重回大地的懷抱，依靠大地的哺育繼續生存下去。

(f) 不要夢想成為百萬富翁，一個老作家曾說過「財富不是錯誤所得，就是錯誤儲存，或者是錯誤開銷。」聖貝爾納說過，當你的靈魂得到昇華，把與他人分享視為己任的時候，你的理想還是要發財嗎？

(g) 要徹底意識到想成功就不能沒有上帝的指引。讓上帝與你同在，做個忠實的上帝的信徒。

威廉・德威特・海德　神學博士，法學博士

緬因州布倫瑞克。鮑登學院院長。

2. 是的。

3. 是的。

4. 不明智。

5. 如果他對目前狀況不滿意那就去吧。

7. 不。

8. 是的。

9. 是的。

10. 是的。

11. 經驗。

12. 不能。

13. 是的。

14. 因人而異。

16. 是的。

17. 不明智。

18. 手藝。

19. 可以。

20. 我不建議。

23. 可以。

24. 如果父親尊重孩子的個性，就可以子承父業，否則就不要。

💬 **查理斯‧達德利** ——————————————————————

科羅拉多州丹佛。丹佛公共圖書館圖書管理員、科羅拉多大學理事、國家歷史學會祕書。

1. 毅力。

2. 偶爾，他的想法總是在不斷變化的。

3. 不是。

4. 在相當程度上取決於父母對孩子了解多少。

5. 為什麼不去小一點的城市或是大點的城鎮呢？

6. 我不贊成。

7. 等到機遇來臨再離開。

8. 不是。當然，這只是觀察所得。

9. 在大多數情況下是的。很多天才只是運籌帷幄，不適合實際執行，再有就是看運氣如何了。

10. 不是。

11. 能力。

12. 如果能力特別出眾，就可能會成功。

13. 如果他能負擔得起學費就行。

14. 不要去學傳統課程，學些對專業有用的知識。

15. 如果能付得起學費就行。

16. 是的。

17. 有許多這樣的例子。

18. 學點手藝。

19. 可以。

20. 不可以。

21. 入不敷出。

23. 是的，可以讀一些週刊。

24. 可以。

希歐多爾‧布萊特利

蒙大拿州赫勒拿島。蒙大拿州最高法院首席大法官。

1. 努力的工作。

2. 我贊成。

3. 不是。

4. 這樣做是不理智的。

5. 我會建議他留下來。

6. 我不贊同。

7. 如果能勸他留下來的話，還是留下來。

8. 是的。

9. 我贊同。

10. 不一定，我從沒喜歡過我的任何工作。

11. 想成功必須有能力，有經驗能力才能提高。

12. 擁有能力就能得到經驗，進而成功。

13. 可以。

14. 可以。

15. 可以在學好文化知識後去職業學校。

16. 可以。

17. 不明智。

18. 我想，這樣的年輕人需要有人指導。

20. 這也要看情況，有許多事例是成功的。

21. 不講誠信，對事業漠不關心。

23. 可以。

24. 這取決於大環境，年輕人一般應該遵從自己的興趣。

25. 在工作上誠實勤勉，保持生活檢點，遵循黃金定律。

🗨 亨利・厄特利　文科碩士

密西根州底特律。底特律公共圖書館管理員、前美國圖書館聯合會主席。

1. 全心全意關注自己的事業，做好每一個細節工作。

2. 我建議應該這樣。

3. 不是。

4. 父母不能這樣替孩子做決定。

5. 可以，如果去大城市能讓他學會做人的話。

6. 或許不行。

7. 這要看那個年輕人了，適合當農民就留下來，否則，就讓他走吧。

8. 對於一時的成功是不需要的，但從長遠來看是必需的。

9. 要想取得最大的成就需要這麼做。

10. 同上。

11. 能力。

12. 沒有經驗就能取得成功，你能想像得到嗎？能力才是最主要的。

13. 如果他有這個意向，想去大學學點東西，對將來會大有幫助的。

14. 同上。

15. 如果他能做到當然可以了。

16. 當然了。

17. 不明智。

18. 這因人而異。如果他極其平凡，我想最普通的工作應該很適合他。

19. 這個問題實在太複雜，現今各行各業的生意都有合併的趨勢。

20. 對此表示懷疑。

21. 缺少能力。

23. 可以。

24.. 如果他想做，並且有做生意的頭腦就行。

25. 要是能掌控環境的話，就虔誠地選擇你的工作，盡你所能做到最好。

💬 威爾考斯

伊利諾州皮奧里亞。皮奧里亞公共圖書館管理員。

1. (a) 誠實、勤勉、父母良好的遺傳。

(b) 早期的鄉下生活的經歷。

(c) 在更廣闊的領域裡遨遊的理想。

(d) 接受良好的大學教育。

(e) 艱苦奮鬥。

(f) 良好的習慣。

(g) 娶個賢妻。

2. 一個年輕人能預先知道他未來的生活是怎樣的嗎？讓他自己去實踐，再大膽地做出決定吧。

3. 不是，我們很快就會發現所有的工作都充滿了未知的挑戰。具有優秀潛質的人才能取得成功。

4. 不可取。

6. 不太贊成，但也要看他的能力、適應力以及先前的教育程度如何。

7. 我沒經歷過這類的事情，我是被父親送到大學讀書的。

8. 這是顯而易見的。

9. 這是獲得成功的重要因素之一。

10. 在任何工作中都需要。

11. 二者是一體的。

12. 不可能。

13. 無論如何，我都會建議我兒子去上大學。

14. 不。

15. 是的。

16. 是的。

17. 不應該強迫，但可以勸說他改變主意，在處理其他問題時也應如此。

18. 我會建議他去從軍，不然就是在能幹的上司的指導下工作。

19. 而立之年後再做吧。

20. 他成功的機率也許只有百分之一，基本上會失敗。

21. 缺少經驗。如果再給我們 70 年的時間，我們中的大部分人都會做得更好。

23. 是的，如果有報紙可以讀。

24. 讓他們自己處理這樣的事情吧。

25. 當好人，做好事。無論做什麼，都要做到最好。

💬 喬治・巴伯

密西根州底特律。密西根州爐具公司總經理兼副董事長、人民儲蓄銀行行長、密西根信託公司經理、密西根州火災與海難保險公司經理、聖路易斯巴克灶具公司董事、底特律商會會長。

1. 對事業保持高度的關注，與默契的夥伴工作與最棒的商人結交，給身邊所有的人都留下好的印象。

2. 我贊成。

3. 有時是，有時不是。但我認為如果有可能的話，我應該支持他的偏好。

4. 如果他選擇的是正經的工作，我覺得沒有什麼比強迫孩子違背自己的意願更糟糕的事情了。

5. 不，除非城裡的親戚朋友能照應他。

6. 這完全取決於男孩本人。有些人可以適應城裡的生活，而有些人則被城市所吞噬。

7. 我們應該鼓勵他，並協助他去做他想做的事情。

8. 任何情況下都是這樣。

9. 沒有不透過加倍的努力就能有所成就的。

10. 如果熱愛工作，也許會更有成就，但我相信也可以透過其他方法獲得成功。

11. 二者缺一不可。能力是需要經驗輔助的。

12. 這個事情要看怎麼說了，能力是必需的，但有經驗會錦上添花的。

13. 如果他已經有了生意上的鍛鍊，我想就不用去學校了，這並不是多多益善。

14. 如果條件允許的話，還是去吧。學校的機械知識是很有用的。

15. 如果他想達到一定的高度，應該去。

16. 當然。

17. 不是，我不認為需要再學什麼了，除非他感興趣。

18. 要麼是學點手藝，要麼是做點小生意。

19. 如果條件成熟，前景樂觀，可以試一試。

20. 不，除非前途光明。

21. 失敗的管理模式，對事業不專注，方法不當。

23. 可以，但報紙的品質要好。

24. 如果父輩的生意已穩固，並且發展前途光明，我不反對。

25. 首先要廉潔自律。其次交友要慎重，別做有損人格的事。

最後就是剛起步時，寧可底薪也要選擇一流的企業工作；而商業口碑差的公司給的薪水再高也不要去。

約翰・科頓・達納

紐澤西州紐華克。公共圖書館管理員、美國圖書館聯合會前任主席。

1. 外在因素有家庭、父母和教育。個人因素就是健康、才智、儀錶和朋友。

2. 是的。

3. 喜好並不一定在很早的時候就能顯現出來，所以並不一定需要。

4. 這是不對的。

5. 大部分情況下是的，不過不一定非得去大城市。

6. 能力一般的就不要去了，能力強的可以去試試。

7. 不。

8. 沒有人告訴我們要誠實，但這是應該具備的素養。

9. 如果你指的是錢財上的成功，那就不是必須有的了。

10. 是的。

11. 能力。

12. 偶爾會的。

13. 他要非常想的話就去讀吧。

14. 通常來說，不。

15. 如果資歷很高的話就可以。

17. 不要強迫孩子。

18. 學手藝。

19. 可以。

20. 一般來說是可以的。

21. 缺少天分。

22. 讀完《聖經》後，還可以讀《天方夜譚》；費斯克的《市政管理》；弗勞德的《裘力斯‧凱撒》；愛默生的《論文集》；雨果的《悲慘世界》；貝贊特的的作品。

23. 是的。

24. 是的。

25. 多觀察，廣泛培養興趣。不要重複同一個錯誤。正確認識自身的侷限性。用你非凡的能力去做值得做的事情。

亞瑟‧湯姆林森

賓夕凡尼亞州史瓦斯摩。史瓦斯摩預科學院院長。

1. 父輩早期的誠信教育；做事情要持之以恆；忠誠；家中有一個好妻子。

2. 是的。

3. 不是。

4. 不是，然而有時候孩子的想法比較片面，父母應該予以糾正。

5. 可以，或許可以去小一些的城市。

6. 不。

7. 「喜歡」是可以培養出來的。想辦法讓他喜歡農場。如果事實證明他不適合這裡，一切努力都是徒勞的，那就讓他離開吧。

8. 真正的成功需要誠信。

9. 同上。

10. 起先可能沒這個必要，但一定要培養自己去熱愛工作；如果有必要，一個人甚至能愛上自己討厭的工作。

11. 經驗。

12. 會。

16. 我贊成。

17. 這麼做是不對的。

18. 建議先去建立自己的理想，可以做點手藝工作。

19. 可以，但沒有資金就別做了。

20. 不要所有的資金都是借的，怎麼也要有一半是自己的。

21. 不講誠信，資金不足。

23. 只要他能分辨好壞就行。要有鑑別地去讀。

24. 主要取決於環境及年輕人自身。

💬 弗蘭克・托比

伊利諾州芝加哥。家具製造商。

1. 如果我算是個成功的商人，我認為在相當程度上要歸功於在這片貧瘠的土地上學到的節儉和勤奮。

2. 是的。

3. 通常是的，但也有例外的時候。

4. 不是。

5. 只要有能力就行。

6. 要是有出眾的能力就行。

7. 如果僅是因為不喜歡工作，而不願意留下，或許應該讓他待在農場。要是其他的原因，那就隨他去吧。

8. 在我看來不誠實的人也會很富有，但取得事業上的成功最好的辦

法就是誠信。不管怎樣，都要做到這點。

9. 這是一定的。

10. 據我所知有些不熱愛自己工作的人，在事業上也取得了巨大的成功，但要是熱愛它，那就再好不過了。

11. 能力更為重要，因為有能力的人都知道該怎麼利用經驗。

12. 可以成功的，和上面的原因一樣。

13. 不一定要去學。

14. 我想讓他去職業學校學習吧。

15. 可以。

16. 我贊成。

17. 這要看他為什麼不想繼續學習了。

18. 我建議他學點手藝。

19. 可行。

20. 這些好條件都有了，幹嘛還要自討苦吃呢？

21. 揮霍無度，缺少能力，投機取巧，判斷失誤。

23. 絕對應該。

約翰·夸爾斯

威斯康辛州密爾沃基。美國參議員、律師。

1. 對專業的熟練；在困難面前臨危不懼。

2. 當然了。

3. 是的。

4. 不是。

6. 所有事情都要看那個年輕人自己了，他的天賦、志向、性情和當地的情況等等。

7. 如果他在其他方面有能力的話就不要強留他了。

8. 當然。

9. 當然。

10. 是的。

11. 我想二者是不可分割的。

12. 肯定能成功，否則年輕人永遠也不能成功了。

13. 如果可以的話，建議上大學。

14. 是的。

15. 是的。

16. 當然。

17. 不能強迫他。

18. 做生意或是學手藝，只要符合他的興趣就好。

21. 不用心。

23. 可以。

24. 一般來說是的。

25. 如果想要成功，那就努力工作吧！

💬 約瑟・克拉克神學博士

紐約市。公理會國內傳教會祕書。

1. 我沒想過什麼成功，也從沒追求過成功。就是單純地熱愛自己的工作，沒有其他理由。在做事的過程中獲得最大的樂趣。我努力工作，但這並不算什麼美德，沒有什麼比工作更令人喜愛的了，也沒有什麼比無所事事更糟糕的了。2. 如果其他條件相同，那麼這樣就會使成功更加容易。

3. 是的，但喜好是可以培養的。

4. 順其自然會更好。

5. 他應該做他應該做的事情，就像漁民得捕魚一樣。

6. 我會建議他先在小鎮上工作，等他能力提高了再去大城市。

7. 不應該。

8. 完全正確，真正的成功需要誠信。

9. 的確如此。

10. 完全正確。

11. 憑藉經驗努力工作，就會贏得勝利。

12. 可能會成功，但不會很持久。

13. 是的。

14. 是的。

15. 如果可能，大學和職業學校都應該去。

16. 是的。

17. 我會勸孩子自己去試一試，實踐才能出真知。

18. 他必須得學著做點什麼，否則就成別人的負擔了。

19. 我贊成，他應該嘗試一下。

20. 不，欠錢簡直就是一場惡夢。

21. 井底之蛙。

23. 是的。

24. 不，除非他自己喜歡做。

25. 「穩健、把握」是人生遊戲中獲勝的王牌。如果你有「J」，那當然好，天才就是撲克牌中的「J」，但「J」出現的機率太低，不能把希望寄託在這上面。

💬 **希利・凱蒂・阿克利**

明尼蘇達州明尼亞波利斯。阿克利木材公司、伊塔斯加木材公司董事長、弗勞沃全國銀行行長、都市信託公司董事長、律師。

1. 堅忍不拔。

2. 是的。

3. 不是。

4. 不是。

5. 如果他有目標和能力的話，就讓他去吧。

6. 不。

7. 不應該再留在農場了。

8. 是的。

9. 是的。

10. 要想得到最大的成功，需要這樣。

11. 能力。

12. 能成功。

13. 不。

14. 我不贊成。

15. 是的。

16. 是的。

17. 不同意家長這麼做。

18. 做點手藝活吧。

19. 我贊成他這麼做。

20. 可以。

21. 把借來的錢當作自己的盡情地享用。

22. 《聖經》和莎士比亞的作品。

23. 是的。

24. 不要這麼做。

25. 從小處著眼，勇往直前。

惠特勞

密蘇里州聖路易斯。惠特勞兄弟公司進口商、國家運輸聯合會主席。

1. 良好的遺傳，充沛的精力，最早在佛蒙特州農場工作 18 年的經歷。我非凡的能力都是靠我認真努力地做好每一項工作得來的。用自己的優勢去贏得每一次機遇。

2. 如果各方面的情況都正好的話就可以。

3. 不是。

4. 如果他選擇的職業是正當合法的，父母這樣做就是很不明智的。

5. 是的，對於大有作為的年輕人來說，這也許是他們唯一的出路。

6. 聰明、誠實的年輕人在哪裡都受歡迎，到哪裡都有均等的機會。

7. 不應該留下，除非讓他留下，去農業大學學習，在那裡或許他會改變心意。

8. 完全正確，對於剛起步的年輕人來說「誠信」可能是他們擁有的唯一資本。

9. 當然。不做事情還想賺錢的人是不能成功的。

10. 一定要主觀上喜歡自己的工作才能成功。

11. 很難說，二者融為一體才能有助於成功。

12. 是的，能力和毅力帶來成功。

13. 學費是很昂貴的，他的父母能擔負這筆費用就好。

14. 最好是去技術學校。除非能像剛才說的那樣能承受得起這筆費用，否則不建議去大學讀書。

15. 如果可以的話，建議去。

16. 當然。

17. 不必勉強孩子，否則會阻礙孩子的發展。

18. 這樣的人最好掌握點手藝。

19. 如果是隻要勤奮工作就會有收穫的事業，可以試一試。

20. 這是很不安全的，要考慮三方面因素：人，前景和債權人。

21. 沒有能力，沒有經驗，自私自利，缺乏自信。

23. 是的，此外看看週刊也不錯。

24. 和他的志向吻合就好，但是他不能特立獨行。

25. 堅強，真誠，忠誠，為到達事業頂峰而奮鬥。杜絕所有邪惡的想法，你最好的資本就是高尚的品格。在歷史的長河中。從未有哪個時期像現在二十世紀初期這樣迫切需要正直、有良知的青年，也從未有過如此多的發展機會，人們的人生價值也從未得到過如此充分的展現。

💬 **帕爾默·立克茨** ────────────────────

紐約特洛伊紐倫斯理高等技術學院院長。

1. 工作。

2. 我同意這種說法。

3. 不是。

4. 不是。

5. 當然可以了。

6. 不可以。

7. 不。

8. 是的。

9. 是的。

10. 對。

11. 能力。

12. 能成功的。

13. 贊成。

14. 不贊成。

15. 技術學校吧。

16. 是的。

17. 不能這麼做。

18. 做生意。

19. 可以。

20. 可以。

21. 懶惰。

22.《聖經》和莎士比亞的作品，其他的四本我就很難給他們建議了。

23. 是的。

24. 不。

25. 努力工作，誠實做人。

💬 雷夫・夸爾斯

愛達荷州波塞。愛達荷州最高法院首席大法官。

1. 勤勉，謹慎，對生意做到百分之百的用心。

2. 我同意這個觀點。

3. 根據自身經驗，我認為不是。我就沒有遵循自己的喜好選擇工作。

4. 不明智，這樣的行為對孩子的將來影響極壞。

5. 有時我會建議這樣做，但多數情況下不會。

6. 這取決於環境、生活習慣、教育程度、將從事的職業等等。

7. 不。

8. 是的。

9. 是的。

10. 通常來說是這樣的。

11. 能力更為重要。

12. 理論上是不行的。要達到成功是要靠努力與實踐的。有限的經驗加上能力要比僅有豐富的經驗更容易成功。

13. 不，理論知識適宜就好，主要還要看實踐的結果。

14. 不，我建議他接受高等通才教育。

15. 不。

16. 是的。

17. 別強迫他們了。

18. 第一選擇是學手藝，第二是做生意。

19. 可行。

20. 通常情況下我不贊成。

21. 能力不夠，再加上粗心。

22. 《聖經》；《天路歷程》；莎士比亞；吉本的《羅馬帝國衰亡史》；麥考利的《英格蘭歷史》；里德帕斯的《美國歷史》。

23. 是的。

24. 他喜歡就行。否則就不要做。

25. 誠實，忠誠，勤奮，對他人要和藹可親，彬彬有禮，不要干涉他人的工作，對自己的工作要竭盡全力。

敘述：成年後，成功之門是向你敞開的，但成功與否取決於你的努力程度。你應該首先學會自力更生、勤儉節約。在任何時候都應有足夠的勇氣去承擔責任，千萬不要退縮。做到自重，他人也會尊敬你。尊重你的媽媽、姐妹、情人，與她們保持融洽的關係。得體的言語會使說話人和聽話者雙方收益。每當感到親切的關懷時，不要只放在心裡，表達出來吧。將溫暖的關懷，溫和的話語和關切的憐憫送給他人，這會讓世界更加光明，也會讓你的生活更加甜蜜、更加幸福。心懷仁慈、富有同情心，對所有的人都一視同仁。

千萬記住良知是最寶貴的財富，樂善好施是給自己最好的獎賞。不要忽略小事情，做好這些小事，能開創你的成功之路。反之，就會失敗。不良習慣就像腳鐐一樣牢牢套緊我們。如果生活中的每一天都是帶

著「腳鐐」往前走，那會束縛住我們走向成功的腳步。好習慣是很容易養成的，如果重視他們，我們會一步步走向成功。如果忽略這些，我們就會被擊倒。壞習慣容易養成，但壞習慣不容易改掉。要培養良好的習慣。多多換位思考，多為他人的權利與感受著想。你仰慕才華，就培養自己的才華；你仰慕美德就自己做個有道德的人；你崇尚愛國主義精神，就做個愛國人士；你欽佩冷靜的人，就做個冷靜的人；你讚美禮貌的舉止，就做個溫文爾雅的人。即使生活卑微，孑然一身，也是和別人沒什麼區別，你照樣能成功。即使你自己意識不到，但很有可能已成為別人的榜樣。

注意自己的言行，因為你正被更多的人關注和崇敬，這是你無法迴避的責任。你有能力使這個世界變得更加光明、更加美好。身教勝於言教。為人誠實，頭腦清醒，工作勤奮，善待他人，熱衷於事業，成功就會屬於你。勇敢些，簡單的職責往往需要極大的勇氣來履行，你很容易就能成功，你不想這麼做嗎？

🗨 科菲

麻薩諸塞州波士頓。科菲皮鞋製造公司老闆。

1. 勤勉和好口碑。
2. 是的。
3. 不必要，但有了更好。
4. 不是。
5. 他會自己尋找機會的。
6. 他會在能力範圍內開始起步發展。
7. 不。
8. 是的。
9. 是的。

10. 他應該這麼做。

11. 有一個就行，都有會更好。

12. 當然，沒有人開始就會有經驗，未來總會有的。

13. 在相當程度上得由他自己決定。

14. 不。

15. 如果他負擔得起就行。

16. 是的。

17. 不是。

18. 學手藝或從事某種專業。

19. 可以，但年輕人一般都沒有什麼經驗。

20. 當然。

21. 不懂得量力而行，還缺少判斷力。

22. 最好的歷史書與生物書，最好的小說和詩歌，至少六本以上。

23. 當然。

24. 這沒有什麼一定之規，如果條件允許的話就行。

25. 做到誠信、穩健、勤奮、謙遜；公正地對待每一件事情和每一個人；不要妄想投機取巧。

💬 法蘭西斯・布萊克

麻薩諸塞州韋斯頓。布萊克電話發話機的發明者。

1. 機遇加能力。

2. 是的。

3. 是的。

4. 不能強迫的。

5. 可以。

6. 我不贊成。

7. 不。

8. 是的，個例除外。

9. 是的。

10. 一般來說是的。

11. 對我來說，經驗可以用來證明我的實力。

12. 不會成功。

13. 是的。

14. 不。

15. 是的。

16. 是的。

17. 不能這麼做。

18. 學手藝不錯。

19. 是的。

20. 不，除非他確定拿薪水的工作毫無前途可言了。

21. 沒有給那些員工中的小人物機會，來證明他們能夠適合做更重要的工作。

23. 可以。

24. 先為別人工作，然後再參與父親的事業。

25. 我認識許多從專科院校或是職業學校畢業且有志向、有能力的年輕人，他們在剛開始做事的時候總是感到很沮喪，因為他們總認為自己承擔的工作應該委派給那些在教育程度和能力上都不如他們的人。我的建議是，用你最大的能力去做那些看似卑微的工作，做到最好，這樣你就會贏得上級的賞識，使你在未來的工作中進步得更快。我也有許多這樣的例子可以證明這麼做是明智的。為心中強烈的理想而努力，充分展現出你的個人能力，無論你做什麼工作都要忠誠、一絲不苟。

敘述：要說的是第六個問題，我引用一下波士頓最大商場的老闆對

我說過的話：如果想為孩子在生意上打下一個良好的基礎，應該讓他們去農村在破舊的商店裡工作一段時間，孩子們會得到全方位的鍛鍊。這是因為在大城市的商場裡，職責、分工過於細緻，那裡的年輕人沒有太多的機會得到全方位的鍛鍊；而在小地方就能學到很多。

💬 查理斯·亨瑞德

南達科塔州尤里卡。南達科塔州州長。

1. 健康的體魄；孩提時就讀報紙和書籍；十一、二歲的時候我認為如果我能上大學那就可以出外開闊眼界，從而遠離艱苦的、枯燥乏味的農場生活；良好的家庭氛圍；還有虔誠的父母對我的諄諄教誨。

2. 是的。

3. 不是。

5. 這要看這孩子的個人能力如何。

6. 不。

7. 是的，除非他希望能做得更好。

8. 是的。

9. 是的。

10. 不是。

11. 能力。

12. 是的。

13. 我贊成。

14. 贊成。

15. 同意。

16. 同意。

17. 是的。

18. 做生意或學點手藝。

19. 可以。

20. 這要看環境如何。

21. 缺少敏銳的判斷力。

22.《聖經》;《天路歷程》;《美國名人軼事》(埃格爾斯頓);《魯賓遜漂流記》;《男孩必讀》。

23. 有必要的。

24. 可以,但具體情況要具體分析。

25. 好好遵守自然界和上帝的規則。

🗨 西多奧・賓厄姆上校

華盛頓哥倫比亞特區。美國陸軍上校、總統軍事助理。

1. 日復一日地忠於自己的職責,「在小事上也能做到忠誠,你就會成為許多人的統領。」(或者類似的話)。

2. 是的,如果可能的話。

3. 不是,但是有了會更好。

4. 不是。

5. 可以。

6. 最好先別走,等到在家鄉事業有成了再走,到那時在城市的前景才會一片大好。

7. 不。

8. 是的,表面上騙子或許能更成功,但最後肯定得失敗,正所謂「飛得越高,摔得越重。」只有絕對地誠實才能獲得永久的成功。

9. 完全正確。大部分所謂的「天才」無非是指工作的能力。

10. 不必要,不屈不撓地努力才能成功。

11. 能力。

12. 成功是靠能力加經驗的。

13. 如果可能的話，還是去吧。所有的理論都來自實踐，但大學的課程對將來做生意很有幫助。

14. 不用學普通課程，但得學習拉丁語和現代語言，它們對生活是很有幫助的：化學方面需要拉丁語，做生意需要其他的語言。

15. 是的。

16. 必須如此。白手起家的人缺少大學教育，往往都是畸形發展的人。

17. 不是。

18. 手藝。

19. 可以，但是要冒很大的風險。

20. 不行。

21. 高估自己的能力。

22.《聖經》，金斯利的小說。

23. 是的。

24. 我認為行。

25. 對朋友忠誠，有益於他人。今日事今日畢。無論收入高低都要有累積。每個星期天去一次教堂。

🍃 伊利沙·羅茲·布朗 ────────

新罕布夏州多弗。斯特拉福德儲蓄銀行行長。

1. 信仰上帝，努力工作，有自信心。

2. 是的。

3. 或許不一定是必需的，但最好有。

4. 不是。

5. 可以。

6. 我不建議去。

7. 不。

8. 當然。

9. 一定要的。

10. 如果能做到這一點，至少成功的可能性會更大。

11. 能力。

12. 對此表示懷疑。能力是一種天賦，經驗是能力的特效劑。

13. 是的，如果可能還是去上大學吧。

14. 時間和錢財上能保證就行。

15. 是的。

16. 是的。

17. 不要勉強了。

18. 手藝。

19. 可以自己做。

20. 應該可以，這還要看大環境如何。

21. 不稱職。

23. 是的。

24. 可以。

25. 思想健康，談吐文雅，習慣良好，寬以待人；對工作竭盡全力，不要在乎別人的眼光；一諾千金，剛正不阿；影印一份《致加西亞的一封信》吧。

💬 亞瑟・韋特

紐約市。紐約中央＆哈德遜河鐵路局動力及機動車主管。

1. 我的虔誠的父母雖然貧窮，卻胸懷大志，願意為我犧牲一切，他們竭盡全力供我讀書。我做任何事都有堅定的決心，從不嘗試自認為不適合自己的工作。在老闆面前從不任意妄為。辛勤工作，堅持到底。透

過文章和言論來證明我的存在價值。

2. 是的。

3. 不是。

4. 不明智。

5. 這要看是什麼人了。有的人在哪都會失敗。

6. 這沒有一定的規則，有些人可能適合留在城市，有些人更適合留在家鄉。

7. 如果他有機會去做他更適合他的工作，那就不要勉強他了。

8. 顯然是的。

9. 是的。

10. 從各方面來看，要是能熱愛自己的工作，就會取得更大的成功。

11. 能力。

12. 能力帶來經驗，經驗來自多年的累積。

13. 如果可以的話，建議去上大學；但那不是成功必須要有的。

14. 同上。

15. 如果條件允許，還是去吧。這樣他會在更短的時間裡獲得更大的成功。

16. 是的。

17. 有時是。在這件事上，不成熟的判斷往往不可靠。

18. 學一門手藝或做生意都好。我傾向於他學點手藝。

19. 沒有什麼規律可循，這主要取決於人。

20. 同上。

21. 缺少獲得成功的基本特質，如衝勁，技巧，能力，耐心等等。

22. 《聖經》；班揚的《天路歷程》；笛福的《魯賓遜漂流記》；達納的《船上的兩年生活》；蘭姆的《莎士比亞故事集》；偉人的傳記。

23. 讀吧。

24. 沒有一定，要取決於這個孩子。

25. 當事業剛開始起步的時候，你要盡可能地向別人學習，但不要顯露出你的無知。要遵照黃金原則，反覆實踐。在下結論前，先設身處地地為他人著想一下。男子漢大丈夫，拿得起放得下。

約翰・斯勒爾斯

密蘇里州聖路易斯。聖路易斯學校董事會主席、韋斯特利郵局經理。

1. 判斷力，進取心，精力。

2. 這要看男孩的自身條件及他選擇的工作性質如何。參見後面的「敘述」吧。

3. 這麼做有好處。

4. 這要看他的偏好是什麼，以及他的個性如何。

6. 不。

7. 要看這孩子的個性如何。看「敘述」吧。

8. 是的，從長遠來看，這是不可或缺的。

9. 是的。

10. 想獲得最大程度的成功就需要這樣做。

11. 能力。

12. 每個人都會先邁出第一步，如果沒有什麼經驗，那他的第一步會很艱難，即使這樣，也有成功的可能。

13. 對於想做生意的年輕人，去大學學習會大有幫助。

14. 還是要說這取決於這個孩子本人。大學教育對於某些孩子來說就是一種浪費，毫無意義可言。

15. 這要看這個孩子具體想要做什麼了。例如，他想當個製鞋匠，我認為去職業學校也不會學到更多。

16. 是的。

17. 不是。

18. 手藝吧。

19. 可以的。

20. 這完全要看外部環境，看「敘述」吧。

21. 缺少專注和前瞻眼光，不會精打細算。

22. 該讀什麼書要視他的教育程度高低及從事什麼工作而定。

23. 應該。

24. 要看這個孩子的具體情況，請看「敘述」。

25. 勤勉，節儉，誠實。

敘述：如果了解這個男孩的周遭環境、教育程度及能力條件，對問卷上提出的很多問題都可以給出明確的答覆；但若只是泛泛地回答，恐怕沒有什麼用處。

🗨 南達科塔州蘇福爾斯

前美國參議員。

1. 信任我的工作夥伴。

2. 是的。

3. 不是。

4. 男孩很少有確定的喜好，應該仔細予以研究。

5. 不。

6. 不。

7. 應該留下來。

8. 不是。

9. 是的。

10. 不用。

11. 能力，這要看是哪方面的成功了。

13. 不建議。

14. 不建議。

15. 可以。

16. 不建議。

17. 不能勉強孩子去學。

18. 我不知道如何回答。

19. 可以。

21. 缺少磨練；惡習纏身；對競爭者缺乏準確的判斷力。

22. 讀國內外偉人的傳記。

23. 應該。

24. 是的。

25，別喝酒；勤奮些；嚴格點；重細節。

🗨 亞歷山大·雷威爾

伊利諾州芝加哥。亞歷山大·H.雷威爾公司董事長、世界哥倫比亞博覽會執行委員會委員、工會聯盟及馬凱特俱樂部前主席、慈善家。

1.a. 對成功強烈的欲望。

b. 對生意高度的關注。

c. 全面掌握專業知識。

d. 做我想做的。

2. 是的。

3. 不是。

4. 不可以這麼做。

5. 這要視人而定，要是個聰明的孩子就可以。

6. 不，不過這也要視人而定。

7. 不。

8. 當然。

9. 是的，直到成功的那一刻。

10. 不是必需的。

11. 能力。

12. 可以的。

13. 要是非得讓我用「同意」或是「不同意」回答的話，那我的答案就是不同意這樣做，但一般來說我會建議年輕人盡量多接受些教育。

14. 同上。

15. 是的，如果他能去還是去。

16. 當然。

17. 對一些人來說可行，對有的孩子就不要強迫了。

18. 讓他學點手藝吧。

19. 這也要看情況，許多年輕人為他人工作時很成功，一旦放開手腳自己做，就不行了。總的來說，我建議他先看看自己的條件如何，再做決定。

20. 不，不要全部的資金都是借的，如果沒什麼先見之明，也沒有精打細算的能力，那一定是不行的。

21. 對工作不夠專注，一心二用，貪圖玩樂。

22. 我手邊的書我都讀，正所謂「開卷有益」。

23. 當然。

24. 我贊成。

25. 誠實，清白，辦事有效率，舉止得體；活到老，學到老；看好書，服從上級命令，最重要的是無論工作有多卑微，你都要做到最好。

約翰・米切爾

印第安那州印弟安納波里斯。美國礦工協會主席、勞工協會副主席。

1. 對工作的專注。

2. 是的。

3. 不是。

4. 不應該這樣做。

5. 我不建議，除非他有什麼非凡的才能。

6. 不建議。

7. 通常說來農業生產能讓人們感覺到生活中最大的幸福與滿足。我們應該鼓勵青年人留在農場。

8. 是的。

9. 是的。

10. 至少他得對工作感興趣。

11. 經驗更重要。

12. 也許，可能會成功，但可能性不大。

13. 是的。

14. 不建議。

15. 是的。

16. 是的。

17. 我不支持家長這樣做。

18. 學門手藝還是不錯的。

19. 贊同。

20. 我不支持這麼做。

21. 放縱，不用心，沒經驗。

22. 讀一些社會學、政治經濟學、歷史、宗教的書。

23. 可以。

24. 可以。

25. 要一直保持勤奮、誠實、嚴謹的作風。尊重父母，恭敬老者。

💬 奧利佛‧奧提斯‧霍華德將軍

佛蒙特州伯靈頓。美國陸軍（已退休）、作家、演講家。

1.

(a) 天生的幹勁永遠沒有減弱。

(b) 有一個明確立的目標。

(c) 接受一流的學校教育。

(d) 用專業技能武裝自己。

(e) 除了擁有上面提到的工作，還做了一些對同伴有益的事情。

(f) 透過演講、寫作和發表作品，留下美好的回憶。

(g) 我的信念就是讓他人每天都過得更幸福。

2. 我想是可以的。不要立刻做出決定，當你對他有了全面了解後，再做選擇也不遲。

3. 不是，適合才會更好。成功之後自然會對工作產生熱愛之情。

4. 孩子們的想法不一定是最好的，華盛頓就是在碰壁後聽從了媽媽的建議。

5. 改變或許是好的，但盡量別去大城市。

6. 耐心等待機遇的來臨。

7. 或許農場裡的鍛鍊剛好是孩子需要的。

8. 當然，對於真正的成功是必需的。不講誠信可以賺到大筆鈔票，但卻會使人陷入萬劫不復之地。

9. 是的，精神和肉體上都需要這樣做。

10. 不一定要熱愛工作，只是熱愛工作會使你做事情更加得心應手。

11. 不好說，二者要結合來看。

12. 當然，能力是必須要有的，有能力才能有經驗。

13. 一般說來應該上大學，這樣將來做生意時才不會太辛苦。

14. 如果付得起學費就可以，多學些知識是很好的。

15. 他或許應該先學點手藝，然後可能的話再去技術學校學習。

16. 當然。

17. 不明智，不要強迫孩子，說服他們接受良好的教育才是正確的做法。

18. 我想先看看他適合做什麼，再給他建議。

19. 起先是可以的，然後可以找個合作夥伴一起做。

20. 這沒有什麼一定的規矩，如果他能確定借款利率較低，他能負擔起就行。

21. 開支過大。

22.《聖經》;《賓漢》；本國的歷史；適合青少年讀的世界歷史；一些優秀詩人如朗費羅，惠蒂爾等人的詩作；還有司各特等人的小說；莎士比亞。

23. 在 15 歲以後就可以讀了。

24. 這樣做對社會是有利，但具體問題得具體分析。

25.

(a) 學習做自己的主人。

(b) 善談也要懂得傾聽。

(c) 逐步增強你的體質，豐富你的思想，調整你的心態。

(d) 忠於真理。

(e) 恪守戒律。

(f) 相信本能，聽從勸告，做一個優秀的青年。

(g) 記住「上帝有愛」，心懷仁慈。

💬 **喬治·路易斯·吉利斯皮爾上將** —————————————————

華盛頓哥倫比亞特區。美國陸軍總工程師。

1. 我專注於我的工作長達四十年之久，為了達到精益求精，我全

身心地投入，比要求的做得更多。另外我之所以能有早期的發展，那是因為我剛從西點軍校畢業，國內戰爭就爆發了，這是不爭的事實。接下來，四年精神高度緊張的艱苦工作，對我來說是黃金時期，而且我現在仍是個忙碌的人。

2. 如果這個年輕人有這個意向和能力去選擇適合他的職業，那麼他有自己的興趣是可以接受的。

3. 不一定需要，環境的力量會迫使一些人一生都在從事他們不感興趣的工作，而這些人恰恰是現在的成功人士。

4. 強迫是沒什麼效果的。

5. 要想達到巨大的成功要時刻對競爭者保持警覺，不要束縛住自己。

6. 他會聽從心意，所以他會很快做出決定。

7. 要是留在農場會使他變得鬱鬱寡歡，而且他有自己明確的奮鬥目標，那就不要強留他了。

8. 絕對必要，只有這樣的成功，才會持久。

9. 絕對正確，千萬別讓偶然的成功所誤導。

10. 這似乎是個很平常的規律，但我們也知道，許多成功人士剛起步時對自己的工作都不是很感興趣。

11. 二者是很難分開來的，但我更傾向於能力的重要性，能力可以讓年輕人累積更多的經驗。

12. 是的。我遇到過很多這樣的例子，但成功與否還會受到環境而不是人為的影響。

13. 如果他去大學能獲得真知，當然建議他去。他必須有一個明確的學習目標，免得每天坐在課堂裡打發時間過日子。

14. 不，但去一個好的預科學校是可以的，思想可以在那裡得到啟發，同時為機械領域打下良好的數學基礎。

15. 這不是必要的，如果他有足夠的金錢和時間，那麼去職業學校學

習獲得知識，本身就是一筆財富，無論他做什麼職業。

16. 這是一定要的。

17. 強迫學習是不可取的，除非孩子的性格任性固執。一個懂事的孩子是可以透過多次的講道理來影響他原有的想法的。

18. 這樣的孩子只求能生活下去，如果能找到合作夥伴，他也可以做生意。

19. 我不支持。起初，可以精心挑選合作夥伴一起工作；等對社會有了更深的了解，對工作也更在行了，再單飛。。

20. 同理，無論年輕人是否有足夠的資金或是借錢所帶來的影響如何，這都不是重點。因為經驗不足，所以時間才是決定因素。

21. 不仔細研究時機是否成熟，不耐心等待，不堅持不懈地努力就急於成功。

22. 在職業上的選擇將決定讀什麼書，他們應該讀那些名家之作。

23. 可以，像《紐約晚郵報》，再加上一些時事評論。

24. 我贊成，父親良好的聲譽會助兒子一臂之力，兒子憑著自己的品行和信譽，可以立足於世上，得到別人的尊重。

25. 最大的幸福來自於個人的努力，這只能取決於自己的誠實、活力、公正和為他人著想的優良品質。

🗨 弗蘭克・康諾弗

紐澤西州阿斯布利公園。科爾曼旅館經理。

1. 努力工作，還有些運氣的成分。

2. 是的。

3. 不是。

4. 不贊成家長這麼做。

5. 是的。

6. 是的。

7. 不贊成他留在那裡。

8. 是的。

9. 是的。

10. 不是。

11. 能力。

12. 是的。

13. 不建議。

14. 不建議。

15. 不建議。

16. 是的。

17. 不明智。

18. 做生意。

19. 我支持。

20. 資金不能全是借來的。

21. 無能，資金不足。

23. 是的。

24. 可以。

25. 三思而後行，滿懷信心做下去。

🗨 帕克斯頓

賓夕凡尼亞州瑞丁。費城＆瑞丁鐵路局機械工程師、顧問。

1. 首先虔誠善良的母親塑造了我的性格，其次要感謝我的員工辛勤的工作。

2. 我贊成。

3. 是的。

4. 我不支持。「孩子總會長大。」他們應該自由選擇他們的職業。

5. 我擔心孩子們到了城裡會受到城裡不良習氣的影響。

6. 我建議他和朋友們留在家鄉做點事情。

7. 不。

8. 完全如此。

9. 當然。

10. 是的。

11. 他們是相輔相成的關係，如果具備能力，經驗自然就會累積到。

12. 這是個值得商榷的問題。

13. 是的。

14. 是的。

15. 是的。

16. 要是渴望成功，就這麼做吧。

17. 我不同意家長這樣做。

18. 我想，學一門手藝能使他取得很大的成功。

19. 我贊成。

20. 我怕他債務纏身。

21. 沒有做生意的才能。

22. 首先是《聖經》吧。

23. 讀那些垃圾文章對孩子自身發展不好。

25. 收斂放蕩與不羈，尊敬你的父母。

💬 奧蘭多・奧爾德里奇　哲學博士，法學博士

俄亥俄州哥倫布。律師、曾任伊利諾衛斯理大學和俄亥俄州大學法學教授、沃新頓，柯林頓維爾＆哥倫布鐵路局局長、作家。

1. 專心致志，養成了從實際出發看問題的習慣。

2. 是的。

3. 對於完全意義上的成功來說，可能需要，但許多成功者或許對工作都沒什麼特殊的喜好。

4. 不贊成父母這樣做。

6. 直到他在家鄉具有了一定的能力再去也不遲。

7. 不。

8. 是的。

9. 是的。

10. 如果這人是個通才且聰明絕頂，那不需要對工作的熱愛，也能取得很大成就。

11. 能力。

12. 是的，經驗是可以慢慢累積的。

13. 如果錢夠多，時間也夠用就建議去。

14. 我想最好去職業學校學習。

15. 如果錢財上允許的話，建議他去。

16. 是的。

17. 一般說來這不可取。

18. 學手藝。

19. 如果前景不錯就做吧。

20. 只能在環境樂觀的情況下才有希望做好。

21. 不切實際。

22. 《聖經》；莎士比亞。

23. 當然。

24. 他滿意就行。

25. 工作勤奮，廉潔正直，注重名譽；謙恭有禮，善於自製；自力更生，不魯莽行事；關鍵時刻勇於承擔責任。

麻薩諸塞州洛威爾。麻薩諸塞州貿易委員會主席。

1. 無論我取得什麼樣的成功都是透過不懈的努力換來的。

2. 我不贊成。

3. 不是。

4. 這樣不明智。

5. 如果他有什麼雄心壯志就讓他去吧。

6. 我建議他留在家鄉創業。

7. 不。

8. 一時的成功不需要誠信,長久的真正的成功需要。。

9. 毋需置疑。

11. 能力。

12. 是的。

13. 不,我不建議。

14. 不。

15. 是的。

16. 是的。

17. 強迫孩子去上學是不明智的。

18. 手藝。

19. 二十五年前這樣做還可行,但現今若不和他人結盟很難使自己的公司穩定地發展下去。

20. 不。

21. 商業發展瞬息萬變,不能與時俱進就會被淘汰。

23. 是的。

24. 要是生意很好,而且他也喜歡做,就可以;他要想做點別的,就讓他去吧。

25. 記住，要想在事業上取得卓越的成績，只有透過誠實、正直、積極進取和持之以恆才能做到。

🐘 蘭塞姆・富勒

麻薩諸塞州波士頓。東方輪船公司董事長。

1. 努力的工作與良好的習慣。

2. 有時會。

3. 不是。

4. 不是。

5. 贊成。

6. 不贊成。

7. 不應該。

8. 是的。

9. 是的。

10. 不是。

11. 能力。

12. 是的。

13. 不贊成。

14. 不贊成。

15. 是的。

16. 是的。

17. 這不明智。

19. 是的，但要是目前收入可觀，就沒這個必要了。

21. 不好的習慣，貧乏的判斷力。

22.《約翰・哈利法克斯先生》，這是一本不錯的書。

23. 我支持。

24. 我贊成。

敘述：三思而後行，一旦決定了，就要全力以赴；善待所有的人；保持良好的習慣；真誠做人，坦率做事。

💬 威廉・倫威克・里德爾　王室顧問律師

安大略省多倫多。律師。

1. 勤奮努力，精益求精。

2. 我建議。

3. 不是。

4. 我覺得不好。

5. 可以，如果他有能力，能夠耐心等待。

6. 暫時先別走，等做好準備再離開。

7. 不。

8. 如果只是為了賺錢就不需要；但我認為真正的成功是必須要的。

9. 是的。

10. 一般來說，是的，但不必非得如此。

11. 能力。

12. 是的。

13. 贊成。

14. 贊成。

15. 贊成。

16. 贊成。

17. 我支持父母這樣做，至少也得學習兩年。

18. 手藝。

19. 可以。

20. 可以。

21. 缺少不懈的努力。

22. 《聖經》；莎士比亞的作品。

23. 是的，像《紐約晚郵報》就很好。

24. 一般說來，可以。

25. 誠實，勤奮，精益求精。

🗩 加德納・鐘斯 ————————————————————

麻薩諸塞州賽勒姆。賽勒姆公共圖書館管理員、麻薩諸塞州圖書館俱樂部前任主管、美國圖書館協會會計、作家。

1. 努力工作。在時機適宜的時候勇於做出新的轉變。

2. 是的。

3. 不一定需要，但很有用。

4. 我不贊成父母這樣做。

5. 可以。

6. 不。

7. 不。

8. 是的。

9. 是的。

10. 不是必需的。

11. 能力。

12. 是的。

13. 我建議。

14. 如果可能的話就去吧。

15. 當然。

16. 是的。

17. 取決於這個孩子本身，但在大多數情況下，不是明智之舉。

18. 這取決於男孩和周圍的條件。

20. 我不建議這麼做。

22. 不同的人要看不同的書籍，因人而異。

23. 我支持。

24. 我不贊成。

25. 做工作要全神貫注，滿懷信心，抓住機遇。

敘述：我只是用一般的規律回答了這些問題，諸如男孩是否應該離開家鄉等問題應該由孩子父親來回答。有時環境改變了，答案也會變得不同。而有時男孩出於對家庭的責任感可能要做出一定的犧牲。

威廉・阿特金森　醫學博士

賓夕凡尼亞州費城。《大眾健康》編輯、傑弗遜醫學院兒童病學講師、內外科醫學院公共衛生學和兒科學教授、賓夕凡尼亞州聯合衛生局局長、美國醫學學會和賓夕法尼亞醫學會祕書，任職 35 年、作家。

1. 教導有方的父親給予我的鼓勵；對事業的專注。

2. 這是積極可取的。

3. 一般來說這是很必要的。

4. 永遠都不要這樣做，我遇到過這樣的事情，結果都是很糟的。

5. 當然可以了。

6. 我想應該留在家鄉。

7. 多數孩子都認為他們是不喜歡務農的。

8. 當然是了，他能讓人對你產生信任感。

9. 多數的失敗都是由於缺乏這種精神導致的。

10. 不一定是必需的，但要是能喜歡自己的工作就更好了。

11. 能力。

12. 我認為可以，有先例為證。

13. 或許他在大學的成績很優秀，但大學課程對經商似乎沒有太大的幫助。

14. 我不建議。

15. 我不建議。

16. 大學教育對他將來要從事的工作大有益處。

17. 固執己見的孩子早晚會吃虧的。

18. 學手藝。

19. 如果他很用心就沒什麼問題了。

20. 除非有很好的賺錢門道能很快還上借款，否則就別做了。

21. 見異思遷，總是這山望著那山高。

22. 這很難說。在還是孩子的時候，我就開始廣泛地閱讀。應常備一本百科全書和一本字典。一旦遇到什麼不懂的問題就可以去書中尋找答案。

23. 可以讀報紙，但千萬別看令人作嘔的政治版。

24. 只要他自己對此感興趣就行。

25. 對自己的工作不要掉以輕心，別做什麼投機取巧的事情。

● 奧森・史泰博

華盛頓哥倫比亞特區。里格公司老闆。

2. 是的。

3. 不是。

4. 不是。

5. 可以。

6. 不可以。

7. 不。

8. 是的。

9. 是的。

10. 是的。

11. 能力。

12. 是的。

13. 不贊成。

14. 不贊成。

15. 不贊成。

16. 可以。

17. 不可以這麼做。

18. 手藝。

19. 不建議。

20. 不建議。

21. 缺少幹勁，不夠用心。

23. 可以。

24. 可以。

25. 工作，工作，再工作；誠實。

威廉・穆迪

麻薩諸塞州北菲爾德。赫爾曼學校校長、德懷特・L. 穆迪之子、傳教士。

1. 在工作過程中，我結識了好多朋友，他們都是虔誠的信徒。無論我的工作做得有多麼成功，這都是上帝賜予的。

2. 是的。

3. 是的。

4. 不明智。

5. 可以。

6. 不可以。

7. 不。

8. 真正意義上的成功必須要靠誠信。

9. 是的。

10. 是的。

11. 能力。

12. 是的。

13. 這得看他有多大了。19 歲以下還可以，要是過了 19 歲就別學了。

14. 建議去個職業學校或是選個大學的理工學科來讀。

15. 可以。

16. 不明智。

19. 可行。

20. 不。這得看那個年輕人的能力如何了。

21 揮霍無度。

22 《聖經》，這要看他的年齡和品味。狄更斯，司各特，或是薩克雷的作品；《湯姆・布朗求學記》；科芬為孩子們寫的歷史書；《美國內戰戰役史》；《自由的故事》。

23. 不用。

25. 有句座右銘要送給年輕人，「仁慈，毅力，進取心。」這句話淺顯易懂，如果遵循這條規則，就會取得成功。

敘述：我不能對每個問題都作出明確答覆，對男孩了解得越多，就越覺得不能一概而論。每個男孩的問題都不一樣，必須逐個仔細研究，如果千篇一律地對待，根本不可能找到解決問題的辦法。我們赫爾曼學校共有大大小小 450 個學生，每個人都各有特性，必須區別對待。

伊西多‧斯特勞斯

紐約市。紐約梅西公司成員、布魯克林亞伯拉罕＆斯特勞斯公司成員、教育聯盟主席、資本家及慈善家。

1. 首先是朋友們給予我的信心；無論是生意上的朋友，還是生活中的朋友，都非常信任我；其次是及其看重信譽的客戶非常相信我的判斷力和決策力，無論交易數額有多大，他們從未表示過質疑。

2. 是的，如果能確定這不是他的心血來潮就行。

3. 不是，一般來說年輕人的喜好總在變。

4. 這是絕不可以的。

5. 這要看這個男孩的個性了。如果事實明顯表明他適合在更廣闊的天地發展，那我就建議他試試。

6. 比較慎重的做法就是等到這片土地已沒有足夠的空間讓他發展的時候，再讓他離開。

7. 如果能證明他想離開是有理由的，不是出於膚淺的虛榮心，那就沒必要讓他留下來了。

8. 顯然是的。

9. 百分之九十九是的。天才和那些注意細節的人例外。

10. 是的，或者出於責任心對工作分外認真，也能達到和熱愛工作同樣的效果。

11. 能力。不夠專注或缺乏洞察力，即使經驗豐富也一樣不會成功。

12. 當然了，因為能力是經驗的基礎，經驗是可以慢慢累積的。

13. 是的，如果生計不是問題的話，建議去上大學。

15. 是的。

16. 當然。

17. 是的，如果經濟狀況允許就應該去讀大學。

18. 必須得喚醒他的雄心，讓他心中充滿理想，否則他將一事無成。

19. 這要看他的決策力和判斷力如何。許多優秀的高薪員工，在自己做老闆時就會失敗，他們是很好的執行者，但不是好的領導者。

20. 同上。

21. 缺少判斷力和決策力。我認識一些有能力、有經濟頭腦、勤勉、細緻的人也從沒成功過，就是因為這個原因。

23. 是的。

24. 只要是正當生意就行。

25. 修身養性，博得周圍的人的尊重與信任。

敘述：沒有道德上的理念，就不會有高尚的成功；試圖想說明「成功是怎樣達成的」就會有誤導的嫌疑，是很危險的，我想說這是不可能的。在我身邊就有活生生的例子。

💬 布朗

密蘇里州聖路易斯。漢密爾頓 —— 布朗鞋業公司。

1. 目標集中，良好的習慣。

2. 是的。

3. 是的。

4. 如果孩子的喜好值得贊同的話，那家長的行為就是不明智的。

5. 只要他有目標就行。

6. 不。

7. 不。

8. 是的。

9. 一般來說，是的。

10. 我認為是的。

11. 能力。

12. 這種事時有發生。

13. 能去當然好，但不是必需的。

14. 如果條件允許，接受大學教育是件好事。

15. 是的。

16. 如果他能做到就更好了。

17. 不明智，對孩子沒什麼好處。

18. 一般來說沒有目標的孩子做什麼事情都不能成功。

19. 這取決於他的前景如何以及時機是否適宜。

20. 身體健康，習慣良好的年輕人不用害怕借錢，只要別債臺高築就行。債務的壓力有時是件好事，會激勵他為了還債而奮發圖強。

21. 意志不堅定，粗枝大葉。

22. 每一個年輕人都應該讀《聖經》;《富蘭克林傳》和《林肯傳》。

23. 是的。

24. 如果他的志願在這上面，他就應該進公司去將父親的事業發揚廣大。

25. 戒菸、戒酒、戒賭。選好職業，堅持到底。不要沾惹放蕩的女人。定期要去教堂做禮拜。作息有規律。努力工作。

🗨 盧西安‧沃納　醫學博士

紐約市。沃納兄弟公司內衣製造商、基督教青年會國際委員會主席、公理會建築協會主席、漢密爾頓銀行及家庭火災保險公司董事長。

1. 勤奮加上責任心;理智的思維;在經驗的基礎上形成的準確判斷力。

2. 我贊成。

3. 不總是，這要看他的能力如何。

4. 不明智。

5. 這取決於這個青年，許多人去城裡要比留在家鄉發展得更好。

6. 不，除非他認為自己有意向且有能力勝任更重要的工作。

7. 如果他有志向，更適合做其他工作，就不要強留他了。

8. 是的，要想達到永遠的成功就要做到這點。

9. 是的。

10. 如果不喜歡自己的工作就會困難重重，但也有成功的可能。

11. 能力，有些人從經驗裡什麼都沒學到。

12. 可以，一些人在第一次成功之前，也沒什麼經驗。

13. 如果他很聰明的話最好是去讀大學，這樣他就不會成為一個賺錢的機器，會生活得更幸福。

14. 通常情況，不建議。

15. 是的。

16. 是的。

17. 通常說來是不明智的。但是如果他有學習的天賦，那麼鞭策一下對他也是有好處的。

18. 這樣的年輕人最好做點手藝活，這樣他可以在指導下工作。

19. 如果有能力，可以很好處理生意上的事情，可以試一試。

20. 不，除非他有豐富的經驗，賺錢還債不是問題。

21. 失敗的原因有兩點：缺乏準確的判斷力，還有就是缺乏責任感。

23. 只要是個好報紙就行，但是逐篇閱讀會浪費大量的時間。

24. 如果事業前景很好，或者他有讓事業發展壯大的能力就可以。

25. 如果你想在更大的事情上取得成就，那就要先把現在手頭上的小事做好，做到成功。

💬 弗蘭克斯·莫爾

紐約市。大陸保險公司董事長。

2. 贊成。

3. 是的。

4. 我不贊成家長這麼做。

5. 不，除非在起步時有人能幫助他，

6. 不。

7. 不。

8. 是的。

9. 是的。

10. 一般是這樣的。

11. 能力。

12. 是的。

13. 當然，這樣他就不會犯相同的錯誤。

15. 是的。

16. 是的。

17. 不明智。

18. 喚起他的雄心，讓他開始奮鬥。

19. 可以。

20. 如果有人願意花這個冤枉錢借給他用，也可以。

21. 懶惰。

22. 《聖經》；莎士比亞；揚的《天文學》；《開甯‧齊林萊》；《洛娜‧杜恩》；聖保羅教堂中的高登的墓誌銘：「無論何時何地，他都扶弱濟貧，一心向善。」

23. 我贊成。

24. 是的。

25. 誠實，勇敢，禮讓，勤奮，認真，耐心；多聽，少說，少生氣；平和永駐心中。

🗨 亞瑟・波斯特維克　哲學博士 ─────────────

紐約市。紐約公共圖書館主管、字典副主編、《文摘》科學版主編、紐約圖書館俱樂部及長島圖書館俱樂部前任主管、人民大學附屬學會會長、作家。

1. 我不認為我有什麼成功的地方。

2. 是的。

3. 不是。

4. 強迫孩子是不對的。

5. 為了事業有成可以離開。

6. 不贊成。

7. 通常來說，應該。

8. 很遺憾，不是。

9. 通常是的。

10. 是的。

11. 要視具體的職業而定。

12. 這種情況很少。

13. 從經濟方面考慮，不必上大學；從其他方面來看，是應該的。

14. 同上。

15. 是的。

16. 是的。

17. 不明智。

18. 手藝。

19. 視情況而定。

20. 同上。

22. 《聖經》；莎士比亞；《魯賓遜漂流記》；英格蘭歷史；美國歷史；古代歷史。

23. 多讀幾份報紙，只讀一份的話視野會受侷限。

24. 我支持。

💬 麥克法林

紐澤西州夥博肯。德拉瓦，拉克瓦納＆西區鐵路局總工程師。

1. 第一份工作就是我喜歡的工作，一直做到今天。

2. 是的。

3. 是的。

4. 不可以這麼做。

5. 這要看男孩的天分如何了。

6. 不建議。

7. 不。

8. 是的。

9. 是的。

10. 是的。

11. 二者一定是缺一不可的。

12. 如果這個人能同時聽取好的建議就可能會成功。

13. 有些孩子應該去。

14. 不。

15. 如果他有能力讀大學，建議他去。

16. 是的。

17. 不明智。

18. 手藝。

19. 如果他有做生意的頭腦就做吧。

20. 他知道自己在做什麼就行。

21. 缺少判斷力。

23. 可以。

25. 為老闆工作要為老闆著想。

敘述：總是盡量為老闆著想的員工會得到最快的升遷。

💬 埃爾斯沃斯　王室顧問律師

安大略省多倫多。律師。

1. 努力工作。

2. 是的。

3. 可能吧。

4. 不明智。

5. 不一定非得去。

6. 我不建議。

7. 除非他很適合在農場在工作；否則不必留下來。

8. 是的。

9. 是的。

10. 是的。

11. 如果能很好地利用經驗，那應該是經驗最重要。

12. 對此表示懷疑。

13. 是的。

14. 是的。

15. 是的。

16. 是的。

17. 不是。

18. 手藝。

19. 可以。

20. 不可以。

21. 花銷無度。

22.《聖經》；莎士比亞；狄更斯的作品。

23. 是的。

24. 是的。

25. 努力，認真，真誠，工作時不要偷懶。

亨利・麥克法蘭

華盛頓哥倫比亞特區。哥倫比亞特區委員會主席。

1. 受到上帝的青睞，在愉悅的氣氛下，受到良好的教育，而且可以去做我喜歡也有能力做的事情。

2. 當然。

3. 不是。

4. 不明智。

6. 不。

7. 不。

8. 是的。

9. 是的。

10. 是的。

11. 能力。

12. 是的。

13. 我贊成。

14. 不。

15. 是的。

16. 是的。

17. 不明智。

18. 手藝。

19. 可以。

22.《聖經》;《自我修養》(布萊基);《菲力浦‧布魯克斯的訓導》;《作為男人的基督》;《友誼》(休‧布萊克);《自己拯救自己》(斯邁爾斯)。

23. 可以。

24. 我認為可以。

25. 年輕人,你正擁有前所未有的大好機會,在上帝的恩寵下,把握時機努力奮鬥吧!時光飛逝,不要再浪費時間了。

威廉‧道格拉斯

麻薩諸塞州布拉克頓。鞋業製造商。

1.(a) 當我還是個小鞋匠的時候就有了成為製造商的雄心。

(b) 在不利的條件下也下定決心,堅持不懈。

(c) 選準了行業就一直做下去,不被其他生意誘惑,無論它的前景有多誘人。

(d) 總是讓人信賴。

(e) 能製作出高品質的商品,透過廣告讓人們相信,無論是繁榮期還是蕭條期,我都有好的商品出售,並且價格合理,這才是經商之道。

(f) 嚴格地管理公司的部門,讓有才能的人擔任部門主管,不對部門管理工作指手畫腳,讓他們各司其責,用最後的工作業績對他們進行評判。

2. 是的。

3. 不是。

4. 不明智。

5. 在家鄉沒有機會的男孩一下子就從鄉下進到大城市,未必是什麼謹慎之舉。我建議他還是找個機會多的小城市發展,等到小有成就之後再去大城市或是其他機會更多的地方進一步發展。

6. 我不建議。

7. 不。

8. 是的。

9. 是的。

10. 是的。

11. 能力。

12. 是的。

13. 這要看是什麼生意，如果想成為個書商，那知識淵博是首要的，我會建議他去大學學習，可如果只是普通的生意，我想那就沒有必要了。

14. 不。

15. 毫無疑問，去職業學校學習會使他成為一名更加優秀的技工，但並不是非去不可。。

16. 是的。

17. 不是。

18. 手藝。

19. 可以。

20. 我不支持。

21. 資金不足。

22. 《聖經》；美國歷史；世界歷史；名人傳記；還有一些和他目前從事的工作或將要從事的工作有關的書籍；商業法和稅法。

23. 可以。

24. 我認為不可行。

25. 誠實，忠誠，勤勉，節儉。

成長的藍圖，納坦尼爾・克拉克・小福勒談未來領袖養成：

教育方法、職場初體驗、人格培養、社交技能……青春期教育與自我探索歷程，仁者見仁的成功經驗談

作　　者：[美]納坦尼爾・克拉克・小福勒
　　　　　（Nathaniel C. Fowler Jr.）
翻　　譯：關明孚
審　　校：王少凱
發 行 人：黃振庭
出 版 者：崧燁文化事業有限公司
發 行 者：崧燁文化事業有限公司
E - m a i l：sonbookservice@gmail.com
粉 絲 頁：https://www.facebook.com/
　　　　　sonbookss/
網　　址：https://sonbook.net/
地　　址：台北市中正區重慶南路一段六十一號八
　　　　　樓 815 室
Rm. 815, 8F., No.61, Sec. 1, Chongqing S. Rd.,
Zhongzheng Dist., Taipei City 100, Taiwan

電　　話：(02)2370-3310
傳　　真：(02)2388-1990
印　　刷：京峯數位服務有限公司
律師顧問：廣華律師事務所 張珮琦律師

國家圖書館出版品預行編目資料

成長的藍圖，納坦尼爾・克拉克・
小福勒談未來領袖養成：教育方
法、職場初體驗、人格培養、社
交技能……青春期教育與自我探
索歷程，仁者見仁的成功經驗談
/ [美]納坦尼爾・克拉克・小福
勒 (Nathaniel C. Fowler Jr.)　著
關明孚 譯，王少凱 校 . -- 第一版 .
-- 臺北市：崧燁文化事業有限公司，
2024.03
面；　公分
POD 版
譯自：The boy : how to help him
succeed.
ISBN 978-626-394-077-2(平裝)
1.CST: 成功法 2.CST: 生活指導
177.2　　113002505

定　　價：699 元
發行日期：2024 年 03 月第一版
◎本書以 POD 印製

電子書購買

爽讀 APP

臉書

獨家贈品

親愛的讀者歡迎您選購到您喜愛的書，為了感謝您，我們提供了一份禮品，爽讀 app 的電子書無償使用三個月，近萬本書免費提供您享受閱讀的樂趣。

ios 系統

安卓系統

讀者贈品

請先依照自己的手機型號掃描安裝 APP 註冊，再掃描「讀者贈品」，複製優惠碼至 APP 內兌換

優惠碼（兌換期限2025/12/30）
READERKUTRA86NWK

爽讀 APP

📖 多元書種、萬卷書籍，電子書飽讀服務引領閱讀新浪潮！

🎧 AI 語音助您閱讀，萬本好書任您挑選

🔍 領取限時優惠碼，三個月沉浸在書海中

🔔 固定月費無限暢讀，輕鬆打造專屬閱讀時光

不用留下個人資料，只需行動電話認證，不會有任何騷擾或詐騙電話。